Kinderlyrik in der Grundschule

Literaturwissenschaftliche Grundlegung
Schülerorientierte Didaktik

Von

Harald Reger

D1722119

Schneider Verlag Hohengehren

Titelgestaltung

Wolfgang H. Ariwald, BDG, 59519 Möhnesee

Die Deutsche Bibliothek – CIP-Einheitsaufnahme

Reger, Harald:
Kinderlyrik in der Grundschule : literaturwissenschaftliche Grundlegung – schülerorientierte Didaktik / von Harald Reger. – 3. Aufl. –
Baltmannsweiler: Schneider-Verl. Hohengehren, 1996
  ISBN 3-87116-491-7

© Schneider Verlag Hohengehren GmbH., Baltmannsweiler, 1996.
  Printed in Germany – Druck: Wilhelm Jungmann, Göppingen

Inhalt

Vorwort

Vor zwei Jahrzehnten begann eine beachtenswerte Erweiterung des Aussagespektrums der Kinderlyrik. Seit den siebziger Jahren bilden die Sprachspiele durch das Einwirken der konkreten Poesie auf die Kinderlyrik eine ihrer Untergattungen. Seit der gleichen Zeitspanne weisen sich die neueren Kindergedichte aufgrund soziokultureller Veränderungen und neuartiger Aspekte in der Erwachsenenlyrik vornehmlich als realitätskritische Texte aus. Hierdurch gewann und gewinnt auch heutzutage die Untergattung Reflexionslyrik / Gedichte zum Nachdenken zunehmend an Bedeutung. Außerdem ist in den letzten Jahren ein wachsendes Interesse an lyrischen Texten (einschließlich Sprachspiele) bei Studierenden und Schülern/innen festzustellen.

Ebenfalls seit den siebziger Jahren – sporadisch zunächst, verstärkt dann in diesem Jahrzehnt – propagiert die Literaturdidaktik, Texte – also auch Gedichte und Sprachspiele – im Sinne eines schülerorientierten Literaturunterrichts produktiv zu rezipieren. Schon aus dieser Perspektive ist ein zumindest zeitweise integrierter Deutschunterricht zu fordern, in dem sich die Bereiche Rezeption von Texten, Reflexion über Sprache sowie mündliche und schriftliche Produktion von Texten verbinden.

Auf der Folie dieses Bezugsrahmens sind die nachfolgenden Darstellungen einzuordnen.

Das zentrale Anliegen der einleitenden literaturwissenschaftlichen Kapitel ist der komplexe Entwurf einer Typologie der Gattung Kinderlyrik (Kapitel V), deren Gattungsarten funktional bestimmt sind (Funktion = Wirksamkeit, Leistungsmöglichkeit von Textarten, hier speziell von Gattungsarten der Kinderlyrik und deren Untergruppen). Besondere Bedeutung haben aufgrund literatur- und sprachdidaktischer Erkenntnisse in der gesamten Primarstufe die Erlebnislyrik und die Sprach-

spiele sowie in dritten und vierten Klassen vor allem reflexionsbestimmte Gedichte. Mit Nachdruck ist zu betonen, daß die
Gebrauchsverse in der Grundschulzeit mehr beachtet werden
müßten, und zwar in dem Maße, wie sie bislang und weiterhin
für Kinder ein kommunikatives Instrumentarium in einem jeweils sozialen Kontext sind (u. a. Abzähl-, Neckreime, Kinder-
Spiellieder).

In den literaturdidaktischen Passagen werden zunächst als erster Schwerpunkt die Bedingungsfaktoren eines schülerorientierten Literaturunterrichts in der Primarstufe thematisiert.
Die Rezeption fiktionaler und expositorischer Texte erfolgt unter Berücksichtigung von Lernzielen (Kapitel VI). Vorrang haben Lernziele, die sich auf Inhalte und in bezug auf fiktionale
Literatur vor allem auf Teilgehalte, Grundgehalte und Intentionen von Texten beziehen (Grundgehalt von Gedichten und
z. T. von Sprachspielen = Sinnzentrum auf Erlebnis- / Empfin-
dungs-, Reflexions- oder Geschehnisebene; Intention = generalisierter Grundgehalt = Zweck, Absicht einzelner Texte; hinsichtlich lyrischer Gestaltungen Grundgehalt und Intention oft
identisch). Sekundär, aber dennoch bedeutsam sind in der
Grundschule Lernziele, die sich auf Merkmale von Text- oder
Gattungsarten beziehen sowie auf Funktionen sowohl der
Merkmale als auch der Text- oder Gattungsarten. Das betrifft
gleichfalls Merkmale, die für Produktionen der Heranwachsenden aufgrund rezipierter lyrischer Texte wichtig sind und
ebenso für Gestaltungsversuche ohne direkten Bezug zur Rezeption von Gedichten und Sprachspielen (Kapitel IX).

Von zentraler Bedeutung ist, daß die Textarten, im vorliegenden Zusammenhang die Gattungsarten der Kinderlyrik und somit die sie repräsentierenden einzelnen Texte die Kommunikationsbereiche der jungen Leser / innen anzielen. Weil diese sich
als komplex und differenziert erweisen, sollte der Literaturunterricht vorherrschend durch thematisch bestimmte Textfolgen
strukturiert sein, die sich auf Ausschnitte der Bereiche bezie-

hen (Kapitel VII). Zur Orientierung wird, durchgehend nach Schuljahren gesondert und auf Gattungsarten der Kinderlyrik bezogen, ein Katalog von Themen vorgelegt (Kapitel VIII). Einige wichtige Themen bleiben in der Kinderlyrik ausgespart, in den Lesebüchern um so mehr. So ist es öfter angebracht bzw. notwendig, lyrische und erzählende oder auch expositorische Texte für Sequenzen zusammenzufassen.

Vor allem die Rezeption fiktionaler Gestaltungen erfordert verschiedenartige Erschließungsmethoden, die jeweils sowohl den Schülern / innen als auch den Texten angemessen einzusetzen sind (s. S. 128ff. und X.1., S. 210–214).

Das Bemühen um die Realisation der genannten Faktoren eines schülerorientierten Literaturunterrichts regt die jungen Leser / innen für die Rezeption von Literatur im weiten Sinne an und ebenso für eigene Produktionen hinsichtlich erschlossener Texte und damit auch in bezug auf Gedichte und Sprachspiele. Die zweifache Anregung fördert und motiviert mittelbar außerdem Versuche lyrischen und sprachspielerischen Gestaltens ohne direkten Bezug zur Rezeption von Texten der Kinderlyrik.

Der vorgewiesene Katalog von Möglichkeiten der reproduktiven und kreativ akzentuierten Textverfassungen aufgrund überdachter lyrischer Einheiten sowie von Modalitäten „freier" kreativer Gestaltungsversuche beinhaltet den zweiten zentralen Komplex der didaktische Ausführungen (Kapitel X.2. und 3.).

Die vorgestellten Möglichkeiten wurden teilweise erprobt. Für Anregungen und Bemühungen sei Studierenden und Lehrenden gedankt – vor allem auch den Mädchen und Jungen für ihren engagierten, phantasievollen „Umgang" mit Gedichten und Sprachspielen.

Siegburg, im August 1989   Harald Reger

I. Primäre Ausdrucksformen der Kinderlyrik

Aufgrund der bisher vorliegenden Forschungsergebnisse – u. a. von Hermann Helmers, Klaus Doderer, Anneliese Bodensohn, Ruth Lorbe, Kurt Franz und Magda Motté – ist der Oberbegriff Kinderlyrik der bislang umfassendste und treffendste für einen äußerst komplexen Bereich der Kinderliteratur. Unter Kinderlyrik sind Texte zu verstehen:

- „die in gebundener, nicht unbedingt gereimter Sprache
- und in einer bestimmten Form
- von Kindern und Erwachsenen
- für Kinder vom Kleinkindalter bis zu etwa 10 Jahren" verfaßt
- und von Heranwachsenden in der genannten Altersspanne rezipiert werden.[1]

Ein Teil dieser Texte ist nicht nur sprech- und lesbar, sondern auch singbar.

Um die Komplexität der Kinderlyrik einsichtig zu machen, sollen ihre wichtigsten Ausdrucksformen vorweg skizziert werden.

1. Kinderreim (= Gebrauchsvers)

Der Kinderreim ist von seiner Entstehung her eine vielfältig untergliederbare Form der Volksliteratur / Volkspoesie und somit ein anonmyer mündlich sich tradierender Typ der Kinderlyrik. Er wird bis heute von Kindern bei vielen Gelegenheiten mit unterschiedlichen Intentionen verwendet oder von Erwachsenen in bestimmten Situationen für Heranwachsende benutzt.

Wenewenewiss
und du biss

Acke backe bohne knacke
Elle belle bulle baff
Un du büst aff

(Rühmkorf, Peter: Über das Volksvermögen, Hamburg 1967, 38)

Schacke schacke Reiterpferd!
Das Pferd ist keinen Taler wert.
Wollens Pferd verkaufen,
Wollens Geld versaufen:
Pardauz, pardauz!

(Enzensberger, Hans M. (Hrsg.): Allerleirauh, Frankfurt 1966, 62, aus dem Quellenverzeichnis keine Angabe ermittelbar; dies gilt eb. für alle folgenden Zitierungen)

Kinderreime sind meist kurze Texte – vorherrschend einstrophig mit Paarreim –, sie weisen häufig rhythmische Wiederholungen und Klangelemente auf, die man als Sprachspiele bezeichnet. Die klanglich-sprachspielerischen Elemente sind dem Bedürfnis der Kinder nach Komik und Freude am Spiel mit Sprache angemessen.

Die Knappheit, Bündigkeit, Lakonik der Kinderreime erwächst aus ihrem meist unmittelbaren Gebrauch.

2. Traditionelles Kindergedicht

Die Übergänge vom Kinderreim zum Kindergedicht sind meist fließend.

Kindergedichte sind durchweg von namhaft bekannten Autoren für Kinder verfaßt, seltener sind es Texte aus der Erwachsenen-Lyrik, die für Kinder geeignet befunden und von ihnen mit Interesse rezipiert werden; und äußerst selten sind es Gedichte, die Kinder selbst verfaßt haben. Viele Kindergedichte knüpfen an der formalen und sprachlichen Einfachheit der Kinderreime an. Doch hinsichtlich der mehr oder weniger angezielten Altersstufe der Heranwachsenden nehmen die Kindergedichte im Vergleich zu den Kinderreimen an Umfang zu, wird die Form komplizierter, die Sprachverwendung komplexer, differenzierter; inhaltlich verbreitert sich die Thematik, gehaltlich vertiefen sich Problemstellungen.

Hier als Beispiel ein älteres Kindergedicht in der bis vor ungefähr fünfzehn Jahren durchgängigen Darbietungsweise, die den Lesern / Hörern Spaß bereiten soll.

Der Sperling und die Schulhof-Kinder
James Krüss

Ein Sperling, der von ungefähr
zu einem Schulhof kam,
erstaunte über das, was er
auf diesem Hof vernahm.

Ein Mädchen sprach zu Meiers Franz:
„Du alter Esel du!"
Da sprach der Franz: „Du dumme Gans
bist eine blöde Kuh!"

Der Walter sprach zum dicken Klaus:
„Mach Platz, du fetter Ochs!"
Da rief der Klaus: „Du fade Laus,
paß auf, daß ich nicht box!"

Zum Peter sprach Beate nun:
„Du Affe, geh hier weg!"
Da rief der Peter: „Dummes Huhn,
ich weiche nicht vom Fleck!"

Der Sperling meint, er hör' nicht recht.
Es tönte allenthalb:
„Du Schaf! Du Floh! Du blöder Hecht!
Du Hund! Du Schwein! Du Kalb!"

Der kleine Sperling staunte sehr.
Er sprach: „Es schien mir so,
als ob ich auf dem Schulhof wär;
doch bin ich wohl im Zoo!"

(Aus: Ders.: James' Tierleben, München 1965)

3. Kinderlied

Kinderlieder sind vom literarischen Standpunkt nicht als eigenständiges Genre zu betrachten, sondern zählen aufgrund verschiedener Funktionen und Intentionen zu einigen Untergruppen der Kinderlyrik.

Zudem: Auch Kinderreime werden meist im Sprechgesang vorgetragen, und viele Kindergedichte wurden in bezug auf Singbarkeit konzipiert oder später vertont.

Aber der Terminus Kinderlied spielt in der wissenschaftlichen Diskussion eine so wichtige Rolle, daß er wohl beibehalten wird.

Ein Beispiel: Im Rheinland heischen (mundartl. „schnörzen") vor und am Martinstag (11. November) Kinder Süßigkeiten und Geld, indem sie mit ihren Fackeln an Haustüren singen:

Hier wohnt ein reicher Mann,
der uns vieles geben kann.
Lang soll er leben,
das Himmelreich erwerben. –
Laß uns nicht so lange stehn,
denn wir müssen weitergehn, weitergehn!

4. Kinder-Spiellied

Gebräuchlich ist der Terminus Kinderspiel. Weil er jedoch nicht eo ipso Text impliziert, empfehlen sich andere Nennungen, z.B. Spiellied, Spielvers. Im Rückgriff auf die schon genannten Ausdrucksformen, die jeweils mit dem Bestimmungswort „Kinder-" formuliert sind, sei die Bezeichnung Kinder-Spiellied vorgeschlagen.

Auch das Kinder-Spiellied bildet aufgrund möglicher Funktionen eine bedeutende Untergruppe der Kinderlyrik.

Wenn Heranwachsende ihrem Spielbedürfnis nachkommen, benutzen oder verfassen sie häufig Texte, die – gesungen – Bestandteil von Spielen sind, z. b. Abzählreime, Reigenlieder usw.

> Ringel, Ringel, Reihe!
> Sind der Kinder dreie,
> Sitzen auf dem Holderbusch,
> Schreien alle musch, musch, musch!
> Sitzt nieder.

(Aus: Des Knaben Wunderhorn. Alte Deutsche Lieder, 3. Teil, gesammelt von L. Achim von Arnim und Clemens Brentano, vollst. Ausgabe nach dem Text der Erstausgabe 1806/1808, München 1963, 220)

5. Sprachspiel

Sprachspiele muß man seit den sechziger Jahren als eigenständige Untergruppe der Kinderlyrik fixieren. Sprachspielerisches ist einerseits ein bedeutsames Merkmal aller Kinderlyrikformen, andererseits bereichern Sprachspiele ab den sechziger Jahren immer mehr die Kinderlyrik, und zwar durch das Einwirken der konkreten Poesie und der visuellen Poesie auf sie als auch durch den Einfluß neuer Tendenzen der Erwachsenen-Lyrik seit den siebziger Jahren.

Die meisten Sprachspiele und sprachspielerischen Elemente in anderen Gruppen der Kinderlyrik sind komisch akzentuiert.

Zur Einführung in den Bereich der Kinderlyrik und zum Verständnis des differenzierten Phänomens Komik, wie es sich im Medium der Sprache äußern kann, einige Anmerkungen.

Das Komische als lachenerregende Darstellung äußert sich in

Sprachkomik *und* durch Sprache dargestellte Situationskomik, die aber nur teilweise durch Sprachspielerisches zum Ausdruck kommt, wenn z. b. Wert- und Normverletzungen komisierend, lachenerregend dargestellt werden.

Sprachkomik bedeutet einen Verstoß gegen die „normale", gebräuchliche Sprachverwendung und ist u. a. z. b. gekennzeichnet durch Wiederholungen im Sprachgebrauch. Bekannte Beispiele:

> Meine Mu-, meine Mu-, meine Mutter schickt mich her,
> Ob der Ku-, ob der Ku-, ob der Kuchen fertig wär.
> (…)

> Auf einem Gummi-Gummi-Berg,
> Da saß ein Gummi-Gummi-Zwerg.
> (…)

Dem „normalen" Lebensvollzug und Realitätsbezug widerspricht alles Unverhältnismäßige und widersprechen gleichfalls Verstöße gegen Naturgesetzlichkeiten sowie gegen die Logik. Ein solches a-normales Verhalten oder dessen Fixierung in Texten bewirkt Situationskomik. Als geläufiges Exempel:

> Dunkel war's, der Mond schien helle,
> Schneebedeckt die grüne Flur,
> Als ein Wagen blitzeschnelle
> Langsam um die Ecke fuhr.
> (…)

Analog zu diesem Text kann dem Bereich der Komik in der Kinderlyrik der gesamte Komplex zugeordnet werden, der unter dem Terminus „Verkehrte Welt" bekannt ist, weiterhin sind ihm einzubeziehen die sogenannten „Lügengedichte", der Bereich des Nonsens (= Unsinns- / Blödsinns-Texte) sowie auch versifizierte Rätsel und Parodien vielfältiger Art (auf bekannte Gedichte, Lieder, Schlager, Werbesprüche usw.).

Meines Erachtens kann man weiterhin dem Bereich komisierender Kindertexte auch z.T. die Erscheinungsformen der visuellen Poesie zuzählen, insofern sie für Kinder oder von Kindern fixiert und für Heranwachsende interessant und rezipierbar sind.

Gemeint sind Typogramme, Ideogramme und Piktogramme in verschiedenartigen Darstellungsmöglichkeiten (und Kombinationen untereinander).

Zur Verdeutlichung jeweils einige Beispiele:
Typogramme = Buchstabenbilder / Buchstabengedichte

(Helga Gebert in: Gelberg (Hrsg.): Am Montag fängt die Woche an. 2. Jahrbuch der Kinderliteratur, Weinheim, Basel, 1973, 60 insges. 56–60)

Ideogramme = Wortbilder / Bildwörter / Wortgedichte

(Aus: Christen (Hrsg.): Schnick Schnack Schabernach, Oldenburg, Hamburg, 1978, 49, ohne Quellenangabe)

Wenn Sprache als Material *und* Thema der Lyrik akzeptiert wird – z.B. in lyrischen Einheiten, die sich der Sprachkomik

Piktogramme = Textbilder / Figurengedichte

```
                          ,pfelApfelApfelAptei-,
                         ,felApfelApfelApfelApfelA,
                        ,felApfelApfelApfelApfelApfe
                       ApfelApfelApfelApfelApfelApf,
                       pfelApfelApfelApfelApfelApfel/
                       [ApfelApfelApfelApfelApfelApfe
                       pfelApfelApfelApfelApfelApfelA
                       ApfelApfelApfelApfelApfelApfe
                       )felApfelApfelApfelApfelApfel/
                       \pfelApfelApfelApfelApfelApf
                        elApfelApfelApfelWurmAp'
                         'elApfelApfelApfelApfel/
                          `ofelApfelApfelApfel/
                           )felApfelApfelA-
                            ` )felAnfel^
```

```
runter mit den langen        H
                          a     a    a
                             a     a
                                 a
                        a      a       a
                             a     a
                                 a
               r         r          r       r

                    e         e          e
                        e           e
                                e
        n                              n           n
                    n             n
                            n
```

                              Der Krieg

```
                        ANGSTANGST
                     ANGSTANGSTANGSTANGST
               ANGSTANGSTANGSTANGSTANGSTANGSTANGST
            ANGSTANGSTANGSTANGSTANGSTANGSTANGSTANGSTANGST
         ANGSTANGSTANGSTANGSTANGSTANGSTANGSTANGSTANGSTANGST
      ANGSTANGSTANGSTANGSTANGSTANGSTANGSTANGSTANGSTANGSTANGST
   ANGSTANGSTANGSTANGSTANGSTANGSTANGSTANGSTANGSTANGSTANGSTANGST
   ANGSTANGSTANGSTANGSTANGSTANGSTANGSTANGSTANGSTANGSTANGSTANGST
      ANGSTANGSTANGSTANGSTANGSTANGSTANGSTANGSTANGSTANGST
      ANGSTANGSTANGSTANGSTANGST  ANGSTANGSTANGSTANGSTANGSTANGST
   ANGSTANGSTANGSTANGST           ANGSTANGSTANGSTANGSTANGST
   ANGSTANGSTANGSTANGST           ANGSTANGSTANGSTANGSTANGST
                        H
                        A
                        B
                        E
                       ICH
```

(Aus: Funk: Visuelle Poesie für Kinder?, in: Lypp, Maria (Hrsg.): Literatur
für Kinder, Göttingen, 1977, 79, 84, 85)

bedienen, sowie gezielt in der konkreten Poesie –, dann kann formal nichts eingewandt werden gegen die Thematisierung, „Materialisierung", Verbildlichung eines einzelnen sprachlichen Elements: eines Lautes in seiner Zeichengestalt, d. h. als seiner Buchstabengestalt. Dies geschieht in den Typogrammen = Buchstabenbilder oder Buchstabengedichte.

Komisch wirkende Typogramme entstehen aus der nicht-gebräuchlichen und damit lachenerregenden Buchstabenverwendung, so u. a. durch die karikierende Illustration einzelner Buchstaben oder durch das Arrangement eines Buchstabens in vielfacher Verwendung zur schematischen Figur, zum „Bild" eines Gegenstandes oder Lebewesens (z. B. eine Anzahl großer V zur Visualisierung eines fliegenden Vogels).

Ideogramme als vielfältig mögliche Wort-„Bilder" wirken oft komisch, z. B. durch die ungebräuchliche Visualisierung der gesamten Graphemfolge eines Wortes oder eines seiner Buchstaben (s. o.: Lamm, Pferd).

Piktogramme als Textbilder visualisieren u. a. vervielfacht ein Wort, auch zwei und mehrere Wörter oder verbildlichen durch häufige Wiederholung ein Wort mit einem „versteckten" zweiten, dritten Wort. Weiterhin visualisieren Piktogramme einzelne oder mehrere Sätze (s. o.).

Die vorgewiesenen Beispiele wirken – mit Ausnahme des letzten (wegen seiner inhaltlichen Aussage) – mehr oder weniger komisch. Das „Apfelgedicht" präsentiert sich bereits komisch durch die anormale Wortwiederholung und – witzhaft pointiert – die überraschende Einführung des Wortes „Wurm", wodurch das Piktogramm doppel- bzw. mehrsinnig wird: Nicht nur in Äpfeln „ist (oft) der Wurm drin", sondern auch in den Menschen, seit Eva und Adam den Apfel vom Baum der Erkenntnis aßen. Wohin hat uns das bislang gebracht? Unter diesem Aspekt ist je nach Einstellung des „Lesers" und Deuters das Piktogramm scherzhaft satirisch (= komisch akzentuiert) oder sogar ernsthaft satirisch.

Typogramme, Ideogramme und Piktogramme sind wichtige „Textarten" der konkreten Poesie, auch experimentelle Lyrik genannt (oder ebenso: elementare, materiale, abstrakte, absolute Literatur bzw. Poesie).

Die konkrete Poesie ist seit den fünfziger Jahren die Richtung in der modernen Lyrik, die von sprachlichen Elementen als konkretem Material ausgeht und Sprachmaterial neu kombiniert, gruppiert, so daß eine optisch-akustisch-ornamental wirkende Anordnung entsteht, die u.U. zuerst unlogisch erscheint.[2]

Seit Anfang der siebziger Jahre fanden Konkrete-Poesie-Texte, vor allem von Eugen Gomringer und Ernst Jandl, Aufnahme in Lesebücher für die Primarstufe und Anthologien von Kinderlyrik.

Es muß nachdrücklich angemerkt werden: Alle Autoren konkreter Poesie verstehen ihre Texte als sprachkritisch *und* gesellschaftskritisch. Dies führte zu ihrer Ablehnung in der Literaturkritik sozialistischer Staaten; denn konkrete Poesie ist der Gegenpol zum sozialistischen Realismus.

6. Realitätskritisches Kindergedicht

Konkrete Poesie, insofern sie als Kinderlyrik bezeichnet werden kann, ist einerseits ihrem Sektor Sprachspiel zuzuordnen und außerdem z.T. den realitätskritischen Kindergedichten. Zu ihnen zählen u.a. Texte von Ringelnatz, Tucholski und Brecht, vor allem jedoch moderne Gedichte, z.B. von Susanne Kilian und Hans Manz, gleichfalls kritische Kinderlieder (so in der Sammlung „Baggerführer Willibald", hrsg. von Klaus Kuhnke, Reinbek 1973).

Die Bezeichnung realitätskritisch ist mit Absicht gewählt, weil der Vokabel alle kritischen Perspektiven einbeziehbar sind.

Diese modernen Kindergedichte und -lieder entstanden vor

dem Hintergrund der Abkehr der deutschen, aber z.T. auch der ausländischen Lyrik vom hermetischen, verschlüsselten Gedicht – zeitlich markiert mit dem Freitod von Paul Celan 1970. Die realitätskritischen Texte sind alltagsbezogener als die traditionellen Kindergedichte. Dies gilt gleichfalls für die neueren nicht-kritischen Texte, die seit den siebziger Jahren vornehmlich obligate kinderspezifische Themen in moderner Sprachgestaltung präsentieren. In Gedichten beider Unterarten werden – verglichen mit traditionellen Texten – verstärkt seelische Befindlichkeiten thematisiert.[3]

Einige Beispiele für realitätskritische Kindergedichte.

Kumpelsong

Kurt Küther

Auf und ab
und ab und auf
Schicht und Schacht
und Schacht und Schicht
viel mehr weiß ich nicht

Weiß und schwarz
und schwarz und weiß
Kehle trocken
Kehle heiß
auf und ab
und ab und auf –
mein Lebenslauf.

(Aus: Bachmann u.a.: Klang, Reim, Rhythmus. Gedichte für die Grundschule, Frankfurt[3] 1978, 148)

Schulstubensätze

„Ihr schweigt? Niemand, der sich meldet?
Habt ihr gar nichts zu sagen?"

„Wieso? Ich sage ja …"
„Still! Sprich, wenn man dich fragt!"

„Kommt! Na los! Wird's bald?
Nehmt die Hinterbeine nach vorn! Aber dalli!
Mein Gott, braucht man eine Engelsgeduld,
um Lehrer zu sein!"

(Aus: Manz: Worte kann man drehen, Weinheim, 1974, 91)

Kinderhände

Hans Baumann

Ein Holländerkind,
ein Negerkind,
ein Chinesenkind
drücken beim Spielen
die Hände in Lehm.

Nun geh hin und sag,
welche Hand ist von wem!

(Aus: Ders.: Wer Flügel hat, kann fliegen, Reutlingen 1966)

Als Beispiel für die Produktion von Kindergedichten hinsichtlich alter Themen in moderner Sprachgestaltung:

Frühling

Christine Nöstlinger

Eines Morgens
ist der Frühling da.
Die Mutter sagt,
sie riecht ihn in der Luft.

Pit sieht den Frühling.
An den Sträuchern im Garten
sind hellgrüne Tupfen.

Anja hört den Frühling.
Neben ihr, auf dem Dach,
singen die Vögel.

Unten vor dem Haus
steigt Vater in sein Auto.
Er fühlt den Frühling.
Die Sonne scheint warm
auf sein Gesicht.

Aber schmecken
kann man den Frühling
noch nicht.
Bis die Erdbeeren reif sind,
dauert es noch lange.

(Aus. Dies.: Der Frühling kommt, Hannover 1972)

Anmerkungen

[1] Zitat ohne Spiegelstriche und Zeilengliederung: Franz, Kurt: Kinderlyrik. Struktur, Rezeption, Didaktik, München 1979, S. 10/11.
Auf diese Publikation zudem auf den Beitrag desselben Verfassers „Kinderlyrik", in: Köpf, Gerhard (Hrsg.): Neun Kapitel Lyrik, Paderborn 1984, S. 127–146 und Magda Motté: Moderne Kinderlyrik. Begriff – Geschichte – literarische Kommunikation – Bestandsaufnahme, Frankfurt/ Bern 1983 stützen sich teilweise die Ausführungen in den theoretischen Kapiteln.

[2] Vgl. Rückert, Gerhard: Experimentelle Lyrik – Konkrete Poesie, in: Köpf, Gerhard (Hrsg.): Neun Kapitel Lyrik, Paderborn 1984, S. 179–201, hier S. 180.

[3] Vgl. hierzu auch: Spinner, Kaspar H.: Lyrik der Gegenwart (Basisartikel), in: Praxis Deutsch 46/1981, lyrik der gegenwart, S. 7–13, speziell S. 7–11.

II. Anmerkungen zur Geschichte der Kinderlyrik

Die Anfänge der Kinderlyrik – d.h. die mündliche Tradierung
von Kinderreimen – sind ungeklärt. Erst durch Hinweise von
Autoren aus dem 13. bis 15. Jahrhundert ist belegt, daß in dieser Zeit Kinderreime in Gebrauch waren, Wiege- und Schlaf-
lieder, Drohformeln und lehrhafte Verse.

Die Belege nehmen zu nach der Erfindung des Buchdrucks. Im
16. und 17. Jahrhundert erfolgt ein weiterer Zuwachs. Gedichte
und Lieder für Kinder finden sich in Kirchengesangbüchern
und Gebetbüchern, in gereimten Bilderbüchern und ABC-Bü-
chern. Diese Kinderliteratur wird vor allem auch durch sogenannte Einblattdrucke und Fliegende Blätter verbreitet. Außerdem setzt sich die Tradierung und damit die Verwendung
mündlicher Gebrauchsreime fort.

Die didaktisch-religiöse Akzentuierung der Kinderlyrik stand
im Vordergrund, zunächst auch in der Aufklärung, bis durch sie
dann als Wirkung einer weltoffenen Emanzipationsbestrebung
allgemeinere sittlich-moralische und literarische Tendenzen in
den Vordergrund rückten, so z.B. in den kindertümlichen
Reimfabeln von Gellert und Pfeffel.

In der zweiten Hälfte des 18. Jahrhunderts begann die Reflexion über Kinderlyrik und deren Trennung von der Erwachsenenliteratur. Die Sammlung und Erforschung der volkstümlichen = mündlich überlieferten Kinderlyrik ist gekoppelt mit
der Sammlertätigkeit hinsichtlich des Volksliedes und der
durch sie bedingten Forschung. Hierfür war richtungsweisend
die Sammlung „Des Knaben Wunderhorn", mit dem Untertitel
„Alte deutsche Lieder" von Achim von Arnim und Clemens
Brentano. 1806 erschien der erste Band, 1808 wurden der zweite und dritte ediert. In letzterem sind im „Anhang: Kinderlieder" 140 Reime und Lieder abgedruckt. Diese Sammlung hat in
der Folgezeit auf fast alle Verfasser von Kinderlyrik eingewirkt.

(Eine Zwischenbemerkung: Die Herausgabe der Bände von „Des Knaben Wunderhorn" waren für Jacob und Wilhelm Grimm der wichtigste Antrieb zur Sammlung von Volksmärchen.)

Einige Beispiele aus „Des Knaben Wunderhorn" (dem dritten Teil der dtv-Gesamtausgabe, München 1963, S. 166, 180, 186, 198, 230):

Aus dem ABC-Buch „Das Federspiel"

H h Henne und Hahn
Die Henne fröhlich gaggagagt und macht ein groß Geschrei,
Die Bäurin weiß wohl, was sie sagt, und geht und holt das Ei;
Der Hahn tut früh aufwecken den Knecht und faule Magd,
Sie tun sich erst recht strecken und schlafen, bis es tagt.

Sankt Niklas

Gott grüß euch, lieben Kinderlein,
Ihr sollt Vater und Mutter gehorsam sein,
So soll euch was Schönes bescheret sein.
Wenn ihr aber dasselbige nicht tut,
so bringe ich euch den Stecken und die Rut.
Amen.

Wenn die Kinder ihre heiße Suppe rühren

Lirum larum Löffelstiel,
Alte Weiber essen viel,
Junge müssen fasten,
Brot liegt im Kasten,
Messer liegt daneben,
Ei, was ein lustig Leben!

Kriegsgebet

Bet, Kinder, bet,
Morge kommt der Schwed,
Morge kommt der Oxestern,
Der wird die Kinder bete lern.

Tanzliedchen

Tanz, Kindlein, tanz,
Deine Schühlein sind noch ganz,
Laß dir sie nit gereue,
Der Schuster macht dir neue.

Aufgrund der Volskliedforschung wurde auch die Kinderlyrik als Literatur gewürdigt. Diese Perspektive führte zu den ersten Anthologien von volksläufigen (anonymen) Kindergedichten und Kinderliedern, so unter anderen:

Karl Simrock: Deutsches Kinderbuch, 1848,
Franz Magnus Böhme: Deutsches Kinderlied und Kinderspiel, 1897.

Speziell durch solche Sammlungen wurde im 19. Jahrhundert die Produktion von Kinderkunstliedern und Kindergedichten angeregt, z. T. auch durch namhafte Autoren – von Friedrich Rückert und Hoffmann von Fallersleben bis zu Paula und Richard Dehmel.

Sowohl die folkloristische als auch die nicht-anonyme Kinderliteratur wurde im 19. Jahrhundert teilweise als „Gebrauchslyrik" im Sinne bürgerlicher Anpassungspädagogik benutzt und mißbraucht.

Im Gegenschlag hierzu, aber ebenso hinsichtlich Kinder- und Jugendschrifttum allgemein gingen neue Impulse von der Kunsterziehungsbewegung aus. Hier ist das Buch von Wolgast „Das Elend unserer Jugendliteratur" (1896) zu nennen.

Aufgrund der angezielten pädagogischen Reformbestrebungen und sehr akzentuiert durch entwicklungspädagogische Fragen und Erkenntnisse wurde die Parole ausgegeben „Dichtung vom Kinde aus". In überzogener Euphorie galten Äußerungen von Kindern als Poesie.

Die Folge war u. a. eine Flut neuer kindertümlicher Lyrik – auch in sprachexperimenteller Form durch Aufnahme dadaistischer und expressionistischer Versuche – und zudem eine starke Aufwertung dieses Genres bis zum Beginn der zwanziger Jahre dieses Jahrhunderts.

Die Zeit der Weimarer Republik war gekennzeichnet durch reich illustrierte Ausgaben traditioneller Kinderlyrik, die Nazizeit durch volkskundlich-nationalen Sammeleifer.

Nach 1945 wird mehr und mehr Kinderlyrik als lehrhaft-kindgemäße „Gebrauchsliteratur" aus Anthologien und Lesebüchern eliminiert.

Zunächst ist in Anlehnung an Herder und die Romantiker die volkstümlich-kindliche Perspektive für die Produktion von Texten bestimmend. Seit Herder und den Romantikern galten als Merkmale der Kinderlyrik vor allem: Volkstümlichkeit, Schlichtheit, Natürlichkeit, Naivität.

Als Vertreter und Repräsentant dieser Richtung ist exemplarisch James Krüss anzusehen. In seiner bis heute sehr geschätzten großen Anthologie „So viele Tage, wie das Jahr hat. 365 Gedichte für Kinder und Kenner", 1959, stellt er auch erstmalig eine Reihe eigener Texte vor.

Hier jedoch ein späteres Gedicht beispielhaft für ihn und zeitgenössische Autoren, deren Hauptintention war, Freude und Spaß zu vermitteln.

Die knipsverrückte Dorothee

Dorothea kriegte gestern
einen Fotoapparat.
Und nun knipst sie unermüdlich
Hochformat und Querformat.
Dorothea hat Geschick:
Klick!

Dorothea knipste Bilder
von der Mutter mit dem Hut,
von dem Pinscher namens Satan
und der Patentante Ruth.
Auch vom Vater mit dem Schlips:
Knips!

Dorothea wurde kühner,
denn nun knipste sie sogar
Nachbars aufgescheuchte Hühner
und die Birke mit dem Star.
Mittags war der Film schon voll:
Toll!

Vater in der Dunkelkammer
hat den Film mit Müh und Zeit
bis zum Abendbrot entwickelt.
Aufgepaßt, es ist soweit!
Mutter zog die Bilder ab:
Schnapp!

Abends sah sich die Familie
sehr verdutzt die Bilder an.
Vater grinste, Mutter lachte,
Tante Ruth rief: „Sieh mal an!“
Dorothea aber sprach:
„Ach!“

Man sah Mutters halbe Nase,
obendrein ein Stück vom Hut.

Und die umgestülpte Vase
war ein Bein von Tante Ruth.
An der Birke sah man bloß
Moos.

Nachbars Hühner waren deutlich.
Aber keines sah man ganz.
Links sechs Beine, rechts ein Flügel,
und ganz oben war ein Schwanz.
Vaters Bild war nur ein Schlips:
Knips!

Auch vom Pinscher namens Satan
sah man nur das linke Ohr,
und das schaute wie ein Dreieck
hinterm Kohlenkasten vor.
Jeder rief: „Ojemine!
Dorothee!"

(Aus: Krüss: Der wohltemperierte Leierkasten. Gütersloh 1961)

Höhere Anforderungen an Texte – hinsichtlich thematischer Breite und sprachlicher Form – stellt der zweite Exponent traditioneller Kinderlyrik Josef Guggenmos. Bis heute hat er eine Reihe Bändchen eigener Texte für Heranwachsende ediert, beginnend mit „Was denkt die Maus am Donnerstag? 123 Gedichte für Kinder", 1966, 5. Aufl. 1975.

Im Nachwort dieser Publikation schreibt er am Anfang des letzten Absatzes:

Das Kindergedicht muß der Welt des Kindes zugeordnet sein. Doch das andere gilt nicht minder: Der Dichter schreibt das Gedicht für sich selber. Auf andere Art kommt kein echtes Gedicht zustande. Da beißt keine Maus den Faden ab. Das Kind aber hat ein Recht auf das Echte. Wer ihm mit Mache kommt, so oder so, zeigt, daß er das Beste im Kind nicht begriffen hat. Man kann sagen, der Autor von

Kindergedichten schreibt zuerst für das Kind in sich selbst. Freilich, was ist dieses Kind, das Kind im Manne und das Kind im Kind? Einfach ein Stück ehrliches, lebendiges Menschentum. Der Autor von Kindergeschichten ist es seiner eigenen Wahrheit schuldig, daß er seine Gedichte so gut macht, wie er kann.

Mit dem Einfluß der konkreten Poesie (von den sechziger Jahren an) auf die Produktion von Kinderlyrik wird einerseits das Sprachspielerische und damit das Komische in den Kindertexten verstärkt als auch das ernsthaft Satirische, d.h. das ernsthaft Kritische, Anklagende.

Die nachfolgend zu nennenden und knapp zu skizzierenden Anthologien spiegeln die neuen Trends.

In der 1969 von Hans-Joachim Gelberg herausgegebenen Sammlung „Die Stadt der Kinder", 2. Aufl. 1974, erscheinen ausschließlich Texte, die nach 1945 verfaßt wurden.

Formal neuartig bei Autoren ist u.a. die sparsame Verwendung von Sprachmitteln (Baumann), der Verzicht auf feste Strophen, auf Reim und Metrum (Borchers) und – wie schon gesagt – die bewußte Akzentuierung des Sprachspielerischen (Halbey und Guggenmos).

Die von Klaus Kuhnke 1973 edierten Kinderlieder unter dem Titel „Baggerführer Willibald" sind eine Kontrastsammlung zu den traditionellen Liederbüchern und haben als zeitgeschichtlichen Hintergrund die ideologiekritische Diskussion, die Ende der sechziger Jahre einsetzte. Die Texte stammen meist aus der Erwachsenen-Literatur. Die Realität wird oft einseitig schwarzweiß dargestellt, z.T. bewußt verfälscht.

Aufschluß über die Produktion von Kinderlyrik ab den siebziger Jahren geben vor allem die von Hans-Joachim Gelberg herausgegebenen „Jahrbücher der Kinderliteratur".

Generelle Tendenzen in den acht Bänden bis 1988 sind:

1. deutliche Abkehr von traditionellen Themen: Tageslauf, Jahreszeiten, Feste, Wetter, Tiere, Spielsachen. Statt dessen Themen aus der zeitgenössischen Umwelt im eng- und weitgefaßten Sinne (so z.B. auch Wohlstand, Hunger, Krieg, Frieden), Aufweis individueller Befindlichkeiten von Kindern (Angst, Mut, Verlangen nach Glück) und Betonung mitmenschlicher Beziehungen.
2. engagiert kritische Behandlung der Themen, ausgehend von Reflexionen über die Situation der Kinder, die oft selbst als Sprecher in den Texten zu Wort kommen. Dies fällt besonders in den Bänden von 1971 und 1973 auf, in den folgenden Jahrbüchern weist sich die Kritik weniger scharf und provokativ aus.
3. neuartige Handhabe der Sprache, die bewußt als Material in spielerischer und auch ernsthaft kritischer Absicht zur Durchleuchtung der Realität eingesetzt wird.

Als Beispiel der Text „Kindsein ist süß?" von Susanne Kilian, der viele kritische Gedichte anregte, speziell Texte, in denen Kinder gegen Eltern und Erziehung mobilisiert werden.

> Tu dies! Tu das!
> Und dieses laß!
> Beeil dich doch!
> Heb die Füße hoch!
> Sitz nicht so krumm!
> Mein Gott, bist du dumm!
> Stopf's nicht in dich rein!
> Laß das Singen sein!
> Du kannst dich nur mopsen!
> Hör auf so zu hopsen!
> Du machst mich verrückt!
> Nie wird sich gebückt!
> Schon wieder 'ne Vier!
> Hol doch endlich Bier!
> Sau dich nicht so ein!

Das schaffst du allein!
Mach dich nicht so breit!
Hab jetzt keine Zeit!
Laß das Geklecker!
Fall mir nicht auf den Wecker!
Mach die Tür leise zu!
Laß mich in Ruh!

Kindsein ist süß?
Kindsein ist mies!

(In: Gelberg: Geh und spiel mit dem Riesen! 1. Jahrbuch der Kinderliteratur, Weinheim, Basel 1971, 298, Originalmanuskript)

Sprachspiele aller Art hinsichtlich Lyrik und Prosa – aber fast
nur von österreichischen Autoren – enthält „Das Sprachbastelbuch", 1975 von Hans Domenego u.a. herausgegeben, und,
1977 von ihm und Hilde Leiter ediert, „Im Fliederbusch das
Krokodil singt wunderschöne Weisen. Ein Sprachbastelbuch
fürs ganze Jahr".

(Weitere Publikationen s. Motté: Moderne Kinderlyrik, 1983,
S. 159).

1980 gab Joachim Fuhrmann die Anthologie „Gedichte für Anfänger" heraus. Die zwischen 1965 und 1975 etablierten Kinderlyriker sind nicht vertreten, statt dessen junge Autoren, z.T.
mit erstmalig publizierten Gedichten.

Wie in der Erwachsenen-Lyrik schon nach 1970 tendieren die
Texte zur kritischen Reflexion über das eigene Ich und sein Verhältnis zu anderen – so auch in den Gelberg-Jahrbüchern ab
1979.

Die Themen sind „gemischt", d.h. konventionell und neuartig;
neuartig ist auch dominant die Gestaltung: regelmäßige Strophen finden sich selten, es herrschen vor kurze lyrische Einheiten oder längere Texte. Für die sehr bündige Formung ein Beispiel:

Traurig sein

Völkert-Marten

Tränen in der Kehle
haben und sie
nicht runterschlucken
können wie Cola

(Joachim Fuhrmann: Gedichte für Anfänger, 1980, 16)

Abschließend muß betont werden: Kinderlyrik – von Erwachsenen verfaßt – war niemals Lyrik im traditionellen ästhetischen Sinne, sondern sie war vorherrschend und ist es auch heutzutage noch – pointiert formuliert – Sozialisationsinstrument mit unterschiedlichen Intentionen. Das Spektrum reicht von penetranter Lehrhaftigkeit und moralischer Tendenz (bis z. T. in unser Jahrhundert) über mehr oder weniger humorvolle Sensibilisierung hinsichtlich einer immer komplexer werdenden Umwelt bis – beginnend mit Wilhelm Busch, Tucholski, Ringelnatz und Brecht – zu differenzierten kritischen Aspekten. In den achtziger Jahren werden wieder zunehmend positiv akzentuierte Perspektiven aufgewiesen. Hierfür sei auf die Sammlung „Gefunden. Gedichte für die Grundschule" verwiesen, die 1985 von Mascha Kleinschmidt und Margarethe Kolbe herausgegeben wurde.

(Wichtige Publikationen in der DDR:

Edith George / Regina Hänsel (Hrsg.): Ans Fenster kommt und seht … Gedichte für Kinder, Berlin o. J. (1963)
Helmut Preißler (Hrsg.): Das Windrad. Kindergedichte aus zwei Jahrzehnten, Berlin o. J. (1967)
Im erstgenannten Buch ist Traditionelles und Neues vermischt dargeboten wie in der angeführten Krüss-Anthologie. In der zweiten Edition ist ausschließlich Zeitgenössisches zu finden, die literarische Potenz der jungen Republik soll dokumentiert

werden; Sprachspiele und Nonsens-Gedichte kommen zu kurz aufgrund der Tendenz sozialistischer Erziehung.

In beiden Werken dominiert die ideologische Ausrichtung, der erzieherische, fast missionarische Ernst des sozialistischen Realismus.)

III. Anmerkungen zur Kinderlyrikforschung

Als Forschungsgegenstand steht die Kinderlyrik nicht hoch im Kurs. Die zentralen Gründe sind:
Im Rahmen der Kinder- und Jugendliteratur wendet sich die Kinderlyrik an die jüngste Altersgruppe.

Die typologische und strukturelle Komplexität erschwert die Bearbeitung durch *eine* Wissenschaftsdisziplin und begünstigt keineswegs eine koordinierte wissenschaftliche Forschung. Hinzukommt die Diskrepanz zwischen wissenschaftlichen Ansprüchen ganz allgemein in bezug auf den Forschungsgegenstand Kinderlyrik und dem Personenkreis, der primär mit der Vermittlung dieses Genres befaßt ist: Mütter – wohl auch Väter –, Kindergärtnerinnen, Erzieher / innen, Primarstufenlehrer / innen.

Die volkskundliche Forschung ist soziologisch ausgerichtet und widmet sich verstärkt der „praktizierten" Kinderlyrik vornehmlich unter zwei Aspekten:

Ihre Neuerfassung bzw. Neubearbeitung hinsichtlich von Landschaften und Großstädten (z.B. Werner Jakob: ibben dibben dapp ... Sammlung kölnischer Kinderlieder und Reime, Köln 1961).

In bezug auf Sammlungen und Untersuchungen einzelner Untergruppen wird das Kinder-Spiellied am stärksten berücksichtigt.

Die sogenannten „verbotenen" Kinderreime werden erst in neuerer Zeit erfaßt. „Verboten" bedeutet: Was Kinder als verboten ansehen und deshalb vor Erwachsenen geheim halten und als ihr eigenstes Sprachgut betrachten.

Peter Rühmkorf hat in seiner Anthologie „Über das Volksvermögen. Exkurse in den literarischen Untergrund", Reinbek 1967, literarische Interessen und vorherrschend sozialkritische

Ambitionen, d.h. er richtet sein Augenmerk auf Formalia der Verse, primär jedoch auf ihre individualpsychologische und soziokulturelle Bedingtheit und Intentionalität.

Ernest Borneman – Völkerkundler, Volksliedforscher und Psychologe – bemüht sich seit 1960 mit seinen Sammlungen (groß-)städtischer Kinderverse primär um deren psychoanalytische Deutung, d.h. er ordnet Reime, Lieder, Rästel Entwicklungsstufen aus psychoanalytischer Sicht zu und gewinnt aus ihnen z.T. neue Erkenntnisse.

(Textbeispiele aus Rühmkorf und Borneman werden ins folgende Kapitel miteinbezogen).

Neben Gedichtbänden namhafter Kinderlyrik-Autoren gibt es eine Reihe kindertümlicher Anthologien. Außer den schon bündig vorgestellten Sammlungen ist nachdrücklich hinzuweisen auf die Anthologie „Allerleirauh", 1966 von Hans Magnus Enzensberger vorgelegt. In ihr wurden alte von Kindern verwendete Reime zusammengestellt.

Gedichte und Reime, von Heranwachsenden selbst verfaßt, finden allgemein, nicht nur in der Schule, starke Beachtung. Hier sind die Sammlungen von Theamaria Lenz zu erwähnen (in die Literaturliste aufgenommen).

Die Musikwissenschaft beschäftigt sich sehr intensiv speziell mit dem Kinderlied.

Die germanistische Forschung, wenn überhaupt, ist mit der didaktischen gekoppelt bzw. auf sie ausgerichtet.

Die didaktische Forschung kann mit Recht als vielseitig betrachtet werden. Sie liegt in Buchpublikationen, Beiträgen und Aufsätzen vor (die wichtigsten Veröffentlichungen sind in die Literaturliste aufgenommen). Der Trend der didaktischen Bemühungen richtet sich seit einigen Jahren berechtigt und notwendig auf den kreativ akzentuierten Umgang der Primarstufenschüler / innen mit Kinderlyrik.

In diesem Zusammenhang sei abschließend auf das Institut für Jugendbuchforschung in Frankfurt unter der Leitung von Klaus Doderer hingewiesen bzw. auf die hier herausgegebenen Bände des Lexikons der Kinder- und Jugendliteratur.

IV. Entstehungsmöglichkeiten der Kinderlyrik

Kinderlyrik als komplexer Bereich der Kinderliteratur setzt eine differenzierte Entstehung voraus.

1. Anonmye volkstümliche Reime, Gedichte, Lieder und Rätsel für Kinder

Sie erstellen bis ins vorige Jahrhundert den umfang- und formenreichsten Bestand der Kinderlyrik. Ein großer Teil der schon lange Zeit anonymen volkstümlichen Kinderlyrik geht zurück auf Produktionen meist namentlich unbekannter, aber auch bekannter Erwachsener. Die Texte wurden dann – ob gesungen oder nicht – in der ständigen Tradierung mehr oder weniger verändert. Hinsichtlich der neueren, zeitgenössischen „verbotenen" Reime, Gedichte, Lieder und Rätsel, wie sie Rühmkorf und Borneman präsentieren, ist zu betonen, daß auch sie inhaltlich, sprachlich und formal durch Texte Erwachsener geprägt sind.

Ebenso ist das spielerische Element in der anonymen Kinderlyrik teilweise eine Ableitung, eine „Auflöseerscheinung" aus der sogenannten Kleindichtung, speziell der Spruchdichtung.

Insgesamt also wurde die folkloristische oder auch die folkloristich gewordene Erwachsenen-Lyrik – d.h. die namenlos überlieferte – ein bedeutendes Reservoir für die anonyme Kinderlyrik. Dies gilt besonders für Verse und Lieder, die sich auf Volksbräuche beziehen (z.B. Krippen- und Osterlieder, Reime und Lieder zum Martins- und Nikolaustag).

Andererseits wurden vor allem viele Lieder für Spiele sowie gleichfalls Neckverse und Abzählreime von Heranwachsenden produziert. Sie blieben und bleiben über Generationen – u.U. verändert – in Gebrauch.

Das soeben Gesagte betrifft speziell auch sprachspielerisch akzentuierte Texte.

Affektive Spannungen und ihre Lösungen im Lachen sowie emotionale Antriebe führen aus der Haltung der Kinder gegenüber Umwelt und Sprache u. a. zu distanzierenden, nachahmenden und karikierend-satirischen Äußerungen. Weiterhin erfährt auch der natürliche Trieb zum Spiel mit Sprache und Sprachunsinn durch Verwendung sprachspielerischer Elemente in meist humorvollen Reimen seine Befriedigung.

Die heutige Situation der volkstümlichen Kinderlyrik ist zusammenfassend unter zwei Aspekten zu sehen:

1. Kinderlyrik ist einer fortlaufenden Folklorisierung unterworfen, d. h. anonyme Kinderlyrik wird, mehr oder weniger verändert, weiterbenutzt und damit überliefert. Hierbei jedoch scheidet fortwährend aus, was Kinder nicht mehr interessiert; und neue Reime, Lieder, Gedichte werden in die Tradierung aufgenommen.

2. Hinsichtlich der volksläufigen Kinderlyrik ergibt sich zunehmend die Schwierigkeit der Abgrenzung zwischen Folklore und Literatur, denn auch die mündlich überlieferten Kinderreime, Kinderlieder und Kindergedichte sind durch schriftliche Fixierung und Verbreitung vielfach zu Literatur geworden und können Literaturarten zugeordnet werden.

2. Von Kindern verfaßte Texte

Gemeint sind durchweg bewußte Produktionen von Primarstufenschülern/innen, meist auf Anregung sowie unter Anleitung und Hilfestellung von Lehrpersonen.

In den Publikationen zur Deutschdidaktik finden sich konzipierte und erprobte Unterrichtseinheiten sporadisch ab 1973 und verstärkt seit den letzten Jahren, und zwar im Gefolge der notwendigen Forderung nach produktiver Rezeption von Texten sowie der Kreativitätsförderung der Heranwachsenden in einem möglichst integrierten Deutschunterricht. In ihm sollen die Rezeption von Texten, die Reflexion über Sprache und die

Produktion von Texten – mündlich, schriftlich, sprachspielerisch und szenisch gestaltend – aufgrund geeigneter, motivierender Unterrichtsgegenstände zu teilgebietsübergreifenden Einheiten zusammengefaßt werden.

Im didaktischen Teil der Ausführungen werden Möglichkeiten des eigenen lyrischen Gestaltens von Grundschulkindern sowie des freien und experimentierenden Spiels mit Sprache dargelegt und diskutiert.

3. Kinderlyrik von Erwachsenen für Heranwachsende

Die Namen früherer Autoren sind häufig unbekannt geworden. Ihre Texte jedoch wurden z.T. mündlich weiter überliefert, wenn auch oft in veränderter Form.

Mit der Veröffentlichung der „Lieder für Kinder" von Christian Felix Weiße, 1765, setzte in Deutschland die Kinderlyrikproduktion namentlich bekannter Verfasser ein, und zwar wie bei ihm so auch später und bis heute meist aus didaktischen, pragmatischen Gründen. Weiße verfaßte seine Texte gegen die kindischen Ammenreime seiner Zeit aus aufklärerischer Protesthaltung.

Sehr viele Kindergedichte und Kinderlieder entstanden als Auftrags- und Zweckdichtung, häufig von Lehrern verfaßt. Kinderlyrik ist meist ein „Nebenprodukt" von Schriftstellern; einige zeitgenössische Autoren engagieren sich jedoch (fast) ausschließlich für diese Gattung.

Ideologische Perspektiven bestimmen vor allem seit Anfang der siebziger Jahre hierzulande viele Texte. In diesem Zusammenhang sei lediglich hingewiesen auf die von Klaus Kuhnke 1973 herausgegebene Liedersammlung „Baggerführer Willibald". Sie ist als Protest gegen „bürgerliche" Kindergedichte bzw. -lieder anzusehen.

Ideologisch intendiert erweist sich überwiegend die Kinderliteratur in der DDR. Als Belege ein Zitat der Autorin Viktoria

Ruika-Franz aus ihrem Aufsatz „… weil ich verändern will",
1974, und einen Kurztext ohne Verfasserangabe.

Ich schreibe Gedichte, weil ich verändern will, ich schreibe
für Kinder, weil nirgendwo so effektiv wie bei ihnen der He-
bel für das Verändern angesetzt werden kann, hier sind Verstand, Charakterbildung und Geschmacksentwicklung am
nachhaltigsten zu beeinflussen.
(…) Das Kindergedicht ist eine Chance für den Sozialismus, so wie der Sozialismus eine Chance für das Kindergedicht ist.

> Mein Bruder ist Soldat
> im großen Panzerwagen,
> und stolz darf ich es sagen:
> Mein Bruder schützt den Staat.

(Aus: Kurt Franz: Kinderlyrik, 1979, 42 und Ders.: Kinderlyrik, in: Köpf,
Gerhard (Hrsg.): Neun Kapitel Lyrik, 1984, 137)

Ein besonderes Problem besteht – wie bei der Übersetzung von
Lyrik generell – so auch speziell hinsichtlich der Übersetzung
von Kindergedichten.

Es ist ein besonderes Verdienst von James Krüss, daß er viele
Texte übersetzte und so für Heranwachsende zugänglich mach-
te. Weiterhin seien noch als Übersetzer genannt: Elisabeth
Borchers, Josef Guggenmos und Hans Baumann.

4. Gedichte für Erwachsene, die ohne Änderung Kinderlyrik wurden

James Krüss hat für diese Gruppe von Texten den Terminus
„Gedichte für Kinder" geprägt im Unterschied zur Nennung
„Kindergedicht" für Texte, die für Kinder verfaßt sind.

In seine schon genannte Anthologie „So viele Tage, wie das

Jahr hat" nahm Krüss einige solcher Texte auf, u. a. von Goethe „Der Fischer", „Gefunden", „Der Zauberlehrling" und „Heidenröslein".

Diese Gruppe ist nicht umfangreich, es handelt sich meist um einfache liedhafte Texte, leicht verständliche Erzählgedichte und Balladen.

Hinzukommen aber noch speziell Nonsens-Verse und sprachexperimentelle Texte, vornehmlich von Verfassern konkreter Poesie.

V. Zur Typologie der Kinderlyrik

Kinderlyrik ist ein selbständiger Bereich der Gattung Lyrik wie die Erwachsenenlyrik. Kinderlyrik und Erwachsenenlyrik haben die gleichen konstitutiven Elemente, Formen und Themen sowie gleichartige Funktionen und Intentionen.

(Funktion ist zu verstehen als Wirksamkeit, Leistungsmöglichkeit von Gattungsarten und Unterarten; Intention ist zu verstehen als Zweck, Absicht einzelner Texte)

Die Auffassung, Kinderlyrik sei eine Vor- oder Übergangsform zur Vollform der Erwachsenenlyrik, ist deshalb grundsätzlich nicht haltbar und damit abzulehnen.

Kinderlyrik kann aufgrund ihrer formalen, thematischen und funktionalen Übereinstimmung mit der Erwachsenelyrik wie diese in literaturwissenschaftlicher Perspektive unterteilt werden.

Zu sondern sind, funktional bestimmt, folgende Kategorien (= Gattungsarten):

1. Gebrauchsverse
2. Erlebnis- oder Stimmungslyrik
   = Natur- und Dinglyrik, Tiergedichte sowie Texte, die durchgängig problemfrei Kindsein thematisieren
3. Reflexionslyrik (= Gedankenlyrik)
   Nach Inhalt / Gehalt und Funktion kann u. a. unterschieden werden zwischen religiöser, sozial- und umweltkritischer, politischer und lehrhafter Lyrik
4. Geschehnislyrik
   = Balladen, Erzählgedichte, Versfabeln
5. Sprachspiele jeder Art

Kinderlyrik ist zum großen Teil Gebrauchsliteratur, so die gesamte anonym tradierte Kinderlyrik und ein Teil der von bekannten Autoren sowie von unbekannten Heranwachsenden bis heute verfaßten Texte. Diese Gebrauchsverse sind ein kommunikatives Instrumentarium in einem jeweils sozialen Kontext (z. B. Abzählreime, Kinder-Spiellieder).

Kinderlyrik ist zum großen Teil andererseits spezifisch poetische / ästhetische Literatur ohne direkten Gebrauchswert, so die traditionellen und modernen Kindergedichte. Sie sind ein kommunikatives Instrumentarium hinsichtlich der Relation Text und einzelnes lesendes / hörendes Kind in und außerhalb der Schule.

Kindergedichte sind ebenfalls ein poetisch / literarisch kommunikatives Instrumentarium im Literaturunterricht hinsichtlich von Partner- und Gruppenarbeit sowie vor allem im Kommunikationsfeld der Klassengruppe, d. h. also in bezug auf Sozialformen des Unterrichts.

Unter dem Aspekt der Funktionalität ist die Möglichkeit gegeben, sinnvolle Kategorien / Arten und Unterarten der Kinderlyrik zusammenzustellen und so eine Typologie zu erstellen, wie sie soeben fixiert wurde.

Eine solche Typologie ist für die Deutschdidaktik / Literaturdidaktik wichtig hinsichtlich der Auswahl von Kategorien / Arten und Unterarten der Kinderlyrik für ein Curriculum in der Primarstufe und weiterhin ebenfalls bedeutsam für deren quantitative Gewichtung.

Jede Typologie, auch eine funktional bestimmte, kann Überschneidungen in bezug auf Kategorien und deren Untergruppen nicht vermeiden. Weiterhin können Einzeltexte und Textsequenzen mehrere Intentionen aufweisen. Ein Beispiel:

>Ich und du,
>Müllers Kuh,
>Müllers Esel,
>das bist du.

Die Verse haben im Normalfall appellative = zum Handeln auffordernde Intention: Abzählen als Voraussetzung u.a. für Fangen- oder Versteckspiel. Je nach Situation können die Verse jedoch als Neckreim fungieren, dann haben sie komisierende = lachenerregende Intention, indem in humorvoller oder scherzhaft satirischer Akzentuierung ein Kind das andere neckt, hänselt oder beschimpft.

Eine eindeutige Typologie in bezug auf Funktionalität ist bislang nicht erstellt worden, sie ist auch m.E. unnötig.

1. Gebrauchsverse

Die folgende Darstellung der Kategorie Gebrauchsverse basiert hinsichtlich ihrer vielfachen Unterteilung auf dem Beitrag „Kinderlied" von Emily Gerstner-Hirzel im Handbuch des Volksliedes, Bd. 1, herausgegeben von Brednich / Röhrich / Suppan, München 1973, S. 923 – 967, und zwar in der Zusammenstellung, wie sie Kurt Franz fixiert in seinem Buch „Kinderlyrik", München 1979, S. 49f. M.E. nicht mehr gebräuchliche Vers- und Liedgruppen bleiben unberücksichtigt.

Die für Heranwachsende speziell kommunikativ wichtigen Unterarten der tradierten anonymen Gebrauchsverse hatten und haben heute sowie in Zukunft überwiegend auch Bedeutung für das Schaffen namhafter Kinderlyriker. Und vor allem produzierten und produzieren Heranwachsende immer wieder Reime und Lieder (auch Melodien), die zentralen Unterarten zugeordnet werden können.

Der nun folgende Überblick soll – mit eingefügten Beispielen – die Komplexität der Kategorie Gebrauchsverse aufweisen.

1.1 Nachahme- und Deutreime

- Glocken
- Tierstimmen
- Handwerksgeräusche

– Musikinstrumente
– militärische Signale

Die Funktion dieser Reime ist das Nachahmen oder Deuten
von Lauten und Geräuschen; die Intention der Verse ist primär
unterhaltend, z.T. auch informativ oder belehrend.
Für den Literaturunterricht der Primarstufe sind sie von peripherer Bedeutung. Beispiele:

> Ich bin ein Musikante und komm aus Schwabenland.
> Ich kann auch spielen auf meiner Geige:
> Fi-di-gei-gei-gei, fi-di-gei-gei-gei, fi-di-gei-gei-gei-gei.
>
> (…) auch spielen auf der Trompete:
> Tängteräng-täng-täng (…)
>
> (…)

(Ausschnittweise Liedtextzitierung aus: Kreusch-Jacob, Dorothée (Hrsg.):
Ravensburger Liederspielbuch für Kinder, Ravensburg, 1978, 25, ohne
Quellenangabe)

> Kukuk
> Dickbuuk
> Snappsnuut
> süppst mi all de Eier ut.

(Aus: Gerstner-Hirzel: Kinderlied, in: Brednich / Röhrich / Suppan
(Hrsg.): Handbuch des Volksliedes, Bd. 1, München, 1973, 946)

1.2 Brauchtumslieder

– Jahreszeitenfeste
– Glückwünsche
– Ansinge- / Heischelieder
– Schulfeste

Die Funktion dieser Lieder wird bestimmt durch die Termini
der Untergruppen; die Intention aber ist verschiedenartig.
Krippenlieder, Martins- und Nikolauslieder können informierend und unterhaltend, belehrend oder appellativ akzentuiert

sein; Heischelieder sind eindeutig appellativ, z. B., wie schon im I. Kapitel vorgetragen:

> Hier wohnt ein reicher Mann,
> der uns vieles geben kann (...)

Als weiteres Beispiel ein altes Nikolauslied:

> Lieber, lieber Nikolaus zart,
> haben schon lange auf die gewart.
> Will auf Vater und Mutter hören,
> mußt mir nur was Gutes bescheren.

(Enzensberger, 121)

Für den Unterricht in der Grundschule sind die Brauchtumslieder bzw. Brauchtumsgedichte ein wichtiger Komplex hinsichtlich aller Schuljahre.

1.3 Kindergebete

haben in konfessionellen Grundschulen auch im Deutschunterricht ihre Berechtigung – und in Gemeinschaftsgrundschulen?

> Spis, Gott, tränk, Gott,
> alli arme Chind,
> die uf Ärde sind. Amen.

> Bhüet is Gott die Suppe
> vor Flüge und vor Mugge,
> vor Spatze und vor Ameritz,
> daß is keini i d' Suppe sitz,
> Belzchappe, ame.

Enzensberger, 33)

Die Funktionen der Kindergebete sind bitten oder danken, sie fallen mit den Intentionen zusammen.

1.4 Abzählreime

Sie erstellen eine große und für den Literaturunterricht wichtige Textgruppe der Kinderlyrik, weil sie Heranwachsende aufgrund ihrer meist einfachen Form und oft humorvollen oder sprachspielerischen Ausdrucksweise zum eigenen Gestalten anregen.

> Fidaritz und fidaratz,
> die Maus ist kein Spatz,
> der Spatz ist kei Maus,
> und du bist drauß.

> Annchen, Dannchen, Dittchen, Dattchen,
> teber de beber de bittchen battchen,
> teber de beber de bu, ab bist du.

(Enzensberger, 223, 225)

Funktion und Intention der Abzählverse sind – wie schon gesagt wurde – im Normalfall identisch, und zwar appellativ.

Nun ein Exkurs, um die psychologische Bedeutung und Funktion der „verbotenen" Produktionen von Heranwachsenden – hier speziell der Abzählreime – einsichtig zu machen.

Ernest Borneman schematisiert die psychologische Entwicklung des Kindes in der bürgerlichen, städtischen Kultur des Westens wie folgt:

1. Polymorph-perverse Stufe
2. erste und zweite Oralstufe, bis ca. einschließlich 3. Lebensjahr,
3. erste und zweite Analstufe, bis ungefähr einschließlich 4. Lebensjahr,
4. erste und zweite Genitalstufe, ab 5./6. Lebensjahr bis ca. 10. Lebensjahr bei Mädchen, bis 11./12. Lebensjahr bei Jungen.

Der sprachliche Niederschlag der Stufen setzt ein, zwei Jahre später ein und endet auch ein, zwei Jahre später.[1]

zweite bis vierte Stufe – Primarstufen-Kinder
ummelte Borneman viele „verbotene" Verse. Er
indort und Fundjahr sowie meist mit Altersan-
gabe der Mädchen bzw. Jungen. Dadurch können „verbotene"
Reime einer entsprechenden Stufe zugeordnet werden, auch
wenn die Altersangaben deren Spanne überschreiten, denn
keine Phase der Entwicklung wird überwunden noch ver-
schwindet sie spurlos. Am Schluß seiner Einführung zu dem
genannten Band heißt es:

> Ich stehe den nun folgenden Versen mit sehr gemischten
> Gefühlen gegenüber. Ich bewundere ihre Kraft, ihre Di-
> rektheit, aber auch ihre Subtilität. Die beiden Grundfor-
> men der Umweltdeutung, die in fast allen diesen Versen
> auftauchen – die Verwandlung der Umwelt in libidinöse
> Symbole und die Enthüllung des verborgenen Machtcha-
> rakters der Erwachsenenwelt – beeindrucken mich in ihrer
> formellen Gewalt. Aber daß es nötig sein sollte, die natürli-
> che Befriedigung der infantilen Libido zu blockieren und
> ihr nur noch den Ausweg zu erlauben, sich in der sexuellen
> Treibhauswelt der oralen, analen, ödipalen und genitalen
> Frustration auszudrücken, das deprimiert mich zutiefst.

> Eine Gesellschaft, die den gewaltigen Schöpfungswillen des
> Kindes in dieser Weise aufs Nebengleis leitet, kann keine
> Schonung von ihren Gegnern erwarten.[2]

Exempla zum Abzählreim:

> Abraham und Isaak
> Schlugen sich mit Zwiebelback.
> Der Zwieback ging entzwei,
> Abraham legt ein Ei –
> Und du bist frei!

(Borneman: Die Umwelt des Kindes (…) Studien (…) Bd. 2, Frankfurt,
Berlin, Wien, 1980, 127, Wolfsburg 1965, M 5,0)

Mädchen-Abzählvers mit Fingerbewegung auf Körperteile hin.

> … Augen: Augensterne
> … Nase: Rotzkaserne
> … Mund: Freßmaschine
> … Busen: Milchkantine
> … Unterleib: Kinderstube
> … Vulva: Selterbude
> … After: Wurstfabrik mit Dampfbetrieb!

(Ebd., 139, Berlin W 1960, M 7,8)

Für Peter Rühmkorf beginnt „die Emanzipation der Umgangs-
poesie (…) beim (…) Abzählreim", den er als „Vers der freien
Wildbahn" und als „Symbiose von Freiheitsbedürfnis und ana-
ler Aggression" bezeichnet.[3]

Ein Beispiel aus seiner Sammlung:

> Hinter einer Lokusmauer
> Saß der Doktor Adenauer
> Hatte kein Papier
> Raus mit dir.

(Ebd., 46)

1.5 Albumverse

Angesprochen sind in bezug auf Heranwachsende die mehr
oder weniger albernen Zeilen für das von Mädchen schon im 3.
Schuljahr so geschätzte Poesiealbum.

> So viel Dorn ein Rosenstock,
> so viel Haar ein Ziegenbock,
> so viel Flöh ein Pudelhund,
> so viel Jahre bleib gesund!

(Bruno Horst Bull (Hrsg.): Glück und Segen. 570 Gedichte für alle Feste
des Jahres und Lebens, Gütersloh o.J. (1964), 128, ohne Quellenangabe)

Auch in Lesebücher werden Albumverse aufgenommen, so:
Bunte Lesefolgen, 2. Schuljahr, 1983, S. 130, hier ein Exempel
von insgesamt fünf (ohne Quellenangabe).

> Der Fisch ist stumm,
> Das Reh ist scheu,
> Der Esel ist dumm,
> Doch ich bin Dir treu.

Diese Verse haben die Funktion, daß Kindern von Alterspartnern und Erwachsenen etwas „Positives" in ihr Album geschrieben wird. Primäre Intentionen sind: wünschen, belehren, auffordern. Oft weisen Zeilen mehrere Intentionen auf.

Didaktisch interessant sind solche Verse, wenn sie als humorvolle Vorlagen für eigenes Gestalten oder als Vorlage für Parodien betrachtet werden (Parodie = übertreibende Nachah-
mung, meist humorvoll oder scherzhaft satirisch).

1.6 Kinderstubenreime

- Schlaf- und Wiegenlieder
- Kniereiterreime
- Schaukelreime
- Tanzliedchen
- Pflegereime
- Kosereime und -spiele
  - Kitzelreime
  - Krabbelreime
  - Fingerspiele
- Trostreime
- Zuchtreime

Diese Verse sind durchweg Erwachsenenprodukte, die jeder –
mehr oder weniger – aus seiner Kindheit kennt.

Ihre Funktion ist jeweils offenkundig hinsichtlich ihrer Unter-

gruppen, ihre Intentionen reichen von unterhalten und informieren über belehren bis auffordern und eine Handlung be-
gleiten (z. B. Schaukeln der Wiege während des Singens; Tanzen und Singen zugleich).

Kinderstubenreime bilden eine zentrale Unterart der Kinderlyrik und sind die erste literarische Ausdrucksform, die Heranwachsende kennenlernen.

> Das ist der Daumen,
> der schüttelt die Pflaumen,
> der liest sie auf,
> der trägt sie heim,
> und der kleine Wix ißt sie ganz allein.

> Wir treten auf die Kette,
> daß die Kette Kette klingt.
> Wir haben einen Vogel,
> der so lieblich singt.
> Singt sogar
> wie ein Star,
> hat gesungen sieben Jahr.

(Enzensberger, 18, 244)

Als Gegenbeispiele zwei Schlafliedparodien und ein modernes
ernsthaft satirisches Kniereiterlied.

> Schlafe wohl,
> Iß recht viel Kohl
> Und mach das Bett nicht voll.

(Borneman: Die Umwelt des Kindes (...) Studien (...) Bd. 2, 154, die folgenden Zeilen aus: Rühmkorf: Über das Volksvermögen, Reinbek 1967,
54)

> Schlaf Kindchen schlaf
> Dein Vater ist ein Schaf

Deine Mutter ist auch son Schwein
Nun schlaf du liebes Kindelein

Grashüpfers Überstundenlied

Friedl Hofbauer

Hopp, Hopper, hopp!
Dein Vater hat ein' Dschob.
Dein Vater ist noch im Büro.
Da ist der Hopper gar nicht froh.
Hopp, Hopper, hopp!

Nie, Hopper, nie
sitzt du auf seinem Knie.
Wenn der Vater heimkommt, ist er müd
und zirpt das Überstundenlied.
Nie, Hopper, nie!

Nie, Hopper, nie
kommt Vater abends früh,
mein Hopper ist schon längst im Bett,
als ob er keinen Vater hätt –
nie, Hopper, nie!

Einst, Hopper, einst
kommt Vater, wenn du weinst,
nimmt dich aufs Knie und ist nicht müd
und zirpt für dich sein schönstes Lied.
Einst, Hopper, einst!

Doch heut, Hopper, heut,
heut ist es spät und schneit,
die grüne Wiese ist ganz weiß,
Grashüpfers Liedchen liegt im Eis.
Heut, Hopper, heut!

Heut träum nur, was dich freut ...

(Aus: Gelberg (Hrsg.): Geh und spiel mit dem Riesen! 1. Jahrbuch der Kinderliteratur, 1971, 233, Originalmanuskript)

Von didaktischem Interesse sind vornehmlich Tanzliedchen als
tanzbegleitende Texte und gestisch realisierbare Fingerspiele.
Letztere könnten Kinder zum eigenen Gestalten anregen. Es
wäre jeweils aufschlußreich, welche Kinderstubenreime die
Mädchen und Jungen (noch) kennen und vortragen können –
auch Parodien.

1.7 Neckreime

– Namenneckreime
– Neckspiele
– Handwerkerneckverse
– Nikolaussprüche

Neckreime reizen zum Lachen, sind also komisierende Verse.
Ihre komisierende Intentionalität ist z.T. humorvoll akzentuiert, d.h. gespeist aus der dem Kind normalerweise eigenen op-
timistischen Lebenshaltung trotz aller schon erfahrener und
noch zu erwartender Widerwärtigkeiten.

Spielparter oder andere Kinder werden aus verschiedenen
Gründen geneckt, gehänselt, wobei der Selbstbehauptungs-
trieb eine wichtige Rolle spielt.

Das Necken betrifft auch Handwerker, speziell diejenigen, mit
denen Heranwachsende in Berührung kommen.
Diese Art des humorvollen Hänselns bezieht sich aber gleichfalls auf Lehrpersonen und andere Berufsträger, so u.a. auf
Geistliche und Ärzte.

Walter   Gustav
Wenn er pupt dann knallt er   Snie de Wust af

          Renate
          Tomate
          Alte Handgranate
(Rühmkorf, 98, 99)

Margritchen, Margritchen,
Dein Hemdchen guckt für,
Zieh's naufi, zieh's naufi,
So tanz ich mit dir.

(Aus: Des Knaben Wunderhorn, 230)

Heute morgen früh am Tag
hat der Schneck den Schneider gjagt.
Wär der Schneider nit so gsprunge,
wär er um sein Leben kumme.

(Enzensberger, 139)

Teilweise sind Neckverse auch scherzhaft satirisch pointiert,
d. h. schadenfroh auslachend oder mehr oder weniger berechtigt kritisch bissig. Die Akzentuierung kann ebenso ins harmlos
Groteske gesteigert werden.

Ilse Bilse
Keiner will se.
Kam der Koch,
Nahm se doch,
Schiebt ihr was ins Ofenloch.

(Rühmkorf, 99)

Wie machens denn die Müller?
Sie betens Vaterunser:
Das halbe Korn ist unser.

(Enzensberger, 134, scherzhaft satirisch bzw. harmlos grotesk überzogen)

Die Funktion der Neckreime ist offenkundig; die Intention jedoch ist wie bei Schimpfnamen – von Aas bis zu Zulukaffer –
ambivalent, zumindest was Neckverse von Kindern ihren Alterspartnern gegenüber betrifft: sie sind einerseits kontaktbe-
lastend oder -abbrechend gemeint, andererseits aber auch kon-
taktfördernd oder sogar kontaktstiftend.

Die humorvolle oder scherzhaft satirische Prägung der Neckverse impliziert u. U. eine kompensatorische Wirkweise für
Kinder. Unter diesen Aspekten sind Kinder auch in der Schule
für Neckverse aufgeschlossen und reizen sie zum Fortgestalten,
Ausgestalten oder zum eigenen Verfassen.

1.8 Spottreime

– politisch akzentuierte Verse
– Zoten
– Parodien

Den Neckversen fehlt die Schärfe des Spotts oder der Verhöh-
nung, die jedoch in den Spottreimen meist entweder ironisch
Kinder und Erwachsene angreift oder ernsthaft satirisch, häufig zudem nicht harmlos grotesk übertrieben.
Handwerkerverse sind z. T. ernsthaft satirisch geprägt, ebenso
auch Verse auf Lehrer.

> Die Schuster, die Schneider, das Lumpengesind,
> zum Fressen, zum Saufen, da sind sie geschwind.
> Zum Stichen, zum Stechen, da sind sie zu faul,
> zum Fressen, zum Saufen, da rührn sie das Maul.

(Enzensberger, 138, ernsthaft satirisch)

> Lehrer ist ein kluger Mann,
> Schad, daß er nicht denken kann.

(Borneman: Die Welt der Erwachsenen in den „verbotenen" Reimen
deutschsprachiger Stadtkinder. Studien zur Befreiung des Kindes Bd. 3,
Frankfurt, Berlin, Wien, 1981, 63, Wien 1965, K 8,1)

> Der Pauker war beim Pauken: Ich bin, du bist, er ist.
> Da mußt' er plötzlich sterben, der arme Germanist.
> Aus Asche wird so Asche, aus Mist wird wieder Mist.

(Bornemann: Die Umwelt des Kindes (…) Studien (…) Bd. 2, 358, keine
näheren Angaben)

Politisch und zudem noch spottend akzentuiert sind wenige alte
Kinderreime.

> Roter Kalmuck,
> spring über die Bruck,
> brich Hals und Bein,
> komm nimmermehr heim

(Enzensberger, 64)

Und von den „verbotenen" Versen als „Kostproben":

> Lieber Tommy fliege weiter
> Denn hier wohnen nur Arbeiter
> Fliege weiter nach Berlin
> Denn die haben „ja" geschrien

(Rühmkorf, 231)

> Auf der Mauer,
> Auf der Lauer
> Sitzt der alte Adenauer,
> Hat vier Bomben unterm Arm,
> Das bedeutet Kriegsalarm.

> Franz Josef Strauß,
> Bayerische Laus!
> Hat gelogen,
> Hat betrogen,
> Hat die Kuh am Schwanz gezogen.

(Borneman : Die Welt der Erwachsenen (…). Studien (…) Bd. 3, 165, Köln
1967, M 4, 11; ebd., Wolfsburg 1966, K 8,1)

Zoten als Spottverse findet man nicht in „normalen" Sammlungen, geschweige in Lesebüchern für die Primarstufe. Rühmkorf und vor allem Borneman bieten viele Beispiele. Kinder
nehmen in ihnen besonders ihre Geschwister, die Eltern, auch

Großeltern und Lehrpersonen aufs Korn. Der Fäkal- und Sexu-
albereich ist das Reservoir dieser Reime. Hier zwei harmlose
Exempel:

> Oma und Opa
> Saßen auf dem Sofa.
> Opa läßt einen fliegen,
> Oma muß ihn kriegen.
> Opa pißt ins Ofenloch,
> Oma denkt, der Kaffee kocht.

(Borneman: Studien Bd. 3, 59, Wolfsburg 1966, K 5, 11)

> Feuerwehr, Feuerwehr,
> Schnell mit eure Spritze her!
> Meene Schwesta hat Hot Pants,
> Zwischen ihre Beene brennt's!

(Borneman: Studien Bd. 2, 75, Berlin W 1971, K 14,9)

Parodien sind – vereinfacht gesagt – spottende Nachahmungen
(= Veränderungen) von (überwiegend literarischen) Texten.
Die komisierende Intention ist meist scherzhaft satirisch, sie
kann auch ironisch sein und zudem mit grotesker Zuspitzung.

Bei Parodien handelt es sich funktional stets um Spiel mit Sprache aufgrund verschiedenartiger Intentionalität. Deshalb
könnte bzw. müßte diese Untergruppe der Spottverse den
Sprachspielen auf stilistischer Ebene zugerechnet werden; dies
umsomehr, weil die Parodien keine Kinderreime als Gebrauchsliteratur verspottend anzielen, sondern literarische und
nichtliterarische Texte. Auch hier wird wieder eine Über-
schneidungsmöglichkeit signifikant.

In Anthologien haben Parodien Seltenheitswert, zudem wer-
den sie als solche für Kinder nicht erkennbar (z.B. „Wenn die
Möpse Schnäpse trinken" von James Krüss als Parodie auf die
Gedichtform schlechthin, u.a. in: Bachmann u.a.: Klang,

Reim, Rhythmus. Gedichte für die Grundschule, 3. Aufl. 1978, S. 12).

Für schlagende Parodiebeispiele muß man auf Rühmkorf und Borneman zurückgreifen.

> Ich sitz hier auf dem Brillenrand
> Und rauche Peter Stuyvesant.
> Und was dahinter runterfällt,
> Das ist der Duft der großen Welt.

(Borneman: Studien Bd. 2, 191, Wolfsburg, K 12, 11, ironisch, Werbung)

> Fahr mich
> In die Ferne, mein blonder Matrose!
> Bei dir
> Will ich sein
> Ohne Hemd
> Ohne Hose!

(Ebd., 249, Berlin W 1968, K 16, 3, scherzhaft satirisch, Schlager)

> Es waren zwei Königskinder
> Die hatten einander so lieb
> Sie konnten zusammen nicht kommen
> Es war kein Fährbetrieb

(Rühmkorf, 150, grotesk, Volsklied)

> Wer reitet geschwind
> Durch Nacht und Wind?
> Es ist der Vater mit seinem Kind.
> Das Kind, das erkält' sich den Arsch,
> Weg warsch.

(Borneman: Studien Bd. 3, 38, Stuttgart 1967, K 4,9, scherzhaft satirisch bzw. grotesk, Ballade)

Die Funktion der Spottreime wird durch ihren Terminus ausgesagt.

Die Intention der Verse richtet sich mehr oder weniger berechtigt vor allem gegen Familienangehörige und Berufsträger, durch deren Wollen und Tun die Betroffenen mißverständliche bzw. unverstandene oder unliebsame bzw. auch gefahrvolle Erfahrungen machten.

Die Parodie beabsichtigt speziell die Entlarvung von Phrasenhaftigkeit (z.B. in der Werbung) und spöttisches Spiel mit literarischen Texten aus unterschiedlichen Gründen. Didaktisch bedeutsam können in jedem Fall Spottreime in bezug auf überzogene, persuasive (= überredende) Werbung sein, indem diese nicht nur erkannt, sondern zudem durch selbstverfaßte Anti-Werbung ad absurdum geführt wird. Ebenfalls motivieren zumindest sporadisch „geeignete" Lieder- und Schlagertexte sowie Gedichte zu Parodien. Und: sollten Lehrpersonen und Eltern verschont bleiben von Spottversen der Mädchen und Jungen?

1.9 Ulkreime

– Bibelreime
– Ulkspiele (Kinderpredigt, -beichte, -taufe, -trauung)

Diese z.T. sehr alten Verse geben sich in ulkiger = spaßiger Weise als Bibelzitate aus oder imitieren christlich religiöse Praxis.

> Jesus sprach zu seene Jünga:
> „Haste keene Jabel,
> Dann friß mit die Finger!"

(Borneman: Studien Bd. 3, 144, Berlin W, K 4,1)

> Paulus schrieb an die Korinther
> sauft nicht wie die Bürstenbinder

(Gerstner-Hirzel: Kinderlied, in: Brednich / Röhrich / Suppan (Hrsg.): Handbuch des Volksliedes, Bd. 1, 1973, 950)

> Ich bin der Herr Pastor
> und predige euch was vor
> von Maria Zwiebel
> aus der dicken Bibel.
> Und wenn ich nicht mehr weiter kann,
> dann steck ich mir ein Pfeifchen an.

(Enzensberger, 255)

Diese mehr oder weniger humorvollen Verse haben die Funktion, sich über Personen des Alten und des Neuen Testaments zu amüsieren sowie die Predigtpraxis und die Sakramente verbal zu parodieren.

Für den Unterricht haben die Ulkreime keine Bedeutung (geringfügig vielleicht für Kinder zur gegenseitigen Belustigung).

1.10 Trotzreime

Zunächst einige Beispiele:

> Lustig isch die Fasenacht,
> Wenn die Mamme Küchle bacht.
> Wenn sie awer keini macht,
> Scheiß ich auf die Fasenacht!

(Borneman: Studien Bd. 2, 173, Straßburg 1968, K 5,3)

> Morgen gibt es Ferien,
> da gehn wir nicht nach Haus!
> Da gibt es Schläg in Serien,
> da reißen wir alle aus.

(aus Sachsen, in: Bull (Hrsg.): Glück und Segen, o.J. (1964), 71)

> Sauerkraut und Rüben,
> die haben micht vertrieben.
> Hätt meine Mutter Fleisch gekocht,
> so wär ich bei ihr blieben.

(Enzensberger, 36)

Mutter, verschaff mir 'n Mann,
Der 's richtig kann,
Sonst fang ich noch
Was andres an!

(Borneman: Studien Bd. 3, 49, Berlin O 1960, M 13, 3)

Kaum zu finden sind solche Verse in den „normalen" Sammlungen, obwohl es sie zu jeder Zeit in großer Anzahl gegeben
hat.

Die Funktion liegt auf der Hand: Trotz aus verschiedenen
Gründen. Er richtet sich vornehmlich gegen Mütter.

Die Intention ist – wie die Exempla zeigen – variabel: so z.B.
informativ und appellativ.

Für den Deutschunterricht könnten Trotzreime gesprächsaus-
lösend sein, u.a. hinsichtlich Essen, Spielen, Fernsehen, Ta-
schengeld, „Klamotten", jedoch auch in bezug auf andere
Trotz-Inhalte, die dann zur Sprache kämen. Eigene Gestaltungen der Mädchen und Jungen wären möglich.

1.11 Lieder zu Spielen und Tänzen

Mädchen vor allem singen, wenn sie schaukeln, seilspringen
und Ball spielen. Die letztgenannten Spiele finden auch oft als
Wettbewerb statt.

Die Lieder haben die Funktion, den Spielen jeweils einen bestimmten Rhythmus zu geben. Ihre Intentionen aber können
verschiedenartig sein, sie sollen u.a. informieren, unterhalten,
necken, spotten, belehren.

Als Beispiele Anfang und Ende eines „verbotenen" Liedes
zum Seilspringen sowie die letzte Strophe eines Liedes zum
Ostereiersuchen mit der Intention des Wünschens (aus: Borneman: Studien Bd. 1, S. 57f. und Kreusch-Jacob: Ravensburger Liederspielbuch für Kinder, 1978, S. 10, entnommen: Kinder musizieren, Heft 7, Boppard, ohne nähere Angabe):

Samsonstraße eins
Wohnt der Onkel Heinz.
Samsonstraße zwei
Wohnt die Lorelei.
Samsonstraße drei
Geht an ihr vorbei.
Samsonstraße vier
Klopft an ihre Tür.

(…)

Samsonstraße acht
Ist das Werk vollbracht.
Samsonstraße neun
Ist der Bauch geschwolln.
Samsonstraße zehn
Ist das Kind zu sehn.

Has, Has, Osterhas,
ich wünsche mir das Beste:
ein großes Ei, ein kleines Ei,
dazu ein lustig Dideldumdei.
Und alles in dem Neste.

Gleichfalls zu Kreisspielen sowie Kreis- und Reihentänzen singen Kinder. Die Funktion der Lieder ist vornehmlich, den (Handlungs-)Ablauf der Spiele, z. T. auch der Tänze, sowie deren Rhythmus zu bestimmen. Ihre Intentionsspanne kann mit jener der zuvor genannten Spiele gleichgesetzt werden.

Beliebte Kreisspiele sind „Häschen in der Grube" und „Plumpsack".

Hier ein Liedtext aus der Anthologie von Enzensberger (S. 238):

Eine kleine Zipfelmütze
geht in unserm Kreis herum.

Dreimal drei ist neune,
ihr wißt ja wie ichs meine,
dreimal drei ist neun,
und eins dazu ist zehn,
Zipfelmütz, bleib stehn, bleib stehn!
Sie schüttelt sich,
sie rüttelt sich,
sie wirft ihr Säcklein hinter sich,
sie klatschen in die Hand:
Wir beide sind verwandt.

Die Bedeutung der Lieder insgesamt für den Turn- und Musik-
unterricht in der Primarstufe ist offenkundig, im Deutschunterricht sollten die Kinder über die wenigen ihnen bekannten
Lieder hinaus weitere kennenlernen, um sie – auch im Sinne
der meist zu wenig geförderten „musischen Erziehung" – mit
Lust und Freude für Spiele und Tänze zu gebrauchen.

2. Erlebnis- oder Stimmungslyrik

Die Gebrauchsverse als sehr umfangreiche und differenzierte
Kategorie der Kinderlyrik stellen ein kommunikatives Instrumentarium dar, die Texte beziehen sich jeweils auf einen sozialen Kontext.

Die Kategorie Erlebnislyrik, gleichfalls Stimmungslyrik genannt, präsentiert – wie auch die noch nachfolgend darzustellenden Kategorien – speziell poetische / ästhetische Literatur
im engeren Sinne hinsichtlich der Kinderlyrik. Texte dieser Art
werden in literarischer Kommunikation rezipiert, d.h.: immer
zunächst individuell und in der Schule zudem meist dann auch
noch in verschiedenen Sozialformen des Unterrichts unter dem
Bezug der Gedichte zur Lebenswirklichkeit der Heranwachsenden plus u.U. im Hinblick auf den kreativ akzentuierten
Umgang mit den Texten, die sich hierfür eignen bzw. hierzu
motivieren.

Zur Kategorie der Erlebnis- oder Stimmungslyrik zählen im
Rahmen der Kinderlyrik folgende Unterarten:

- Naturgedichte
- Tiergedichte
- Dinggedichte und
- Gedichte, die durchgängig problemfrei Kindsein thematisie-
  ren.

Diese Texte sind mit Ausnahme der sehr wenigen Dinggedichte
in der traditionellen Kinderlyrik äußerst zahlreich vertreten, in
der neueren weniger. In ihr hat sich – es sei nochmals betont –
die Perspektive verschoben. Im Mittelpunkt der Produktion
stehen seit rund 25 Jahren, speziell seit 15, die Reflexionslyrik
und die Sprachspiele aufgrund soziokultureller Veränderungen
und neuartiger Aspekte in der Erwachsenen- und damit auch in
der Kinderlyrik.

2.1 Naturgedichte

Sie stellen häufig ihre „Gegenstände" fast absichts- und kommentarlos dar; ihre Intention ist einerseits vorweisend, aufzei-
gend, unterhaltend; andererseits beabsichtigen viele Texte die
Sensibilisierung für die Schönheit, Eigenart, Großartigkeit,
aber auch Gefährlichkeit von Naturphänomenen.

Als traditionelles Beispiel die erste Strophe des Gedichts „November" von Heinrich Seidel (aus: Bachmann u.a.: Klang,
Reim, Rhythmus, [3]1978, S. 37):

> Solchen Monat muß man loben:
> Keiner kann wie dieser toben,
> keiner so verdrießlich sein
> und so ohne Sonnenschein!
> Keiner so in Wolken maulen,
> keiner so mit Sturmwind graulen!
> Und wie naß er alles macht!
> Ja, es ist 'ne wahre Pracht.

Mit solchen Texten ödet man Kinder an. Aus Lesebüchern sind
sie seit Jahren meistens verschwunden. Statt dessen gibt es in
der modernen Kinderlyrik ansprechende Naturgedichte. Hier
kontrastiv die erste Strophe des gleichthematischen Gedichts
„Novemberwetter" von James Krüss (aus: Ebd., S. 36, s. vorige Angabe):

> Klitsch, klitsch, klatsch,
> der Hund fällt in den Matsch.
> Die Gretel, die am Wege sitzt,
> die heult, denn sie ist vollgespritzt.
> Klitsch, klitsch, klatsch,
> das ist Novembermatsch.

Mit vollem Text zwei weitere Beispiele:

> Sommer
>
> Ilse Kleberger

> Weißt du, wie der Sommer riecht?
> Nach Birnen und nach Nelken,
> nach Äpfeln und Vergißmeinnicht,
> die in der Sonne welken,
> nach heißem Sand und kühlem See
> und nassen Badehosen,
> nach Wasserball und Sonnenkrem,
> nach Straßenstaub und Rosen.

> Weißt du, wie der Sommer schmeckt?
> Nach gelben Aprikosen
> und Waldbeeren, halb versteckt
> zwischen Gras und Moosen,
> nach Himbeereis, Vanilleeis
> und Eis aus Schokolade,
> nach Sauerklee vom Wiesenrand
> und Brauselimonade.

Weißt du, wie der Sommer klingt?
Nach einer Flötenweise,
die durch die Mittagsstille dringt,
ein Vogel zwitschert leise,
dumpf fällt ein Apfel in das Gras,
ein Wind rauscht in den Bäumen,
ein Kind lacht hell, dann schweigt es
und möchte lieber träumen.

(Aus: Gelberg (Hrsg.): Die Stadt der Kinder, 1969, 172, Originalmanuskript)

Oktober
Elisabeth Borchers

Es kommt eine Zeit
da fragen wir uns
Was soll denn nur werden

Die Luft schmeckt
so bitter

Die Vögel sind
über alle Berge

Der Nebel macht
die Häuser bleich

Die kleinen Tiere gehen
unter der Erde spazieren

Aufs Dach trommeln
Kastanien

Wir müssen ins Haus zurück
da hält uns der Regen gefangen

(In: Dies.: Und oben schwimmt die Sonne davon, München 1965)

2.2 Tiergedichte

Sie sind eine Domäne der Kinderlyrik und beabsichtigen durchweg humorvolle Unterhaltung.

Als altes Paradebeispiel „Die drei Spatzen" von Christian Morgenstern:

> In einem leeren Haselstrauch,
> da sitzen drei Spatzen, Bauch an Bauch.
> Der Erich rechts und links der Franz
> und mitten drin der freche Hans.
> Sie haben die Augen zu, ganz zu,
> und obendrüber, da schneit es, hu!
> Sie rücken zusammen, dicht an dicht.
> So warm wie der Hans hat's niemand nicht.
> Sie hören alle drei ihrer Herzlein Gepoch.
> Und wenn sie nicht weg sind,
> so sitzen sie noch.

(Gedächtniszitat)

Viele traditionelle Tiergedichte sind kitschig, weil die Tiere – und analog Blumen und Pflanzen – zu realitätsfremd und zudem oft sentimental vermenschlicht werden.

In der neueren Kinderlyrik hat vor allem Josef Guggenmos reizvolle lustige Tiergedichte verfaßt, speziell „Mäuse"-Texte. Hier zwei „Kostproben":

> Nächtliches Vergnügen
>
> Leise
> trippeln aus der Mauer die Mäuse,
> in der Nacht,
> die mausgrauen,
> um in die Werkstatt zu schauen:
> Ei wie nett,
> der Meister ist fort und längst zu Bett!

Aber neben der Hobelbank liegen
die Hobelspäne
die sich zu langen papierenen Schlangen biegen.
Da drin kann man wuseln,
und wenn das so raschelt,
und wenn das so rauschelt,
sich lustig gruseln.

Da spielen die Mäuse Verstecken und Fangen.
Sie bauen sich Gänge in den Berg,
und viel zu schnell ist die Nacht vergangen.

Doch steckt dann der Meister den Schlüssel ins Loch,
wo sind dann die mausgrauen Mäsulein noch?
Tief in der Mauer im Mäusenest
wispern sie: „War das heut ein Fest!"

Der Maikäfer

Ich war einmal ein Engerling,
ich kroch einmal im Boden.
Da drin kroch ich vier Jahre lang,
jetzt komme ich geflogen.

Ich krabbelte zum Licht empor
und hob mich aus dem Grase.
Jetzt fliege ich als Käfer dir
laut surrend um die Nase.

(Aus: Guggenmos: Was denkt die Maus am Donnerstag?, 1966, 46f., 36)

Tiergedichte werden jedoch auch als versifizierte Fabeln für
Heranwachsende gestaltet und offerieren eine Lehre. Formal
und funktional zählen sie dann zur Geschehnislyrik.

2.3 Dinggedichte

Sie sind selten in der Kinderlyrik zu finden. Sie haben, denkt
man an Texte von Rilke, meist Symbolcharakter, der für Her-

anwachsende bis zum zehnten oder zwölften Lebensjahr kaum
zu erfassen ist. Zwei konträre Beispiele:

Hochofen
                                    Hans K. Wehren

    Brodelnde Lava,
    kochende Glut,
    Höllen umschließt
    das geformte Gefäß,

    Urelemente:
    Feuer und Flut!

(Gedächtniszitat)

Baiabong
                                    Peter Härtling

(Auf einem Bild des Fotografen Hilmar Pabel ist zu sehen: Ein chinesischer Vater, der auf den Schultern eine
Stange trägt.
An das Ende der Stange ist ein Korb mit Reis gebunden;
in dem Korb am andern Ende sitzt der kleine Sohn.)

    Baiabong –
    die Wiegenwaage
    wiegt den Reis und wiegt dich auf;
    singend wippt die Bambustrage,
    an der Seidenschnur der Tage,
    zählt sie dir dein Leben auf.

    Baiabong –
    die Schüttelstunde
    schluckt den Schatten, wendet ihn.
    Dieses Mittags stete Runde

> reibt die heiße Schulterwunde –
> baiabong:
> Ich bin, ich bin.

(Aus: Ders.: Spielgeist – Spiegelgeist, Stuttgart 1962)

Wie das Härtling-Gedicht belegt, sind auch in Texten der Erlebnis- / Stimmungslyrik Überlegungen, Erkenntnisse miteingeschlossen. Ja, es ist zu fragen, ob dieser schwierige Text nicht der Reflexionslyrik (Gedankenlyrik) zuzurechnen ist.

2.4 Gedichte, die durchgängig problemfrei Kindsein thematisieren

Sie fassen psychische Befindlichkeiten von Kindern fast oder völlig ohne Reflexion in Verse, stellen in gleicher Weise Heranwachsende bei Spielen mit oder ohne Alterspartner dar, führen Kinder in fast durchweg unkritischer Beziehung zu den Eltern und anderen Erwachsenen vor. Hier liegen die inhaltlich-gehaltlichen Schwerpunkte dieser sehr umfangreichen Unterkategorie der Erlebnislyrik und damit zugleich des traditionellen Kindergedichts.

Die Funktion der Texte besteht in der Darstellung einer überwiegend „heilen" Um- und Innenwelt der Kinder. Sie haben dominant die Intentionen, zu unterhalten und/oder Freude und Spaß zu bereiten.
Hier als Beispiele:

> In meinem Haus
>
> Gina Ruck-Pauquét

> In meinem Haus
> Da wohne ich,
> Da schlafe ich,
> Da esse ich.
> Und wenn du willst,

Dann öffne ich
Die Tür
Und laß dich ein.

In meinem Haus
Da lache ich,
Da weine ich,
Da träume ich.
Und wenn ich will,
Dann schließe ich
Die Tür
Und bin allein.

(Aus: Harries, Edith (Hrsg.): Kindergedichte, Ravensburg 1972, 2)

Da bin ich gegangen

Hans-Jürgen Netz

Wir sind zehn Jungen.
Jeden Nachmittag treffen wir uns
in dem Wartehäuschen an der Bushaltestelle.

Peter ist der Stärkste. Er sagt, was gemacht wird.
Wenn er Fußball spielen will, spielen alle Fußball.
Wenn er Fahrrad fahren will, fahren alle Fahrrad.
Wenn er sich Streiche ausdenkt, machen alle mit.
Gestern wollte er eine alte Frau erschrecken.
Da wollte ich nicht mitmachen.
Die anderen haben geschrien: Spielverderber!
Da bin ich gegangen.

(Aus: Pestum, Jo (Hrsg.): Auf der ganzen Welt gibt's Kinder, Würzburg 1976)

Der Frechdachs

James Krüss

Ich zieh' an jedem Mädchenzopf,
und dann verdrück' ich mich.

Ich haue jeden auf den Kopf,
der kleiner ist als ich.

Ich stelle jedem gern ein Bein
und lauf' dann einfach weg.
Das Lieb- und Brav- und Artigsein,
das hat ja keinen Zweck.

Ich bin ein echter Egoist
und frech von A bis Zett.
Doch treff' ich wen, der stärker ist,
dann bin ich lieb und nett.

(Gedächtniszitat)

Ich liebe Mutter heiß
Angela Sommer-Bodenburg

Ich liebe Mutter heiß,
gibt es Vanille-Eis.
Ich bin auch noch verliebt,
wenn's Himbeerpudding gibt.
Doch ist die Liebe weg
bei Spinat und Speck.

(Aus: Dies.: Ich lieb dich trotzdem immer, Köln 1982)

Wie bei vielen Gebrauchsversen der Übergang zur Erlebnislyrik fließend ist, so können analog auch Texte der Erlebnislyrik – vor allem der zuletzt genannten Unterart – aufgrund intensiver Rezeptionsaspekte der Reflexionslyrik zugerechnet werden. Die Erlebnislyrik ist insgesamt didaktisch bedeutsam. Besonders wichtig und zudem ansprechend für Heranwachsende erweisen sich Gedichte, die Wünsche, Bedürfnisse von fiktiven Kindern aussprechen. Die vorgestellten Situationen betreffen sowohl individuell ein Kind als auch Konfigurationen mehrerer Heranwachsender bzw. von Kindern und Erwachsenen. Diese Texte regen die Schüler / innen an zum Gespräch, zur Diskussi-

on und u. U. zur sprachlichen Gestaltung eigener berechtigter
Bedürfnisse sowie mehr oder weniger extensiver Wunschvor-
stellungen.

Gleichfalls besonders didaktisch wichtig sind Natur- und Tiergedichte. Sie sollten nicht nur dazu beitragen, die Heranwachsenden für die Natur zu sensibilisieren, sondern sie auch empfinden und erkennen lassen, wie notwendig der Schutz der Natur und damit ebenso der Tiere ist.

3. Reflexionslyrik (Gedankenlyrik)

Relevant für reflektierende Gedichte in der Kinderlyrik sind
thematisch Probleme, die personal und sozial Heranwachsende hinsichtlich ihrer Lebensbereiche und Erkenntnisinteressen
betreffen. Diese Texte repräsentieren das neuere alltagsbezo-
gene und realitätskritische Kindergedicht.

Inhalte und Intentionen sind äußerst weit gespannt. Der
Schwerpunkt liegt auf engagierten Texten. Sie wollen informieren, belehren, aufklären, aufrütteln, herausfordern – auch ein-
schüchtern – und zum Handeln anregen. Oft besitzen Gedichte
der Reflexionslyrik gleichsam hierarchisierend mehrere Ab-
sichten. Das zentrale und immer aktuelle Thema reflektieren-
der Kinderlyrik heißt „Eltern und Kinder". In Gedichten dieser Perspektive spiegeln sich Kindheitsmuster und Erziehungs-
vorstellungen der Verfasser und zudem zeitgenössische pädagogische Leitvorstellungen, Ziele oder aber auch gegenläufi-
ge Trends, Entwicklungen.

Es liegt auf der Hand und braucht nicht erläutert zu werden,
daß lyrische Einheiten mit dieser Thematik literaturdidaktisch
sehr bedeutsam sind.

Grundsätzlich kann man drei Einstellungen, Haltungen von
Eltern – von Erwachsenen überhaupt – zu Kindern fixieren:

– das Kind als rechtloser Heranwachsender unter dem Zwang
   der Anpassung,

- das Kind als Widerpart der Eltern oder im Widerspruch zu ihnen,
- das Kind als potentiell gleichberechtigter Partner der Eltern.

Bis in unser Jahrhundert war die erste Haltung im Sinne bürgerlicher Anpassungspädagogik selbstverständlich. In der Originalausgabe des Buches „Der Struwwelpeter oder lustige Geschichten und drollige Bilder" von Heinrich Hoffmann, 1845, beginnt das Widmungsgedicht auf dem Titelblatt:

> Wenn die Kinder artig sind,
> kommt zu ihnen das Christkind;
> wenn sie ihre Suppe essen
> und das Brot auch nicht vergessen,
> wenn sie, ohne Lärm zu machen,
> (usw., dann als Schluß)
> bringt es ihnen Guts genug
> und ein schönes Bilderbuch.

(Aus: Motté: Moderne Kinderlyrik, 1983, 141)

Gedichte mit dieser Perspektive scheiden aus den Anthologien nach dem zweiten Weltkrieg fast ganz aus. Bei James Krüss allerdings finden sich noch moralisierende Verse, die jedoch fast immer durch humorvolle oder sprachspielerische Akzentuierung erträglicher werden.

Hier zwei Strophen aus „Das moralische Alphabet" (in: Edith George / Regina Hänsel (Hrsg.): Ans Fenster kommt und seht ... Gedichte für Kinder, Berlin / Ost o.J. (1963), 122).

> A, Bee, Cee, Dee,
> Was tut nicht weh?
> Fleißig und nett zu sein,
> Zeitig im Bett zu sein,
> A, Bee, Cee, Dee,
> Das tut nicht weh.
> (...)

I, Ka, Ell, Emm,
Was ist bequem?
Faul sein und schadenfroh,
Dumm sein wie Bohnenstroh,
I, Ka, Ell, Emm,
Das ist bequem.
(…)

Das Kind als Widerpart der Eltern, im Widerspruch zu ihnen ist
seit dem Konzept der antiautoritären Erziehung ein Motiv der
Kinderlyrik, vorher ist es schon bei Brecht und Ringelnatz zu
finden. In solchen Texten werden Heranwachsende zum Wider-
stand speziell gegen die Eltern herausgefordert, und zwar aufgrund deren Schwächen und Erziehungsmaßnahmen.

Ine Schule is öde,
Ich spiel auf m Hof.
Meine Olle is blöde,
mein Oller ist doof.

(Wolfdietrich Schnurre, entnommen: Motté: Moderne Kinderlyrik, 1983,
142)

In dem Gedicht „Mein Vater" von Christa Nöstlinger heißt es:

Cola schmeckt wie Wanzengift,
sagt mein Vater
immer nach dem ersten Bier.
(…)
Cola zersetzt das Gehirn,
sagt mein Vater
immer nach dem vierten Bier.
Nach dem fünften Bier
sagt er nichts mehr.

(In Gelberg (Hrsg.): Am Montag fängt die Woche an, 2. Jahrbuch der Kinderliteratur, 1973, 115, Originalmanuskript)

Daß Rühmkorf und Borneman unter diesem Aspekt fündig wurden, ist selbstverständlich:

> Du sollst deinen Vater und deine Mutter ehren.
> Und wenn sie dich schlagen, so sollst du dich wehren.

Regel Nummer sieben:

> Du sollst deine Eltern lieben.
> Wenn sie um die Ecke glotzen,
> Sollst sie in die Fresse rotzen!

(Rühmkorf, 1967, 37; Borneman, Studien Bd. 3, 1981, 46)

In bezug auf massive Kinderkritik an elterlicher Erziehung sei zurückverwiesen auf den schon zitierten Text von Susanne Kilian „Kindsein ist süß?" (in: Gelberg (Hrsg.): Geh und spiel mit dem Riesen! 1. Jahrbuch der Kinderliteratur, 1971, S. 298). Hier ein „zahmerer" Text:

Katharina

Hans Manz

> Katharina, Katharine
> schrieb auf ihrer Schreibmaschine
> nachts um zwölf, als alles schlief,
> an die Eltern diesen Brief:
>
> Sagt mir einmal, warum dürfen
> große Leute Suppe schlürfen?
> Warum dürfen sie laut gähnen,
> warum stochern sie in Zähnen,
> weshalb dürfen sie in Ohren
> mit dem kleinen Finger bohren?
> Warum darf ich's aber nicht?
> Warum habe ich die Pflicht,

einem Musterkind zu gleichen
Fragezeichen

(In: Gelberg (Hrsg.): Die Stadt der Kinder, 1969, 147, Originalmanuskript)

Das Kind als potentiell gleichberechtigter Partner der Eltern ist
in der Kinderlyrik selten thematisiert (im Gegensatz zu Umweltgeschichten in Lesebüchern für die Primarstufe).
Zwei Strophen aus dem Gedicht „Trotzdem" von H.A. Halbey;

> Wenn die Mama morgens schreit:
> Aufstehn, Kinder, höchste Zeit! –
> sagt ein richtig braves Kind:
> Die spinnt.
> (...)
>
> Und wenn Papa abends droht:
> Schluß mit Fernsehn, Abendbrot! –
> schreit doch jedes Kind im Haus:
> Raus!
> Trotzdem:
> Kinder, schützt eure Eltern!

(Aus: Gelberg (Hrsg.): Geh und spiel mit dem Riesen! 1. Jahrbuch der Kinderliteratur, 1971, 20, Originalmanuskript)

Sowohl die Themen „Kinder als Widerpart der Eltern" oder
„Kinder im Widerspruch zu Erziehungsmaßnahmen von Eltern" als auch die Thematik „Kinder und Eltern als Partner"
können bzw. sollten Mädchen und Jungen zu bündig sprachge-
stalteten Textverfassungen anregen. Hinsichtlich der beiden ersten Themen hätten Verse sogar kompensierende Funktion,
vielleicht sogar therapeutische.

Weitere schon für das Primarstufenkind wichtige Themen re-
flektierender Lyrik sind vor allem:

– Umweltschutz
– Friedensbewegung

- Ablehnung von Rassendiskriminierung
- Gesellschaftskritik

Hierzu exemplarische Texte:

Warum? Weshalb?

> Daniel Ditsche (Schüler)

Warum müssen Bäume sterben?
Warum? Warum, sagt mir warum?
Warum müssen Blumen Gasmasken tragen?
Warum? Warum, sagt mir warum?
Warum müssen Fische Frischwasser mitschleppen?
Warum? Warum, sagt mir warum?

Weil Ihr mit Euren Fabriken die Luft verpestet.
Weil Ihr mit Euren Autos Abgase in die Wiesen jagt.
Weil Ihr Eure Abfälle in die Flüsse kippt.

Wollt Ihr das wirklich?
Weshalb tut Ihr nichts?
Tut etwas!

Der Baum, die Blume und der Fisch sagen
Danke!

(Aus: Bausteine Deutsch, 4. Schuljahr, 1985, 141, Originalbeitrag)

Friede

> Josef Reding

„Bloß kein Zank
und keinen Streit!"
Das heißt auf englisch
ganz einfach
PEACE
und auf französisch
PAIX

und auf russisch
MIR
und auf hebräisch
SHALOM
und auf deutsch
FRIEDE

oder:

„Du, komm,
laß uns zusammen spielen,
zusammen sprechen,
zusammen singen
zusammen essen
zusammen trinken
und zusammen
leben,
damit wir
leben.

(Aus: Wohlgemuth, Hildegard: Frieden mehr als ein Wort, Reinbek 1981,
26)

Kinder
                    Rainer Schnurre

Wir Kinder mit der weißen Haut
sind nicht die einzigen Kinder auf der Erde.
Wir Kinder mit der schwarzen Haut
sind nicht die einzigen Kinder auf der Erde.
Wir Kinder mit der gelben Haut
sind nicht die einzigen Kinder auf der Erde.
Wir Kinder mit der roten Haut
sind nicht die einzigen Kinder auf der Erde.

Wir sind alle gleich.

Wenn Kinder mit roter Hautfarbe
und Kinder mit schwarzer Hautfarbe

und Kinder mit weißer Hautfarbe
und Kinder mit gelber Hautfarbe
zusammen spielen,
dann streiten sie sich schon mal
um einen Ball, eine Puppe oder wer erster ist –
aber wir Kinder vertragen uns immer wieder.
Wir Kinder
mit gelber, roter, weißer und schwarzer Hautfarbe.
Auch wenn wir uns einmal streiten,
wir vertragen uns immer wieder.
Wir, die Kinder auf der ganzen Welt.

(Aus: Zöpfl, Helmut (Hrsg.): Die schönsten Kindergedichte, Pfaffenhofen 1979)

Schon der Großvater erzählte:

Hans Manz

Als ich ein Kind war,
die Mutter abends ans Bett kam,
sagte sie folgenden Reim,
indem sie meine Hand nahm:
„Das ist der Daumen,
der schüttelt die Pflaumen,
der liest sie auf,
der trägt sie heim,
und der da, der Kleine,
ißt alle alleine."

Dann wuchs ich heran
und schüttelte die Pflaumen
hinab in das Gras,
ich wurde auch der,
der sie mühsam zusammenlas,
wurde auch der,
der sie keuchend davontrug,

ich wurde groß und blieb doch der Kleine,
merkte auch endlich den bösen Betrug,
denn da war immer ein Größerer
und der aß die Pflaumen alleine.

(Aus: Ders.: Worte kann man drehen, Weinheim 1974, 99)

Die gedankliche Kinderlyrik ist ein funktional und intentional
weites Feld, das hinsichtlich der soeben aufgeführten zeitgenössischen Problemkomplexe aber eine noch intensivere „Bearbeitung" beansprucht.

Aus didaktischer Perspektive ist zu fragen: Bieten nicht zumindest jeweils aktuelle Umweltgefährdungen Anlässe, Impulse
für auch lyrisch gestaltete Aussagen der Schüler?

4. Geschehnislyrik

Ihr können als Unterarten

– Ballade
– Erzählgedicht
– Versfabel
– Moritat
– Bänkelsang

zugerechnet werden.

Moritat und Bänkelsang scheiden für die Kinderlyrik aus.
Texte dieser Kategorie haben die Funktion, menschliche Probleme – individuelle und gesellschaftliche – in erzählender
Darstellung vorzutragen. Die Texte können ein Erlebnis beinhalten, eine fiktive Begebenheit oder ein geschichtliches Ereig-
nis, eine historische Gestalt präsentieren.

Die Angabe der Unterarten und die Umschreibung ihrer Funktion machen deutlich, daß Geschehnislyrik ein komplexes
Spektrum von Intentionen aufweisen kann: von informieren,
unterhalten über belustigen, zum Staunen anregen bis hin zur
Belehrung und Provokation von Protest und Handeln.

4.1 Balladen

Balladen – ob als Großform des sogenannten Heldenliedes oder als Volks- und Kunstballade – sind formal gekennzeichnet durch eine zugleich lyrische, epische und dramatisch verdichtete Gestaltung. Gehaltlich werden sie – wie die Sagen – bestimmt durch Außergewöhnliches, Unglaubhaftes, Undurchschaubares ("das Mysteriose" nach Goethe).

Völlig vorherrschend finden einige Balladen aus dem 19. Jahrhundert Aufnahme in Anthologien von Kinderlyrik und nur sporadisch in Lesebücher der Primarstufe. Als Beispielangabe:

Der Fischer (Goethe)
Das Riesenspielzeug (Adelbert von Chamisso)
Barbarossa (Friedrich Rückert)
Der Knabe im Moor (Annette von Droste-Hülshoff)

(In: Krüss: So viele Tage, wie das Jahr hat, 1959, S. 263, 210f., 262, 266, ohne Quellenangabe)

Der Handschuh (Schiller)
Herr von Ribbeck auf Ribbeck im Havelland (Fontane)

(In: Bausteine Deutsch, 4. Schuljahr, 1985, S. 100f., 192f.)

4.2 Erzählgedichte

Auch sie – ob traditionelle oder moderne – bilden eine nicht umfangreiche Gruppe in der Kinderlyrik. Im Gegensatz zu Balladen weisen sie keine dramatische Zuspitzung auf, das Epische überwiegt. Moderne Erzählgedichte entstanden seit Ende des ersten und verstärkt wieder nach dem zweiten Weltkrieg einerseits als Gegensatz zum schließlich leeren Pathos der traditonellen Ballade andererseits aus dem Bemühen, Balladenhaftes und andere erzählerische Elemente für lyrische Texte zu verwenden.

Bedeutsame Autoren waren und sind u.a.: Britting, Brecht,

Kästner, Zuckmayer, Ringelnatz, Krolow, Celan, Rühmkorf, Grass, Reinig. Kennzeichen der modernen Erzählgedichte sind vor allem: sachliche, präzise Darstellung, negative Helden, engagierte, anklagende Zeitbezogenheit (oft auch in komischer Brechung). Als alte bekannte Texte aus Anthologien seien genannt:

> Das Lied vom Jockel
> Zehn kleine Negerlein
> Die Vogelhochzeit
> Die Heinzelmännchen (August Kopisch)

(In: Enzensberger, S. 302–306, 307f., 324–328; Krüss – s.o. –: A.a.O., S. 223f.) –

sowie neuere aus einer Lesebuchreihe:

> Schlaflied im Sommer (Karl Krolow)

(Entnommen: Scheuffelen, Thomas (Hrsg.): Der Traumschrank, Darmstadt / Neuwied 1976, 31)

> Angsthase – Pfeffernase (Jo Pestum)
> Blaukäppchen und der liebe Wolf (Jo Pestum)

(Aus: Ders. (Hrsg.): Auf der ganzen Welt gibt's Kinder, 1976, 87, 157)

> Fauler Zauber (Erich Kästner)

(In: Ders.: Das Schwein beim Friseur, Hamburg / Zürich 1962)

Nun drei Beispiele: die erste und letzte Strophe eines alten Erzählgedichts für Kinder, erste und vorletzte (5.) Strophe eines neueren Textes (von Jo Pestum) sowie ausschnitthaft das Anti-Held-Gedicht „Ladislaus und Komkarlinchen" des DDR-Schriftstellers Peter Hacks.

> Zehn kleine Negerlein, die schliefen in der Scheun.
> Einer (so!) ging im Heu verloren, da warens nur noch neun.
> (...)

Ein kleines Negerlein, das fuhr in einer Kutsch.
Die Kutsch, die ist zerbrochen, da warn sie alle futsch.

Als „glücklicher" Ausgang:

Ein kleines Negerlein, das war entsetzlich schlau,
das ging zurück nach Kamerun und nahm sich eine Frau.

(Enzensberger, 307f.)

Angsthase – Pfeffernase

Manchmal rufen die Kinder auf dem Hof.
Was sie rufen, was sie rufen, find ich doof:
Angsthase, Pfeffernase!
Morgen kommt der Osterhase!
(…)

Jeder hat mal Angst, die Kinder in der Schule,
die Autofahrer und bestimmt auch du.
Daß ich mich manchmal fürchte, daß ich manchmal Angst hab,
und zwar ganz schlimme Angst: das geb ich offen zu.

(Siehe vorstehende Auflistung)

Es war einmal ein Landsknecht,
Der hatte eine Maus,
Die Maus hieß Komkarlinchen,
Der Landsknecht Ladislaus.

Der Landsknecht liebt das Kämpfen,
Die Beute und die Ehr,
Aber sein Komkarlinchen,
Das liebt er noch viel mehr.
(…)

Nur wenn in eine Schlacht ging
Der Landsknecht mit der Maus,
Sprang sie ihm aus dem Rock und
Nahm wie der Wind Reißaus.

Da wurd er sehr bekümmert
Und lief ihr hinterher
(…)

Und weil sie lief nach hinten
Und niemals lief nach vorn,
Ging ohne ihn die Schlacht halt
Gewonnen und verlorn.
(…)

Und die das Kämpfen liebten,
Die Beute und die Ehr,
Die lagen schon begraben
In Sachsen und am Meer.

Jedoch aus allen Wettern
Kam heilen Leibs heraus
Dank seinem Komkarlinchen
Der Landsknecht Ladislaus.

(Aus: Peter Hacks: Das Turmverlies, Gütersloh 1964)

4.3 Versfabeln

erstellen eine kleine Textgruppe in der Kinderlyrik. Sie haben
wie die Prosafabeln die Funktion, verfremdend – d.h. völlig
vorherrschend durch anthropomorphisierte Tiere – ein Bild
der menschlichen Welt zu entwerfen und als didaktisches Instrument eine Lehre zu vermitteln, die den Anspruch auf Wahrheit, Gültigkeit erhebt und somit Anerkennung bzw. auch Anwendung fordert.

In der Kinderlyrik beinhalten die Lehren der Versfabeln Le-
bensweisheiten, moralische Ansichten (= Einsatz für Werte,
Normen) sowie sporadisch Sozialkritik.

Primär intendieren Fabeln Belehrung, z.T. auch als engagierte
Provokation zum Nachdenken, Umdenken und Handeln. Sekundär beabsichtigen sie überwiegend außerdem – vor allem

traditionelle Texte –, die Leser / Hörer zu unterhalten oder zu belustigen. Somit erweisen sich Fabeln generell als literaturdidaktisch bedeutsam.

Beliebt bei Heranwachsenden sind seit jeher die Versfabeln „Fink und Frosch" von Wilhelm Busch und „Das Huhn und der Karpfen" von Heinrich Seidel

> Im Apfelbaum pfeift der Fink
> sein: pinkepink.
> Ein Laubfrosch klettert mühsam nach
> bis auf des Baumes Blätterdach
> und bläht sich auf und quakt: „Ja, ja!
> Herr Nachbar, ick bin och noch da!"
>
> Und wie der Vogel frisch und süß
> sein Frühlingslied erklingen ließ,
> gleich muß der Frosch in rauhen Tönen
> den Schusterbaß dazwischen dröhnen.
>
> „Juchheija, heija!" spricht der Fink.
> „Fort flieg ich flink!"
> Und schwingt sich in die Lüfte hoch.
>
> „Wat!" ruft der Frosch. „Dat kann ick och!"
> Macht einen ungeschickten Satz,
> fällt auf den harten Gartenplatz,
> ist platt, wie man die Kuchen backt,
> und hat für ewig ausgequakt.
>
> Wenn einer, der mit Mühe kaum
> geklettert ist auf einen Baum,
> schon meint, daß er ein Vogel wär,
> so irrt sich der.

(In: Wilhelm Busch, Werke. Historisch-kritische Gesamtausgabe, hrsg. von F. Bohne, Bd. IV, Hamburg 1959)

Auf einer Meierei,
da war einmal ein braves Huhn,
das legte, wie die Hühner tun,
an jedem Tag ein Ei,
und kakelte,
mirakelte, spektakelte,
als ob's ein Wunder sei!

Es war ein Teich dabei,
darin ein braver Karpfen saß
und stillvergnügt sein Futter fraß,
der hörte das Geschrei:
wie's kakelte,
mirakelte, spektakelte,
als ob's ein Wunder sei!

Da sprach der Karpfen: Ei!
Alljährlich leg' ich 'ne Million
und rühm' mich des mit keinem Ton.
Wenn ich um jedes Ei
so kakelte,
mirakelte, spektakelte –
was gäb's für ein Geschrei!

(Aus: Krüss (Hrsg.): So viele Tage, wie das Jahr hat, 1959, 130, ohne Quellenangabe)

In gleicher Weise will Krüss Kinder auf humorvolle Art über menschliche Schwächen und Vorzüge aufklären und zu vernünftigem Verhalten stimulieren.

Gesellschaftskritisch bzw. politisch kritisch ist seine Versfabel „Krieg der Bienen und Hornissen" (in: Bachmann u.a.: Klang, Reim, Rhythmus, [3]1978, S. 181).
Brechts bekannter Text „Die Vögel warten im Winter vor dem Fenster" ist, oberflächlich verstanden, ein Tiergedicht mit der Aufforderung zur Fütterung wegen geleisteter Arbeit der Vögel für die Menschen. Im Kern jedoch präsentieren die Strophen

eine sozialkritische Fabel (in: Ders.: Gesammelte Werke, werkausgabe edition suhrkamp, Bd. 10, Frankfurt 1967)

Ich bin der Sperling.
Kinder, ich bin am Ende.
Und ich rief euch immer im vergangnen Jahr,
Wenn der Rabe wieder im Salatbeet war.
Bitte um eine kleine Spende.

  Sperling, komm nach vorn.
  Sperling, hier ist dein Korn.
  Und besten Dank für die Arbeit!

Ich bin der Buntspecht.
Kinder, ich bin am Ende.
Und ich hämmere die ganze Sommerzeit,
All das Ungeziefer schaffe ich beiseit.
Bitte um eine kleine Spende.

  Buntspecht, komm nach vurn.
  Buntspecht, hier ist dein Wurm.
  Und besten Dank für die Arbeit!

Ich bin die Amsel.
Kinder, ich bin am Ende.
Und ich war es, die den ganzen Sommer lang
Früh im Dämmergrau in Nachbars Garten sang.
Bitte um eine kleine Spende.

  Amsel, komm nach vorn.
  Amsel, hier ist dein Korn.
  Und besten Dank für die Arbeit!

Prosafabeln motivieren Schüler häufig zu verschiedenen sprachlichen Tätigkeiten, so vor allem zum Umgestalten des Schlusses, weil sie die Lehre nicht akzeptieren oder relativieren. Aus den gleichen Gründen werden sie zu Fortgestaltungen angeregt.

In bezug auf Versfabeln sind solche Textproduktionen schwieriger. Einige Vers- und Prosafabeln sowie auch Balladen und Erzählgedichte eignen sich für Stegreifdarstellungen.

5. Sprachspiele

In der Literaturwissenschaft existiert der Begriff Sprachspiel nicht. Hier haben sich die Termini „Unsinnspoesie", „komische Versliteratur" und „konkrete Lyrik" etabliert.

Der Begriff Sprachspiel ist seit über zehn Jahren besonders in der didaktischen Literatur zu finden. Sprachspiele werden als Instrument der Sprachförderung, der Anregung für kreative Sprachverwendung angesehen und als motivierende Hinführung der jungen Schüler / innen zur Literatur. Einige Anthologien erschienen speziell für Kinder.

In Sprachspielen wird Sprache experimentell und abweichend vom normalen Sprachgebrauch gehandhabt. Dies besagt jedoch keineswegs, daß sie regellos sind. Wie Spiele generell werden sie durch Regularitäten bestimmt. Gleichfalls präsentieren sie sich nicht als sinnlose Sprachgebilde, selbst Nonsensverse nicht. Denn sie erweisen, wie man mit Sprache ohne Bezug zur Realität experimentieren, darstellen kann, und zwar für Autor und Rezipient mehr oder weniger lustvoll, wobei der Leser zudem provoziert wird, die Spielregel jeweils zu durchschauen, z.B. die irreale Vermengung von Wirklichkeitsbereichen.

Das soeben Dargelegte muß in didaktischer Perspektive generalisiert werden: Sprachspiele verlangen vom Leser und/oder Hörer, daß er aufgrund gewußter Sprachnormen die Spielregeln von Sprachspielen erfaßt, damit er zum Mitspieler werden kann.

Sprachspiele erfordern und fördern Aktivität, Kreativität vor

allem in bezug auf Kinder, die ja noch in die Sprachnormen hin-
einwachsen und so für Abweichungen vom normalen Sprachgebrauch und für Verstöße gegen ihn sehr aufgeschlossen sind.

Der Begriff Sprachspiel ist als Oberbegriff für alle Texte
brauchbar, die funktional primär ihren Wert in sich selbst als
Spiel mit Sprache haben, aber zumindest sekundär mitteilen,
erklären, deuten wollen und z. T. auf Denken und Handeln ver-
ändernd einzuwirken beabsichtigen. Unter dieser Perspektive
können Sprachspiele auch alle möglichen Intentionen aufweisen.

Dem Oberbegriff Sprachspiel ist ebenfalls zu subsumieren, was
literaturwissenschaftlich unter den schon genannten Termini
„Unsinnspoesie", „komische Versliteratur" sowie „konkrete
Literatur / Poesie" und „visuelle Literatur / Poesie" rangiert.

Sprachspiele beziehen sich auf folgende Ebenen der Sprache
einschließlich ihres sekundären Zeichensystems der Schrift:

1. – auf die graphische Ebene, d.h. auf Buchstaben, Wörter,
   Sätze und Texte als Schrift- bzw. Schreibgestaltungen
2. – auf die phonetische Ebene, d.h. auf Laute und Lautver-
   bindungen sowie auf Wörter als Klanggestalten / -einhei-
   ten in Texten
3. – auf die semantische Ebene, d.h. auf Wortbedeutungen in
   Texten
4. – auf die poetologische und stilistische Ebene, d.h. auf fiktionale und expositorische Textarten, auf Textinhalte sowie auf Phraseologismen (speziell Redensarten, Sprichwörter) in Texten

5.1 Sprachspiele auf graphischer Ebene

Sie spielen mit Buchstaben, Wörtern, Sätzen und Texten hinsichtlich ihrer graphischen Präsentation.

5.1.1 Typogramme = Buchstabenbilder / Buchstabengedichte = visuelle „Texte"

Beispiele wurden schon vorgestellt in bezug auf die primären Ausdrucksformen der Kinderlyrik, und zwar in den Aussagen über das Sprachspiel und seine komische Wirkung (s. I.5).

Typogramme entstehen u. a.:

– durch die – wie auch immer intendierte und u. U. auch kolorierte – bildhafte Gestaltung einzelner Buchstaben,
– durch eine Anzahl von Reihen eines geschriebenen, gedruckten Buchstabens zum schematisierten Umrißbild eines Gegenstandes oder Lebewesens (z. B. eines fliegenden Vogels).

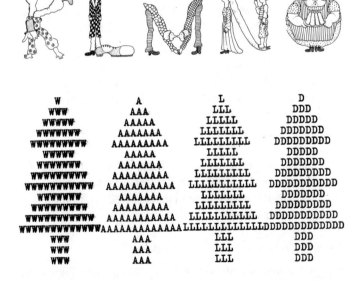

Es besteht auch die Möglichkeit, mehrere derartig gestaltete Typogramme zu einem Wort nebeneinander zu plazieren.

Nochmals Beispiele von Helga Gebert in: Gelberg (Hrsg.):
Am Montag fängt die Woche an, 2. Jahrbuch der Kinderliteratur, 1973, S. 58 (ins. S. 56–60) und – zur zweiten angegebenen
Möglichkeit – ein Typogramm von Paul Maar aus seiner Publikation „Onkel Florians fliegender Flohmarkt", Hamburg 1977.

Typogramme eignen sich für das kreative Gestalten der Kinder;
zudem können sie den Erstschreibunterricht beleben und fördern (vor allem durch die Verwendung von Farben).

5.1.2 Buchstabenspiele

– Hierzu zählen *Wörter, die sinnlos sind aufgrund ihrer ver-
würfelten (= umgestellten) Buchstaben;* durch die korrigierte
Plazierung der Grapheme ergibt sich das sinnvolle Wort, z. B.
Knid wird zu Kind
Fehenres wird zu Fernsehen usw.

– Ebenso zählen dazu die *Anagramme,* d. h. sinnvolle Wörter,
deren Buchstaben zu anderen sinnvollen Wörtern zusammengestellt werden können:
Lied wird zu Leid
Rebe wird zu Eber, Erbe.

– Eine dritte Gruppe bilden die *Palindrome,* d. h. Wörter oder
Sätze, die vor- und rückwärts gelesen den gleichen oder ver-
schiedenen Sinn haben.
Palindrome als Wörter mit verschiedenem Sinn:
Regen – Neger
Eber – Rebe

Als Beispiele aus der Anthologie von Christen (Hrsg.):
Schnick Schnack Schabernack, 1978, S. 55 (ohne Quellenangabe).

> Anna + Otto
> Alle necken Ella
> Lese nie falsch

– Sogenannte *Abecedarius-Gedichte* gibt es in der modernen Kinderlyrik häufig. Sie wirken komisch aufgrund der Wörter, die in keinem inhaltlichen Zusammenhang stehen und durch ihre Anfangsbuchstaben. sukzessiv das Alphabet präsentieren. Häufig verstärkt ein humorvoller oder grotesker Kontext den komischen Effekt.

Einige Buchstabenreime von James Krüss aus „Das große Menschheits-Abc" und als Kontrast die ersten Paarreime aus dem „Alpha-Beet" von Karlhans Frank, in dem der Autor außerdem mit den Wortbedeutungen der das ABC repräsentierenden Lexeme spielt.

Adam war der erste Mann.
Also fang ich mit ihm an.
(…)
Jonas saß mit trübem Sinn
In dem Bauch des Walfischs drin.
(…)
Lohengrin kam mit dem Schwan
Prompt zu Elsas Rettung an.

Das A-Horn wächst auf jedem A
Von Ananas bis Afrika.

Ein Bulle hat, wie jeder weiß,
Bull-Augen, die sind rot und heiß.

Ein Cow-Boy ist, ich sag' es laut,
Ein Boy, der kleine Kühe kaut.

(Aus: Krüss: Der fliegende Teppich. Geschichten und Gedichte für 101 Tage, 1976, 202 und Christen (Hrsg.): Schnick Schnack Schabernach, 1978, 27 bzw. 27f., Originalmanuskript)

5.1.3 Ideogramme = Wortbilder / Bildwörter / Wortgedichte = visuelle Texte

Visualisiert wird der Inhalt, die Bedeutung eines Wortes, z.B.

– durch die graphische Anordnung der Buchstaben:

– oder durch die Verbildlichung eines Buchstabens des Wortes:

– oder durch die graphische Gestaltung aller Buchstaben eines Wortes

(Beispiele z.T. aus: Bunte Lesefolgen, 3. Schuljahr, 1983, 146 und Christen (Hrsg.): A.a.O. – s.o. – 49f., jeweils ohne Quellenangabe)

Ideogramme wirken komisch, weil sie vom normalen, üblichen
Schreiben oder Drucken abweichen. Kinder haben Freude an
ihnen, und ihr eigenes Gestalten wird intrinsisch motiviert.

5.1.4 Wortgestaltspiele

Hier die für Schüler / innen wichtigsten, die außerdem zum eigenen Fort- und Nachgestalten anreizen:

– Grapheme eines Wortes werden durch Ziffern ersetzt:
  1mal, 2felnd, Re4, gel8
– Grapheme eines Wortes werden durch den gleichlautenden
  Buchstabennamen ersetzt:
  die AstR, Mma, der EsL
– oder ein Buchstabennamen ersetzt ein ganzes Wort:
  C = Zeh, Q = Kuh, T = Tee, g = geh!

Als Beispiel ein Gedicht, in dem die genannten sprachspielerischen Möglichkeiten verwendet sind.

Was heißt denn das ?

Fritz Schmidt

1 Dorn im C verurs8 W,
die Vlheit ist 1 Laster.
Im Winter trinkt man gRne T,
im Herbst, da blüht die AstR.

Die Q gibt Milch. Die Lstern gehn
gar gern auf Dieberei.
Wer leise geht, geht auf den 10,
1 Glas kr8 leicht entzwei.

Bläst man auf der TromPT Baß,
so wackeln alle Wände,
zum Rnst wird oft 1 kleiner Spaß,
und alles hat ein ND.

(Aus: Ders.: Die schönsten Geschichten zur guten Nacht, Velber 1969)

Solche meist lustigen und stets komischen Texte sind schwierig zu lesen; Kinder tun es jedoch mit Begeisterung.

– Kauderwelsch: die Graphemfolgen von Wörtern in Versen werden mehr oder weniger willkürlich segmentiert und die Teile zu neuen, durchweg sinnlosen Wörtern und Wörterfolgen zusammengestellt.

Ein Beispiel:

> Kau der Welsch
>
> > Helga Gebert
>
> Hier sind wohl die Wörter verrutscht …
>
> A ufe inerwi esesch läf te inri ese,
> er sch läftsch onse itsi eben undsi eb zigjah ren,
> e inra beni stet inse in enha aren,
> inse in erna sewohn te insch af.
> Weck tihnnich taufa usse inemsch laf!

(Aus: Dies.: Das große Rätselbuch, Weinheim / Basel 1979)

5.1.5 Piktogramme = Textbilder / Figurengedichte = visuelle Texte

Piktogramme ermöglichen eine differenzierte spielerische Handhabe von Sprache. Sie visualisieren u.a.:

– ein einzelnes Wort durch Vervielfältigung, indem das Textbild z.B. den Umriß des bezeichneten Gegenstandes präsentiert (Apfel) oder indem das Textbild als schematisierte Figur die Bedeutung eines Begriffs repräsentiert. (s. nachfolgend „ordnung (…)").

Eine nicht seltene Variante ist die gleichartige Visualisierung
– eines einzelnen Wortes, wobei jedoch noch einmal oder auch mehrfach ein weiteres Wort eingefügt wird (vgl. I.5 „Apfel – Wurm" und unten nachfolgend „ordnung – unordnung").

Durch die „versteckte" Plazierung eines weiteren Wortes gewinnen die Piktogramme vertieften bzw. mehrdeutigen Sinn.

Häufig wird Gegenständliches visualisiert,
– indem durch die vervielfachte Anordnung zweier oder mehrerer Wörter der entsprechende Gegenstand als Textfigur vorgestellt wird (s. unten „Brot Zwiebel (…)").

Weiterhin werden
– Satzellipsen, einzelne oder mehrere Sätze zu einem Textbild arrangiert. Hierdurch verstärkt sich die Bedeutung ihrer Aussage, vor allem wenn ein sinnzentrales Wort in häufiger Wiederholung die Textfigur wirkungsvoll mitbestimmt (vgl. unten und vor allem I.5 „Der Krieg").

Piktogramme wirken z. T. komisch; sie können gleichfalls ernsthaft satirisch gemeint sein, d. h. – ohne lachenerregende Intention – kritisch anklagend, angreifend, zum Nachdenken und Handeln provozierend.

Hier ergänzend zu den in I.5 vorgestellten Beispielen die soeben erwähnten.

Anne Cuhlmann (Schülerin)

Timm Ulrichs

ordnung – unordnung

ordnung	ordnung
ordnung	ordnung
ordnung	ordnung
ordnung	ordnung
ordnung	ordnung
ordnung	unordn g
ordnung	ordnung
ordnung	ordnung
ordnung	ordnung
ordnung	ordnung
ordnung	ordnung

Ich bin oben! Bin oben!Ganz o
o
o
o
o
o
o
oh, wer hat mich da wieder hinuntergestoßen!

(Aus: Badische Zeitung 21.6.1980; Gomringer, Eugen (Hrsg.): Konkrete Poesie. Stuttgart, 1972, 142; Manz: Worte kann man drehen, 1974, 96f.)

Was unter didaktischem Aspekt von den Idiogrammen gesagt wurde, gilt gleichfalls für die Piktogramme. Sie motivieren zu analogem eigenem Gestalten.

Hinsichtlich vieler Piktogramme, speziell die von namhaften Verfassern konkreter Poesie, ist anzumerken, daß sie wegen ihrer vertieften Bedeutung bzw. auch Mehrdeutigkeit einer gehaltlichen Analyse bedürfen. Solche Texte können unter diesem Aspekt der Reflexionslyrik zugerechnet werden.

5.1.6 Konstellationen (= auf Schreibflächen auffällig angeord-
nete Wörter)

Eugen Gomringer als Hauptvertreter der konkreten Poesie ist
der Erfinder dieser neuen poetischen Form und auch ihr grund-
legender Theoretiker.

Die Konstellation umfaßt eine Gruppe von Wörtern, zwei, drei
oder mehr, aber nicht viele, und zwar nebeneinander und/oder
untereinandergesetzt = wie die Konstellation – daher der Name – von Sternen zu einem Sternbild. Hierdurch stehen die
Wörter in einer gedanklichen Beziehung. Dieses gedankliche
Beziehungsgefüge zwischen den Sprachelementen wird flächig
arrangiert und muß vom Rezipienten gedeutet, interpretiert
werden. Häufig sind mehrfache Deutungen möglich.

Die Funktion der Konstellation beruht also auf ihrer gedanklichen Entschlüsselung, Interpretation – aber aufgrund der
räumlichen Anordnung ihrer Wörter. Deshalb sind die Konstellationen den Sprachspielen auf graphischer und nicht auf
semantischer Ebene zuzuordnen.

Die Intentionen von Konstellationen können sehr vielfältig
sein. Vor allem besteht die Möglichkeit, daß „Leser" in bezug
auf einen „Text" eine andere Intention oder mehrere andere
Intentionen konstituieren als der Autor.

Konstellationen motivieren Kinder sehr; ihr Assoziationsver-
mögen, ihre Phantasie, ihr Denken wird auf dem Hintergrund
ihrer Erfahrungen angesprochen. Konstellationen regen zum
mündlichen, schriftlichen Berichten und Erzählen an sowie
gleichfalls zum eigenen Gestalten. Hier mit Ausnahme der ersten Konstellation als Beispiele Gomringer-Texte. (s. S. 91)

5.2 Sprachspiele auf phonetischer Ebene

Das Spiel mit Klangelementen der Sprache ist ein spezifisches
Merkmal der ästhetischen Literatur, besonders der Lyrik.
Klangelemente wirken im Reim, im Mentrum, im Rhythmus,

du		aus	zufall	baum kind hund haus
tisch				
ich		aus	zufall	baum
			einfall	baum kind
w w		aus	einfall	
d i			überfall	kind
n n n		aus	überfall	kind hund
i d i d			unfall	
w	w			hund
		aus	unfall	hund haus
			wegfall	
		aus	wegfall	haus
			abfall	haus baum
		aus	zufall	
			abfall	baum kind hund haus

(Aus: Schmieder / Rückert: Kreativer Umgang mit konkreter Poesie, Freiburg 1977, 28, 34f., 97)

in der Phonemfolge der Wörter. In der Klanglyrik – ein häufig verwandter Begriff auch für den Bereich der Sprachspiele auf phonetischer Ebene – werden die Klangelemente stark betont und dem Sinngehalt übergeordnet. Die komische Wirkung entsteht durch das Abweichen vom normalen Sprachgebrauch; die Abweichungen sind vielfach und bestimmen die Untergruppen der phonetisch akzentuierten Sprachspiele.

Das phonetische Sprachspiel beruht meist auf zwei Grundregeln: Wiederholung *oder* Variation eines Lautes bzw. einer Lautverbindung. Diese Regeln können allerdings in vielfältiger Abwandlung und Verschränkung auftreten. Das Spektrum

reicht von den abstrakten Lautgedichten über die Reimspiele
verschiedener Art (u. a. Häufung von Alliterationen, von Bin-
nen- oder Kettenreimen) bis zu Texten, in denen sprachspielerische Lautmalerei als konstitutives Merkmal vorherrscht.

5.2.1 Reine Lautgedichte / abstrakte Lautgedichte

Sie sind in der modernen Kinderlyrik äußerst selten. Die komponierten Klangkörper sperren sich einerseits gegen die Ermittlung von Bedeutung, andererseits regen sie dazu an. Stets
aber motivieren sie zu einer variationsreichen sprecherischen
Gestaltung.

Ein Paradetext ist Morgensterns „Das Große LALULA". Glei-
ches Metrum in den Strophen, Kreuzreime und Kehrreim sind
erkennbar.

      Kroklokwafzi? Sememẽmi!
      Seiokrontro – prafriplo:
      Bafzi, bafzi; hulalemi:
      quasti basti bo …
      Lalu lalu lalu lalu la!

      Hontraruru miromente
      zasku zes rü rü?
      Entepente, leiolente
      klekwapufzi lü?
      Lalu lalu lalu lalu la!

      Simarar kos malzipempu
      silzuzankunkrei (;)!
      Marjomar dos: Quempu Lempu
      Siri Suri Sei()!
      Lalu lalu lalu lalu la!

(Aus: Ders.: Alle Galgenlieder, Frankfurt 1947, 19)

5.2.2 Konkrete Klanggedichte bzw. Lautspiele

Texte dieser Art sind seit altersher in der Kinderlyrik sehr verbreitet. Sie kommen dem Drang der Heranwachsenden entgegen, mit Sprache zu spielen, und regen die Kinder im Vorschulund Schulalter zu eigenen Versen und Reimen an.

– *Sinnfreie Wortklänge werden mit sinnvollen Wörtern* in Sätzen oder Satzellipsen *verbunden.*
So präsentieren sich viele alte und neue Abzählreime.

> Ixen, dixen, Silbernixen.
> Ixen, dixen, daus,
> du bist aus!

> Ene mene minke tinke,
> wade rade rollke tollke,
> wiggel waggel weg.

(Gedächtniszitate)

Außerdem werden sinnfreie Klanggebilde auch für Kindergedichte benutzt, öfter als Refrain (oder in refrainartiger Weise). Als Beispiel drei Paarreime aus „Für die Katz" von Heinrich Hannover.

> (…)
> O-mibbele-mabbele-mobbele-muhl
> Im Zimmer stehen Tisch und Stuhl.

> O-bibbele-babbele-bobbele-butter
> Und auf dem Stuhl sitzt eine Mutter.

> O-hibbele-habbele-hobbele-hot
> Die Mutter streicht ein Butterbrot.
> (…)

(Aus: Ders.: Quatsch. Bilder, Reime und Geschichten, Reinbek 1974)

– *Spiel mit einem Phonem oder einer Phonemverbindung*

Hierzu zählen vor allem die Zungenbrecher.

> Kleine Kinder können
> keine Kirschkerne knacken.

> Wir Wiener Waschweiber
> wollen weiße Wäsche waschen,
> wenn wir wüßten, wo warmes Wasser wäre.

Weiterhin zählen hierzu Texte, deren Wörter fast alle durch ein Phonem oder eine Phonemverbindung bestimmt sind.

Als Beispiel für ein Konsonantengedicht die erste Strophe der „Brabbelberta" von James Krüss.

> Berta Butz begann als Baby
> Bald schon mit der Brabbelei.
> Babbelnd, brabbelnd sagte Berta:
> Bitte, bitte, Baby Brei!
> (…)

(Aus: Ders.: Der fliegende Teppich, 1976, 59)

Äußerst beliebt ist das bekannte Kinderlied „Drei Chinesen mit dem Kontrabaß". Die Vokale der Wörter werden für die folgenden Strophen durch jeweils einen anderen Vokal ersetzt.

Zu dieser Gruppe – Spiel mit Phonem oder Phonemverbindung – zählen ebenfalls Gedichte mit Lautvariationen als sogenannte Versprecher.

Hier ein originelles Exempel:

> Papas Pumpernickelpause
>   Hans Adolf Halbey

> Mein Papa ißt gern Trockenbrot,
> denn Trockenbrot macht Wangen rot.

Am liebsten ißt er Pumpernickel,
und jeder kriegt davon ein Stückel.

Der Jochen kriegt den Pimpernuckel,
der Horsti einen Nimperpuckel,
die Uli ihren Numperpickel
und Papa seinen Pumpernickel.

So geht's bei
Pipers Nuckelpaupepase
nein –
Pumpes Paukerpickelnase
nein –
Pupers Pimpelpackenause
ach –
Papas Pumpernickelpause!

(Aus: Ders.: Pampelmusensalat, Weinheim / Basel 1965)

– *Reimspiele*

Sie zählen im weitgefaßten Sinne zu den Lautspielen. An sich ist jede Reimart ein Lautspiel: der Endreim in seinen Varianten, der Binnen- und der Schlagreim (= zwei nicht aufeinander folgende Reimwörter in einer Zeile – zwei aufeinander folgende Reimwörter in einer Zeile).

Wenn aber der Reim nicht mehr ein Element der Aussage präsentiert, sondern so dominiert, daß er das Auffälligste in einem oder mehreren Verspaaren ist, handelt es sich um ein Reimspiel.

Die Intention der Reimspiele wie auch der anderen schon genannten Unterarten der Lautspiele bzw. der konkreten Klanglyrik besteht in der Unterhaltung der Leser oder Hörer, und zwar meist in humorvoller Zuspitzung.

1. *Kettenreim*

Bei ihm wird das letzte Wort eines Paarreims das erste Wort des

folgenden paarenden Reims. Als Beispiel die ersten Verse von
„Eine Frau und zweiundzwanzig Tiere" von James Krüss:

> Es war mal eine Frau,
> Die hatte einen Pfau.
> Der Pfau war ihr zu bunt,
> Da nahm sie einen Hund.
> (...)

(Aus: Ders.: James' Tierleben, 1965, 166)

2. *Schüttelreim*

Während der Kettenreim fast beliebig lange fortgesetzt werden
kann im Ablauf von zweizeiligen Versen, bildet der Schüttelreim eine Einheit von zwei Zeilen. „Geschüttelt" = wechselseitig vertauscht werden die Anfangskonsonanten der reimenden
Silbenpaare:

> Ich fuhr auf einem Leiterwagen,
> wo Steine und so weiter lagen.
>
> Es sprach der Herr von Rubenstein:
> „Mein Hund, der ist nicht stubenrein."
>
> Menschen mögen Möwen leiden,
> während sie die Löwen meiden.

(Aus: Brudler, Heinz; Kettler, L. u.a.: Schüttelreime, in: Christen (Hrsg.):
Schnick Schnack Schabernack, 1978, 19, Originalmanuskript)

3. *Limerick*

Er hat fünf Verse; erster, zweiter und fünfter Vers reimen –
ebenso dritter und vierter, wobei diese beiden Zeilen eine ge-
ringere Wortanzahl besitzen als die drei anderen Verse.

> Es schleichen die schnurrenden Katzen
> kaum hörbar auf samtenen Tatzen,
> auch Pfoten genannt,

und zu spät oft erkannt
von Amseln und Mäusen und Spatzen.

(Peter, B.; Leiter, H., in: Domenego, Hans (Hrsg.): Das Sprachbastelbuch,
Wien, München 1975)

Ein Mann aus Wuppertal-Elberfeld
verdiente sich sehr früh schon selber Geld
in Wildwest irgendwo
als Cowboy und so.
Darum hieß er daheim nur: der Kälberheld.

(Christen , Viktor, in: Ders. (Hrsg.): Schnick Schnack Schabernach, 1978,
51)

– *Lautmalerei*

Lautmalerei zählt auch zum Spiel mit der Klanggestalt, wenn
Interjektionen und Wörter nicht vorherrschend Aussagewert
besitzen, sondern als sprachspielerisch dominantes Element in
Texten fungieren.

Laut- oder Klangmalerei artikuliert – ob sprachspielerisch gehandhabt oder nicht – reale Eindrücke des Hörens ihnen klanglich entsprechend. Gleichfalls können vorgestellte Hörempfin-
dungen lautmalend formuliert werden.

Weitgefaßter jedoch artikuliert Lautmalerei ebenso reale oder
fiktive Eindrücke anderer Sinnesorgane in ihnen angemesse-
ner Präsentation.

Lautmalerei, sprachspielerisch geprägt, wird in der Kinderlyrik häufig verwendet. Sie akzentuiert die Texte vorwiegend humorvoll.

Als Beispiele ein alter Kniereiterreim (Schallnachahmung
durch Interjektion) und ein modernes Kindergedicht (mit lautmalenden Wörtern).

Hopp hopp hopp zu Pferde,
wir reiten um die Erde.

Die Sonne reitet hinterdrein,
wie wird sie abends müde sein.
Hopp hopp hopp!

(Enzensberger, 40)

Das Geisterschiff

Jürgen Spohn

Es pfeift & kneift
& keift & lacht
es blitzt & spritzt
& flitzt & kracht
bei Luke 8
im Geisterschiff
um Mitternacht

Ein Bums & Rums
& Plumps & Schrei
mit Ach & Krach
& Gift & Blei
bei Luke 3
im Geisterschiff
ist Keilerei

(In: Ders.: Eledil und Krokofant, Gütersloh 1967)

Alle vorgestellten Möglichkeiten der Klanglyrik bzw. der Lautspiele, vielleicht mit Ausnahme der Lautmalerei, können Aus-
löser für kreativ akzentuiertes eigenes Gestalten der Mädchen
und Jungen sein.

5.3 Sprachspiele auf semantischer Ebene

Viele Kinderlyriker verwenden Metaphern und gleichlautende
Wörter mit verschiedener Bedeutung (= Homonyme), um komische Effekte zu erreichen. Vom einfachen Wörtlichnehmen

bildhafter Ausdrücke bis zur totalen Sinnverdrehung im Nonsens sind alle Möglichkeiten in der Kinderlyrik verwirklicht. Intentional wollen diese Sprachspiele Spaß bereiten sowie gleichzeitig zum Nachdenken über Sprache anregen und ebenso auch über das Ausgesagte.

– *Spiel mit der Bedeutung homonymer Wörter und Metaphern*

Jahreszeiten

                                   Hans Manz

Frühling

Die Knospen knospen und sind schon wach,
die Keime keimen noch schüchtern und schwach,
die Weiden weiden das Gras ab am Bach.

Die Bäume baumeln (das ist ihre Pflicht),
die Sträucher straucheln im Dämmerlicht,
die Stämme stammeln ein Frühlingsgedicht.

Die Hecke heckt neue Streiche aus,
der Rasen rast wie rasend ums Haus,
der Krokus koküßt die Haselmaus.

Die Drossel erdrosselt den Regenwurm,
das Rebschoß erschoß nachts die Reblaus im Turm,
drum erlaubt sich das Laub ein Tänzchen im Sturm.

Es himmelt der Himmel ein Wölklein an,
es windet der Wind sich durch Löwenzahn,
und bereits blättern Blätter im Sommerfahrplan.

(Aus: Christen (Hrsg.): Schnick Schnack Schabernack, 1978, 23 bzw. 23f., Originalmanuskript)

Die komische Wirkung der Zeilen resultiert 1. aus der gleichen oder fast gleichen Lautung der Nomen und der ihnen zugeordneten Verben, 2. aus der überwiegend verschiedenen Bedeutung von Nomen und zugeordnetem Verb sowie 3. vor allem aus der metaphorischen Verwendung der Verben. In den folgenden Texten – speziell „Sommer" und „Winter" – werden u. a. Naturphänomene komisierend personifiziert, Produkte menschlichen Schaffens dynamisiert sowie Teile des menschlichen Körpers andersartig verdinglicht.

Die „Jahreszeiten"-Gedichte sind als Kontrast-Gestaltungen traditioneller, oft kitschig-sentimentaler Naturlyrik anzusehen.

Ein weiteres Beispiel von Hans Baumann „Was aus einem Purzelbaum werden kann". In diesem Text wird das Wort Purzelbaum metaphorisch überraschend witzig verwendet.

Ein Purzelbaum purzelt
vom Berg in das Tal,
er purzelt zwei drei vier fünf
sechs siebenmal,
schlägt acht Purzelbäume,
schlägt neun zehn — und bald
wird aus einem Purzelbaum
ein Purzelpɾɐʍ.

(Aus: Christen (Hrsg.): A. a. O. – s. o. – 6, Originalmanuskript)

– Spiel mit situativer Pointe

Unter diese Gruppe fallen kurze, witzhaft pointierte Texte in der modernen Kinderlyrik. Zwei „klassische" Exempel:

> Die Nadel sagt zum Luftballon:
> >   Josef Guggenmos

> „Du bist rund,
> ich bin spitz.
> Jetzt machen wir beide
> einen Witz.

Ich weiß ein lustiges
Schnettereteng:
Ich mache pick,
und du machst peng!"

Markus

Hans Manz

Wie knackt Markus
eine Nuß?
Er legt die Nuß mit Hochgenuß
unter einen Autobus

(Aus: Bachmann u.a.: Klang, Reim, Rhythmus, ³1978, 5 und Gelberg (Hrsg.): Die Stadt der Kinder, 1969, 98, Originalmanuskript)

– *Spiel mit sprachlicher Umschreibung = Rätsel*

Auch Rätsel gehören in den Bereich des Sprachspiels auf semantischer Ebene.

Ob anonyme folkloristische Rätsel oder von namentlich bekannten Autoren für Kinder und/oder Erwachsene verfaßte Rätsel, ihre Funktion ist stets: auf eine wie auch immer sprachlich gestaltete direkte oder indirekte Frage, d.h. auf eine Umschreibung, Verschlüsselung (Periphrase), ist eine Antwort, eine Entschlüsselung zu geben. Rätsel haben mindestens zwei Intentionen: zu unterhalten und zum Überlegen, Nachdenken anzuregen. Kinder lieben Rätsel, sie garantieren Spaß und – wenn möglich – Schadenfreude.

Ein wohl sehr altes Rätsel aus „Allerleirauh" von Enzensberger:

Ein langer, langer Baum
mit zweiundfünfzig Äst,
auf jedem Ast ein Nest,
in jedem sieben Eier,

in jedem Ei ein Gelbs
mit vierundzwanzig Dotter.

A.a.O., 208)

Weitere alte Rätsel aus einem Lesebuch:

Es trägt ein Kleid aus Grün und Weiß,
schaut hervor aus Schnee und Eis.
Wenn im Wind sein Röckchen schwingt,
bald der erste Vogel singt.

Im Häuschen mit fünf Stübchen,
da wohnen braune Bübchen.
Nicht Tür noch Tor führt ein noch aus,
wer sie besucht, der ißt das Haus.

(Bausteine Deutsch, 2. Schuljahr, 1984, 144f., ohne Quellenangabe)

Abschließend ein Zeilentext als aufgereihte Rätselfragen mit
darunter stehenden umgekehrt gedruckten Lösungen, die hier
„ausgespart" bleiben.

Kleine Rätsel

Helga Gebert

1 Welches Haus hat kein Dach?
2 Welche Mühle keinen Bach?
3 Welche Kuh hat keine Hörner?
4 Welcher Hahn frißt keine Körner?
5 Welches Schwein ist gar kein Schwein?
6 Welcher Hut ist viel zu klein?
7 Welches Pferd hat keinen Schweif?
8 Welcher König hat kein Reich?

(Aus: Dies.: Das große Rätselbuch, 1979)

Die „verbotenen" Rätsel der Heranwachsenden haben nach

Ansicht von Borneman eine andere Funktion als die nicht-ver-
botenen, und zwar eine „rein erzieherische Aufgabe, das andere Kind in die Spielregeln der Erwachsenenwelt einzuführen
(...). 'Wenn die (Erwachsenen) irgend etwas sagen, bedeutet
es meist nicht, was du denkst. Jetzt paß also mal auf: ich zeig
dir, daß jedes Wort zwei Bedeutungen haben kann. Das mußt
du lernen, wenn du mit den Erwachsenen fertig werden
willst!'"[4] Als Beispiele für solche „Lehrformeln":

> Was ist das?
> Hinter Vaters Hause
> Steht eine dunkle Klause.
> Sie pissen rein, sie kacken rein
> Und doch stippt Vater auch sein Brot hinein.
> Antwort: Honig aus dem Bienenkorb.

> Was ist daas?
> Mir ist's heut nacht nicht gut gegangen,
> Mir ist ein Ding durch's Loch gegangen.
> Antwort: Der Fuchs hat ein Huhn gestohlen.

(S. Anm. 4: A.a.O., 202, 208)

– Spiel mit der Realität: Verkehrte-Welt- und Lügengedichte

In diesen Texten wird die Wirklichkeit harmlos grotesk verfremdend auf den Kopf gestellt, und zwar durch Verstöße gegen die Logik und gegen Naturgesetzlichkeiten oder durch
verblüffende Lügen. Es sind die auch schon in der Tradition bekannten Verkehrte-Welt- und Lügengedichte. Im Bereich der
modernen Kinderlyrik werden sie seit zwanzig Jahren bewußt
zur Erheiterung, aber ebenso zur Sprachreflexion der Heranwachsenden von Autoren verfaßt.

Den Texten ist gemeinsam, daß sie im Titel oder am Ende die
logische Verkehrung bzw. die der Realität oder die Unwahrheit
der Aussagen signalisieren.

Verkehrte Welt

Ludwig Schuster

Die Glocken sind im Keller,
Kartoffeln auf dem Turm,
der Tisch steht auf dem Teller
und Hühner frißt der Wurm.
Juhu, juhu,
heut bin ich du,
und du bist ich –
sprich weiter, sprich!

Im Brunnen brennt das Feuer,
das Wasser quillt im Herd,
die Luft ist furchtbar teuer,
und Gold ist gar nichts wert.
Juhu, juhu,
Bier gibt die Kuh
und Milch das Faß –
weißt noch etwas?

Das Schiff macht Alpenreisen,
die Gemse wohnt im Meer,
gering wiegt Blei und Eisen,
doch Flaum ist schrecklich schwer.
Juhu, juhu,
am Kopf den Schuh,
den Hut am Fuß –
und nun ist Schluß!

(In: Christen (Hrsg.): Schnick Schnack Schabernack, 1978, 3, aus: Schuster: Kinderlieder, München o.J.; der folg. Text eb. in: Ders. (Hrsg.):
A.a.O., 3)

Gut gelogen

Volksgut

Die Kuh, die saß im Schwalbennest
mit sieben jungen Ziegen,
die feierten ihr Jubelfest
und fingen an zu fliegen.
Der Esel zog Pantoffeln an,
ist übers Haus geflogen.
Und wenn das nicht die Wahrheit ist,
so ist es doch gelogen.

„Der Tausendfüßler" von Josef Guggenmos beginnt mit folgenden Zeilen:

Der Tausendfüßler wollte mit seinen tausend Füßen
nicht mehr barfuß gehen.
Er ging in einen Schuhladen und sagte:
„Ich brauche Schuhe, tausend Stück."
Das Fräulein sagte: „Wir haben fünfhundert Paare."
„Wunderbar!" rief der Tausendfüßler.
„Ich kaufe alle!"
„Aber es sind ganz verschiedene Sorten",
sagte das Fräulein.
„Auch recht!" rief der Tausendfüßler.
„Nur her damit!"
Da brachte ihm das Fräulein die Schuhe:
(…)

(Aus: Ders.: Wer braucht tausend Schuhe? Tiergeschichten und Gedichte,
Oldenburg 1980, 9 bzw. 9ff.)

– *Nonsens- oder Phantasiegedichte*

Sie weisen keinen Bezug zur Wirklichkeit auf und siganlisieren
nicht wie die Verkehrte-Welt-Texte und Lügengedichte logische
bzw. Realitäts-Umkehrung oder Unwahrheiten.

Nonsenstexte wollen ebenso wie die Gedichte der vorherigen
Gruppe humorvoll und harmlos grotesk unterhalten und Spaß
bereiten. Zwei Beispiele:

Die Trichter

Christian Morgenstern

Zwei Trichter wandeln durch die Nacht.
Durch ihres Rumpfs verengten Schacht
fliesst weisses Mondlicht
still und heiter
auf ihren
Waldweg
u. s.
w.

Tintenfleck und Nasenschreck

Kurt Sigel

Enne denne Katzendreck,
der Mond ist krank, der Mond ist weg.
Sie haben den Mond im Bach ersäuft,
ihm vorher Schnaps ins Ohr geträuft.

Enne denne Nasenschreck,
die Sonn ist krank, die Sonn ist weg.

Sie haben die Sonn im Wald vergraben,
für dreißig Pfennig kannst sie haben.

Enne denne Tintenfleck,
der Wind ist krank, der Wind ist weg.
Sie haben den Wind ins Faß gesperrt,
weil er so heult, weil er so plärrt.

(So präsentiert in: Christen (Hrsg.): Schnick Schnack Schabernack, 1978,
20; aus: Gelberg (Hrsg.): Die Stadt der Kinder, 1969, 53, Originalmanuskript)

Sprachspiele auf semantischer Ebene mobilisieren in bezug auf
Verkehrte-Welt-Texte sowie Lügen- und Nonsensgedichte die
Phantasie der Kinder für eigene Gestaltungen. Vorgelegte Rätsel können die Heranwachsenden anregen, ihre Mitschüler /
innen mit Rätseln zu konfrontieren.

5.4 Sprachspiele auf stilistischer Ebene

Dies sind Sprachspiele, die Inhalt oder Form von Texten parodieren, oder aber u. a. Redensarten, Sprichwörter und Sprich-
wortteile zu Kurztexten zusammenfügen.

– Parodien

Über sie erfolgten bereits Aussagen hinsichtlich der Spottreime als Unterart der Kategorie Gebrauchsverse (s. V.1.8). Dort
wurde jedoch betont, daß keine Gebrauchsreime parodiert
werden, sondern expositorische und vor allem literarische Texte, z.B. Gedichte, Lieder, Schlager, Werbesprüche. Für Beispiele wurde auf „verbotene" Reime, Lieder, Gedichte zurück-
gegriffen, wie sie Rühmkorf und Borneman vorlegen. Als eine
der wenigen Parodien der modernen Kinderlyrik kann der
Krüss-Text „Wenn die Möpse Schnäpse trinken" gelten, der eine Parodie der Gedichtform schlechthin intendiert und in dieser Perspektive von den Heranwachsenden nicht adäquat verstanden wird.

Hier nun ein Parodiebeispiel zwar nicht auf einen konkreten
Werbetext, sondern scherzhaft satirisch auf Zahnpastawerbung
generell, und kontrastiv zu ihm die erste Strophe mit den Re-
frainversen eines ernsthaft satirischen dreistrophigen Liedes
auf die Fernsehwerbung. Diese Texte können Kinder zumindest vierter Schuljahre angemessen rezipieren.

Reklame
                                    Max Kruse

Es wirrt in mir,
ein Wirbeltier,
O-DENT-A ist sein Name;
es macht dies irre
Schwirretier
für Zahnpasta Reklame.

    Ich hab's heut morgen
    aufgeschnappt
    von einer Anschlagsäule;
    nun hat sich's in mir
    festgepappt
    und quält mich mit Geheule:

        O-DENT-A gegen Zahnverfall,
        O-DENT-A gegen Löcher,
        O-DENT-A tönt es überall,
        O-DENT-A noch und nöcher:

           „Die Zähne werden blendend weiß,
           dein Zahnfleisch eine Rose,
           und duften wirst du aus dem Mund
           wie eine Aprikose!"

           Ich sause gleich zur Drogerie,
           um mir das Zeug zu holen,
           und putze mir von spät bis früh

die Zähne wie befohlen.
Doch heute hörte ich entsetzt
im Fernsehn: „Zur Hygiene
benutze CARANDENTAL jetzt
und rette deine Zähne!"

Was nehm ich nun, ich armer Mann?
Jetzt habe ich die beiden ...
Ich schaue stumm die Tuben an
und kann mich nicht entscheiden!

(Aus: Gelberg (Hrsg.): Die Stadt der Kinder, 1969, 163, Originalmanuskript)

Fernsehwerbung
Klaus Hoffmann / Norbert Denninghaus

Ute, Schnute, Kasimir,
Fernsehwerbung sehen wir.
Sugus, Mars und Haribo
machen alle Kinder froh.
Playmobil und Barbie
sind Spielzeug für ein braves Kind.
Lego und Carrerabahn
machen alle Jungen an.

Was wir sehn, das wolln wir haben,
fallen auf die Sprüche rein,
und wir kaufen wie die Blöden
all die teuren Sachen ein.

(Aus: Hoffmann, Klaus (Hrsg.): Das Musik-Spielmobil, Dortmund 1981, 70
bzw. 70f.)

– *Redensarten und Stereotypen sowie Sprichwörter und
Sprichwortsegmente, für kurze Texte sprachspielerisch verwendet (= Quodlibet)*[5]

Diese wenigen aber interessanten Texte sind kaum noch als lyrische Einheiten anzusprechen. Sie verzichten auf Reim, Metrum und Rhythmus.

Die Funktion der Zeilen beruht im Spiel mit den genannten Sprachschematismen (Phraseologismen / Idiomen); ihre Intention ist vorherrschend, durch die vorgeprägten gebräuchlichen Spracheinheiten und ihren Kontext gesellschaftskritische Aussagen pointiert zu formulieren.

Als Beispiel für das „Spiel" mit (überwiegend) Redensarten in dieser Perspektive ein Text von Hans Manz.

Fragen

Auch die Frau stellt heutzutage ihren Mann.
Wohin?

Ich nehme alles, wie's kommt.
Von Wem?

Einmal ist keinmal.
Wie oft?

Schlag dir deine überrissenen Wünsche aus dem Kopf!
Womit?

Liebe deinen Nächsten wie dich selbst!
So wenig?
Oder: So stark?

Ich gehe meine eigenen Wege.
Mit wem?

Antworten

„Warum trampeln alle auf mir herum?"
„Weil du ihnen zu Füßen liegst!"
„Weshalb haben die Meinigen
kein Verständnis für mich?"
„Vielleicht haben sie den Verstand verloren."

„Warum sehen viele Menschen die Dinge so einfach
und klar?"
„Weil sie mit Blindheit geschlagen sind."

(In: Manz: Worte kann man drehen, 1974, 92, vgl. auch 122, 123)

Ein Spiel mit Sprichwortsegmenten – ohne irgendwelche kritische Intention – fixiert Paul Maar in den Zeilen „Sprichwörter
zurechtschütteln …"

Eine Hand kommt selten allein.
Eine Krähe wäscht die andere.
Jeder geht so lange zum Brunnen, bis er bricht.
Der Krug ist seines Glückes Schmied.
Früh übt sich Morgenstund.
Wer andern eine Grube gräbt,
dem bleiben die Füße unbedeckt.
Was ein Meister werden will, fällt selbst hinein.
Wer sich nicht nach der Decke streckt,
hackt dem andern kein Auge aus.
Ein Unglück hat Gold im Mund.

(Aus: Ders.: Onkel Florians fliegender Flohmarkt, 1977, 68)

Werbung und ebenso Redensarten und Sprichwörter als Unterrichtsgegenstände können Anknüpfungspunkte sein für die
Arbeit mit Sprachspielen auf stilistischer Ebene und damit
gleichzeitig Motivation freisetzen für Werbe-Parodien und zumindest auch für Spiele mit Sprichwörtern, indem diese durch
Kontexte relativiert oder ad absurdum geführt werden.

Abschließend zur Kategorie Sprachspiel ein Absatz aus der
schon zitierten Publikation von Magda Motté „Moderne Kinderlyrik":

Daß die Untergattung Sprachspiel in der modernen Kinderlyrik eine solche Bedeutung gewann, hat verschiedene
Gründe:

1. wirkt sich hier die Kritik an den naturbezogenen Themen, den simplen lyrischen Formen, der kindertümelnden
Sprache und dem belehrenden Ton der traditionellen Kinderlyrik aus;

2. zeugen die Thematisierung von „Sprache" und das Abweichen von der Sprachnorm von Skepsis gegenüber dem
Aussagegehalt und der Überzeugungskraft des Wortes;

3. macht der spielerische Umgang mit dem Sprachmaterial
die prinzipielle Veränderbarkeit von Sprache offenkundig;

4. verbinden viele Autoren im Sprachspiel Sprachkritik mit
Herrschafts- / Systemkritik;

5. können Texte dieser Art aufgrund einer Regel leicht
nachgeahmt bzw. abgewandelt werden;

6. kommt das Spiel mit dem Material Sprache der Neugier,
dem Spieltrieb und nicht zuletzt dem Humor des Kindes
entgegen. Diese Gründe – die Reihenfolge stellt keine
Rangordnung dar! – haben zu der immensen Anzahl von
Kindergedichten mit sprachspielerischem Charakter geführt; dieser kann also als besonderes Merkmal der modernen Kinderlyrik genannt werden.[6]

Die Ausführungen zur Typologie der Kinderlyrik lassen erkennen, daß jede ihrer Kategorien für den Deutschunterricht in
der Primarstufe bedeutsam ist.

Eindeutigen Vorrang beanspruchen aufgrund literatur- und
sprachdidaktischer Überlegungen und Anforderungen für alle
Schuljahre die Erlebnislyrik und die Sprachspiele sowie mit
dem Schwerpunkt in dritten und vierten Klassen die reflektierenden Gedichte. Die Geschehnislyrik rangiert an letzter Stelle; Sagen, Fabeln und Schwänke sind inhaltlich und gehaltlich
für die Heranwachsenden ansprechender. Den Gebrauchsversen müßte mit kritischem Blick auf die Lesebücher mehr Beachtung zukommen, besonders Liedern zu den verschiedensten Anlässen.

Anmerkungen

[1] Vgl. Borneman, Ernest: Die Umwelt des Kindes im Spiegel seiner „verbotenen" Lieder, Reime, Verse und Rätsel. Studien zur Befreiung des Kindes Bd. 2, Frankfurt / Berlin / Wien 1980 (= Ullstein Materialien), S. 24–39.

[2] Ebd.: S. 50.

[3] Rühmkorf, Peter: Über das Volksvermögen. Exkurse in den literarischen Untergrund, Reinbek 1967, S. 37, 36, 45.

[4] Borneman, Ernest: Unsere Kinder im Spiegel ihrer Lieder, Reime, Verse und Rätsel. Studien zur Befreiung des Kindes Bd. 1, Frankfurt / Berlin / Wien 1980 (= Ullstein Materialien), S. 200.

[5] Vgl.: Liede, Alfred: Dichtung als Spiel, 2 Bde., Berlin 1963, 2. Bd., S. 52.

[6] Motté, Magda: Ebd., Frankfurt / Bern 1983, S. 179f.
Anzumerken ist noch, daß für die Darstellung der Sprachspiele speziell das soeben genannte Buch von Motté herangezogen wurde und Helmers, H.: Lyrischer Humor. Strukturanalyse und Didaktik der komischen Versliteratur, Stuttgart 1971.

VI. Aufriß der generalisierten Lernziele für den Literaturunterricht in der Primarstufe

- bezogen auf Inhalte, Gehalte und Intentionen von Texten,
- bezogen auf Merkmale und Funktionen von Textarten,
- ergänzt durch hieraus ableitbare aufsatzdidaktische Lernziele für einen – zumindest zeitweise – integrierten Literatur- und Aufsatzunterricht

Die gegenwärtigen literaturdidaktischen Konzeptionen sind durch eine Reihe unterschiedlicher und z. T. kontroverser Ansätze bestimmt; mehrere Konzeptionen beabsichtigen, verschiedene Ansätze zu integrieren. Hierdurch bedingt, werden die Befähigungen, die Schüler in literarischen Kommunikationsprozessen erwerben sollen, stark abweichend begründet und akzentuiert. Übereinstimmung jedoch besteht darin, daß die Literaturdidaktiken für alle Schulstufen Lernziele auszuweisen haben, die durch Inhalte, Gehalte und Intentionen von Texten sowie durch Merkmale und Funktionen von Textarten bestimmt sind.[1]

Die nachfolgend skizzierte literaturdidaktische Konzeption bemüht sich, einen lerntheoretischen und kommunikationstheoretischen Ansatz mit einem literaturwissenschaftlich orientierten zu verbinden.

In diesem literaturdidaktischen Bezugsrahmen und in Relation zu einem pädagogischen Gesamtziel könnte die Formulierung für ein oberstes inhaltliches Lernziel lauten, das sich auf Inhalte, Gehalte und Intentionen von Texten bezieht:

– *Durch den Literaturunterricht sollen die Schüler fähig sein, verschiedenartige Literatur zu rezipieren sowie Texte und die eigene Lebenssituation im gegenseitigen Bezug zu reflektieren, um hierdurch zugleich zu Verhaltensänderungen (d. h. Verhaltensverbesserungen) angeregt zu werden* (= primär lerntheoretischer Ansatz).

Dieses oberste inhaltliche Lernziel bezieht sich – es sei mit Nachdruck betont – bei fiktionalen Texten speziell auf ihre *Gehalte*, die durch die jeweiligen Inhalte trasnportiert und durch sie und über sie hinaus verstehbar werden; bei expositorischen Texten bezieht es sich auf die *Inhalte* der Texte. Das oberste inhaltliche Lernziel umreißt eine komplexe fortschreitend sich intensivierende Kompetenz = Rezeptionskompetenz oder Literaturkompetenz.

Diese Kompetenz besitzen ansatzweise alle Kinder; sie entwikkelt sich und soll im Literaturunterricht gefördert werden. Diese sich ausweitende, differenzierende und zu fördernde Gesamtkompetenz können die Schüler erreichen aufgrund der erstrebten Verwirklichung der nachgeordneten inhaltlichen, aber auch der formalen Lernziele, die als integrierend zu erwerbende Teilkompetenzen auszuweisen und anzusehen sind.[2]

Die Teilkompetenzen erstellen Qualifikationen – im Verbund mit in anderen Fächern zu realisierenden Befähigungen –, die zum Leben in einer demokratischen Industriegesellschaft erforderlich sind. Deshalb sind in ihnen fächerübergreifende Leitziele enthalten. Ein so intendierter Literaturunterricht ist schon in der Primarstufe – gebunden an das Niveau der entwicklungsbedingten Bedürfnisse und Fähigkeiten der Schüler – möglich und notwendig.

Aus dem obersten inhaltlichen Lernziel sind speziell im Hinblick auf mögliche positive Wirkweisen von Literatur u.a. folgende Globallernziele ableitbar:

Die Schüler sollen imstande sein,
– ihre Vorstellungs- und Phantasiefähigkeit, ihre Erlebnis-, Verstehens- und Denkfähigkeit zu intensivieren, um hierdurch zugleich ihr Erkenntnisinteresse sowie ihre Lesemotivation und Leseerwartung zu steigern (hermeneutischer Aspekt der Rezeption),
– ihre Kritik- und Wertungsfähigkeit zu intensivieren, um hier-

durch zugleich die Prozesse der Selbsterkenntnis und Wertorientierung zu steigern (kritischer und affektiver Aspekt der Rezeption),

– rezipierte Literatur und eigene erfahrbare Wirklichkeitsbezüge in Relation zueinander beständig differenzierter zu erschließen, um hierdurch zugleich ihr Bewußtsein und ihr Verhalten zu verändern (heuristischer und pragmatischer Aspekt der Rezeption).

Diese literaturdidaktischen Globalziele intendieren – vor allem in bezug auf fiktionale Texte –, Schüler zu eigenen Produktionen / Sprachhandlungen anzuregen, und zwar mündlich, schriftlich – auch als Spiel mit Sprache – und szenisch gestaltend.

Durch produktive Rezeption (operatives Lesen) – im Sinne der genannten Globalziele – wird zur Textverfassung motiviert. Als Globalziel für einen zumindest epochal integrierten Literatur- und Aufsatzunterricht kann dann fixiert werden:

Die Schüler sollen unter dem Aspekt der angegebenen literaturdidaktischen Globalziele imstande sein,
– insgesamt dementsprechend ihr Sprachhandeln intentions- und sachangemessen sowie adressatenorientiert einzusetzen.

Durch die Korrelation von Leseerziehung / Weiterführendem Lesen und Literaturunterricht in der Primarstufe muß als weiteres Globallernziel genannt werden:

Die Schüler sollen imstande sein,
– Texte sinnerfassend still und möglichst auch sinnangemessen klanggestaltend zu lesen.

Der Literaturunterricht intendiert damit die Bewußtseinsausweitung der Schüler und unterstützt – wie er sich auch immer gesellschaftspolitisch bestimmt – bei der Realisierung dieser Ziele den dialektischen Prozeß der fortschreitenden Personalisation und Sozialisierung der Heranwachsenden und kann nicht nur eine kognitive und emotionelle Dimension und Funktion mit Transferwirkung besitzen, sondern auch eine pragmatische.

Im Hinblick auf die gegenwärtigen und zukünftigen jungen Leser und im Hinblick auf das immense Literaturangebot der heutigen Zeit präsentiert sich als Bezugsobjekt des literarischen Unterrichts Literatur im weitgefaßten Sinne. Für die Primarstufe sind Texttypen der Kategorien expositorische Texte (= erklärende Texte) und fiktionale Texte in dem Grade in den Literaturunterricht einzubeziehen, wie sie heutzutage für die Schüler von Bedeutung sind. Hierzu zählen hinsichtlich der fiktionalen Literatur auch Kinder- und Jugendbücher sowie Comics und Texte, die auditiv und audiovisuell übermittelt werden.

Um die Globallernziele in bezug zu den für die Primarstufe didaktisch bedeutsamen Textarten realisieren zu können, ist es didaktisch empfehlenswert, vorherrschend thematisch konzipierte Textfolgen als „Inhaltssequenzen" (= Sequenzen zu expositorischen Texten) und „Problemsequenzen" (= Textfolgen fiktionaler Texte) dem Literaturunterricht zugrunde zu legen.[3] Weitere Begründungen für einen Literaturunterricht, der vorherrschend durch Textfolgen bestimmt ist, werden im folgenden Kapitel vorgelegt.

Die Sequenzen bestehen aus Texten eines Typs oder mehrerer Arten. Sie sind literaturdidaktisch bedeutsame Lerneinheiten und erstellen mit ihren angemessen erschlossenen Inhalten oder Problemen (d.h. ihren Gehalten, die durch Inhalte transportiert werden) die konkreten inhaltlichen Lernziele des Literaturunterrichts in der Primarstufe. Die generalisierte Zielformulierung könnte lauten:

Die Schüler sollen fähig sein,
– thematisch konzipierte und auf Kommunikationsbereiche oder Situationsfelder bezogene Textfolgen – ihren Inhalten und Gehalten angemessen – zu rezipieren.

Diese Zielsetzung schließt schon im Rahmen des Literaturunterrichts in der Primarstufe mit ein, daß die Schüler – ihrem Alter entsprechend – den Herstellungsprozeß, die Verbreitungsweise und auch mediale Bedingungen einiger Textarten kennenlernen.

Als konkrete inhaltliche Feinlernziele sind dann in bezug auf die jeweiligen Einzeltexte zu bestimmen:

Die Schüler sollen imstande sein,
– Texte inhaltlich zu erfassen,
– Inhalts- und Gehaltaspekte sowie möglichst auch Intentionen von Texten in zugleich kritischer und bewertender Perspektive zu rezipieren.

Für die Unterrichtsplanung und die Rezeption eines Textes in der Klasse, speziell eines fiktionalen Textes, sind zuvor von der Lehrperson in der literarischen Analyse die gehaltlichen Aspekte des Textes – seine Teilgehalte, sein Grundgehalt, d.h. sein Sinnzentrum auf Geschehnisebene und seine Intention als generalisierender Grundgehalt – zu bestimmen und u.U. zu hinterfragen, um sie in der folgenden didaktischen Analyse als ein Angebot von inhaltlichen Feinlernzielen / Besprechungspunkten zu fixieren, das die Schüler während der Kommunikation mit dem Text ausweiten und korrigieren können.

In der methodischen Analyse erfolgen dann u.a. Überlegungen, wie die einzelnen Lernphasen / Unterrichtsschritte zu gestalten sind, daß der Text effektiv rezipiert wird. Bei verschiedenen Möglichkeiten für einen Unterrichtsschritt ist der bestgeeignete auszuwählen.

Die Rezeption von Texten sollte vorherrschend im Interaktionsfeld der Klasse stattfinden und weniger – obgleich auch das wichtig ist – durch Einzel-, Partner- und Gruppenarbeit verschiedener Art. Diese Forderung hat vor allem folgende Voraussetzungen. Die Heranwachsenden können argumentierend teilweise ihre Schullektüre auswählen. Sie müßten angeleitet und fähig sein, in der Klasse zunehmend wechselseitig über Texte zu sprechen. Zudem sollten die Schüler berechtigt sein zur abweichenden Einstellung hinsichtlich ermittelter Textgehalte und -intentionen.

Durch diese Prozesse insgesamt werden die Heranwachsenden angeleitet, kognitive und emotionale Aussagen und Stellungnahmen zu begründen und vor allem zu berichtigen, einzuschränken und auszufalten (Klasse als demokratisches Forum = primär kommunikationstheoretischer Ansatz).

Die inhaltlichen Lernziele und Feinlernziele sind plan- und überprüfbar, das erstgenannte Globalziel gleichfalls, nicht aber die literaturdidaktisch bedeutsamsten folgenden Ziele. Hinsichtlich der Intensivierung der Kritik- und Wertungsfähigkeit z.B. sind weder die engagierte Beteiligung der Schüler am Unterrichtsgespräch noch ihre mündlichen und schriftlichen Stellungnahmen als Kontrolle einzuschätzen, weil ihr Verhalten – schon in der folgenden Unterrichtsstunde – hierzu im Widerspruch stehen kann.

Der Literaturunterricht hat analog zu der Hierarchie inhaltlicher Lernziele eine weitere, die auf formale Phänomene und Funktionen von Textarten bezogen ist. Das oberste formale Lernziel ist so formulierbar:

– *Durch den Literaturunterricht sollen die Schüler fähig sein, verschiedenartige Literatur in der ihnen angemessenen Weise zu rezipieren.* (= literaturwissenschaftlicher, d.h. textartspezifischer Ansatz)

Nur wenn Texte hinsichtlich ihrer Intention erschlossen werden, ist die literarische Kommunikation ihnen angemessen. In bezug auf die Texte (und ihre Produzenten) reproduziert der Leser / Hörer die Intention, in bezug auf sich selbst produziert er sie, und zwar vollständig oder teilweise (z.B. was Rezepte betrifft im Gegensatz zu Gesetzes- / Versicherungstexten). Aufgrund seines Erkenntnisinteresses und Verstehenshorizontes kann der Leser / Hörer jedoch Intentionen produzieren, die nicht mit denen der Textverfasser oder Überlieferer übereinstimmen oder nicht von ihnen impliziert sind (z.B. in der Primarstufe teilweise bei der Rezeption von Fabeln, Schwänken und Kinderlyrik). Ob der einzelne die jeweilige von ihm erschlossene Textintention bejaht, ablehnt oder relativiert, ist ein weiterer und stellungnehmender Rezeptionsschritt. Dies betrifft im Literaturunterricht auch die Klassengruppe, wenn sie im Konsens Textintentionen ermittelt.[4]

Die Intention eines Textes wird ermittelt, indem der Leser dessen Aussagegehalt / Sinnzentrum (bei fiktionalen Texten aufgrund des sukzessiven Verstehens der Teilgehalte) aus der Textstruktur erschließt. Die Textstruktur besteht in der Anordnung der für sie konstitutiven Elemente und ihrer Beziehung zueinander (In den Werbesprüchen – als bündigste Beispiele –: „Delial / bräunt ideal"; „Onko M / Der magenmilde Muntermacher" – präsentieren der Reim bzw. die Alliteration und der fünf- bzw. sechsfüßige Trochäus (- v) die Intention).

Somit ist es didaktisch zwingend, daß – zumindest teilweise – Texte einiger didaktisch bedeutsamer expositorischer und fiktionaler Textarten exemplarisch schon im Literaturunterricht der Primarstufe erschlossen werden unter Einbezug und durch das Auffinden von hervorstechenden konstitutiven Elementen / Merkmalen. Die textartspezifischen Elemente sind sowohl grammatische Sprachmittel und rhetorische / poetische Stilmittel (z.B. Substantivkomposita, Passivformen für Anweisungen, Anleitungen; Reime für Gedichte, Werbetexte) als auch speziell in bezug auf fiktionale Texte gehaltkonstituierende satzumspannende oder satzübergreifende textarttypische Strukturelemente (z.B. in Märchen: das Wunderbare, das Glück; in Prosa- und Versfabeln: die Pointe und Lehre als Deutung der vorgeführten Beispielgeschichte). Hinzu kommt noch, daß von den Schülern auch die Funktion wichtiger Textarten erkannt werden sollte.

Bezogen auf das oberste formale Lernziel, können somit als Globallernziele fixiert werden:

Die Schüler sollen imstande sein,
– die Funktion bedeutsamer Texttypen zu erkennen
(z.B. Anleitung: Informieren über Spielregeln, über ... – Schwank: falsches Verhalten in lachenerregender Weise und zugleich kritisch darzustellen – Versfabel: (meistens) durch Tiere Verhalten von Menschen darzustellen und durch eine Lehre zu beurteilen),
– und demgemäß die Textarten z.T. für Sprech-, Schreib- und Spielanlässe zu verwenden,
– didaktisch bedeutsame Merkmale von didaktisch wichtigen fiktionalen und expositorischen Textarten zu erkennen,
– die induktiv erkannten Merkmale als Instrumentarium für die Textrezeption zu verwenden
– und dementsprechend für mündliche, schriftliche – auch sprachspielerische – und szenisch gestaltende Textproduktionen einzusetzen.

Lernziele im engeren Sinne sind dann Funktion und hervorstechende Merkmale der jeweils einzelnen Texttypen. Als Formulierung bietet sich an:

Die Schüler sollen fähig sein,
– die Funktion einer bedeutsamen Textart zu erkennen,
– didaktisch bedeutsame Merkmale einer Textart sowie die Funktionen der Merkmale zu erkennen (was z.T. für Textproduktionen erforderlich ist).

Als Feinlernziele präsentieren sich die jeweils an einem Einzeltext erstmalig zu ermittelnden Merkmale einer Textart. Dies vollzieht sich im Unterrichtsverlauf bei expositorischen Texten in Verbindung mit dem inhaltlichen Erschließen und bei fiktionalen Texten aufgrund der inhaltlichen Erfassung und durch den Aufschluß gehaltlicher Aspekte (Teilgehalte, Grundgehalt, Intention). Dementsprechend ist im Bezug auf die Feinlernziele festzuhalten:

Die Schüler sollen imstande sein,
– einzelne Merkmale einer Textart sowie deren Funktionen in
Texten zu erkennen.

Wird der Literaturunterricht in dieser Weise auch textstruktu-
rell grundgelegt, lernen die Schüler vom 2. bis zum 4. Schuljahr
induktiv eine Reihe von textartspezifischen Elementen. Das ist
aus mehreren Gründen schon für den literarischen Unterricht
der Grundschule wichtig. Wenn Texte unter Einbezug von einem oder mehreren sie begründenden Merkmalen erschlossen
werden, verläuft der Rezeptionsvorgang textadäquat und nach
einer gewissen Einübung schneller als bei einem nur inhaltlichen bzw. inhaltlich-gehaltlichen Erarbeiten. Weiterhin ist es
möglich, die Verstehensprozesse der Schüler zu rationalisieren
– ohne die Motivation durch die Texte und damit ihre notwendig auch emotionale Aufnahme auszuschalten –, weil sich die
ermittelten Merkmale einerseits anwenden lassen auf nachfolgende Texte des gleichen Typs und andererseits auf Texte noch
unbekannter Arten. Dies wiederum hat zur Folge, daß die Arbeit an Texten nicht stets an einem „Nullpunkt" ansetzt.

Die von den jungen Lesern induktiv ermittelten Textmerkmale
bilden sukzessiv ein plan- und überprüfbares Instrumentarium
von Lernzielen, das die Realisierung des obersten formalen
Lernzieles ausweist. Das Instrumentarium hat funktionale Bedeutung, hierdurch kann die Rezeption von Texten rascher, distanzierter, differenzierter und auch kritischer erfolgen. Dies
gilt gleichfalls sowohl für im Unterricht als auch außerschulisch
auditiv und audiovisuell übermittelte Texte.

Der Grad der Realisierung der inhaltlichen und formalen Lernziele hinsichtlich der Schüler / innen ist Ausweis für ihre mehr
oder weniger ausgeprägte Rezeptionskompetenz / Literaturkompetenz, die durch eine adäquat analoge Produktionskom-
petenz zu ergänzen ist.

Anmerkungen

[1] Zur Darstellung literaturdidaktischer Konzeptionen vgl. u.a.: Hopster, N.: Didaktische Konzeptionen des Literaturunterrichts, in: Boueke, D. (Hrsg.): Deutschunterricht in der Diskussion, Bd. 2, 2. Auflage, Paderborn 1979, S. 142–165,

Frank, R.: Literaturdidaktische Positionen (Forschungsbericht), in: Wirkendes Wort 1/1981, S. 39–51,

Kügler, H.: Erkundung der Praxis. Literaturdidaktische Trends der 80er Jahre zwischen Handlungsorientierung und Empirie, in: Praxis Deutsch 90/1988, S. 4–9 (Teil I), 91/1988, S. 9–11 (Teil II)

und hinsichtlich der komplexen Problematik des Literaturunterrichts: Kreft, J.: Grundprobleme der Literaturdidaktik, Heidelberg 1977 (^{2}1982).

[2] In diesem Zusammenhang sie hingewiesen auf: Hoppe, O.: Operation und kompetenz. Das problem der lernzielbeschreibung im fach deutsch, in: Linguistik und Didaktik 10/1972, S. 85–97,

Metz, W.: Curriculumtheorie und Literaturunterricht, in: Schaefer, E. (Hrsg.): Lerngegenstand: Literatur, Göttingen 1977, S. 20–26,

Kreft, J.: A.a.O. (s. Anm. 1), S. 318–326,

Boueke, D.: Lernziele für den Deutschunterricht, in: Zabel, H. (Hrsg.): Studienbuch: Einführung in die Didaktik der deutschen Sprache und Literatur, Paderborn 1981, S. 29–44,

Hein, J.: Ziele des Bereichs „Umgang mit Texten", in: Ebd., S. 305–317.

[3] Den Terminus „Inhalts- / Problemsequenz" verwendet Fingerhut, K.: Affirmative und kritische Lehrsysteme im Literaturunterricht. Beiträge zu einer Theorie lernziel- und lernbereichsorientierter Textsequenzen, Frankfurt 1974, S. 161. Auf diese Publikation ist hinzuweisen in bezug auf die kritische Darstellung bisheriger Versuche didaktischer Sequenzbildung und hinsichtlich der fixierten Ansprüche an eine Sequenzbildung.

[4] Zur wissenschaftstheoretischen Ableitung der literarischen Kommunikation und zu ihrer schematischen Darstellung sei u.a. hingewiesen auf: Schmidt, S.J.: Literaturwissenschaft als Forschungsprogramm. Hypothesen zu einer wissenschaftstheoretischen Fundierung einer kritischen Literaturwissenschaft (Teil I), in: Linguistik und Didaktik 4/1970, S. 269–282, speziell S. 276ff.,

Kügler, H.: Literatur und Kommunikation. Ein Beitrag zur didaktischen Theorie und methodischen Praxis, Stuttgart 1971, 2. Auflage 1975, S. 72–83.

Zur literarischen Kommunikation unter dem Aspekt der Interaktion sei verwiesen auf: Müller, E.P.: Interaktion im Literaturunterricht, Kronberg 1976,

Hussong, M.: Kritik und Didaktik des literarischen Verstehens, Kronberg 1976, S. 186–199
und unter dem Aspekt des Interpretierens als „Verständigung zwischen Verstehenden": Spinner, Kaspar H.: Interpretieren im Deutschunterricht (Basisartikel), in: Praxis Deutsch 81/1987, Interpretieren, S. 17–23, Zitat S. 17.

VII. Literaturdidaktische Begründung thematisch bestimmter Textsequenzen

Lernziele für den Literaturunterricht als Kompetenz- bzw. Teilkompetenzbeschreibungen, deren Verwirklichung als Fähigkeiten für das Leben der Schüler bedeutsam sind, *erstellen die Grundlage der Konzeption von Textfolgen.*

Lernziele sind, wenn sich die Fachdidaktik als Relationswissenschaft versteht, mitbestimmt durch die Ergebnisse ihrer Bezugswissenschaften. D.h. sie werden einerseits mitbestimmt durch Ergebnisse der Literatur-, Sprach- und Medienwissenschaften als Gegenstandswissenschaften der Fachdidaktik andererseits durch Erkenntnisse der Erziehungs-, Gesellschafts- und Kommunikationswissenschaften. Dieser Einbezug von Ergebnissen der Bezugswissenschaften in die fachdidaktische Reflexion gilt ebenso für weitere Faktoren hinsichtlich der Begründung thematisch konzipierter Textfolgen.

Die hierarchisch gestuften Lernziele des Literaturunterrichts als fortschreitend integrierend zu erwerbende Teilkompetenzen haben als oberstes Lernziel die Rezeptionskompetenz der Kinder, und zwar in der Perspektive der Entwicklung, d.h. als Ausweitung und Differenzierung ihrer schon stets vorhandenen, wenn auch mehr oder weniger unentfalteten literarischen Kompetenz. In der Rezeptionskompetenz vereinigen sich die gesondert formulierten inhaltlichen und formalen Ziele. Ihre Anordnung von der Basis bis zur Spitze erfordert, um sie realisieren zu können, eine ihnen angemessene Auswahl von Texten verschiedener Textarten für den Literaturunterricht der Primarstufe.

Im Hinblick sowohl auf die inhaltlichen und formalen Globallernziele als auch auf den Bereich der fiktionalen Literatur sind die jungen Leser imstande, verschiedenartige Texte der Kinderlyrik zu rezipieren, gleichfalls Umweltgeschichten und Kinderbücher, weiterhin Märchen, Sagen, Schwänke und Fabeln sowie Comics und knappe szenische Gestaltungen.

Um die inhaltlichen Globalziele (vor allem die Intensivierung der Kritik- und Wertungsfähigkeit, ebenso den Bezug der Texte zum Leben der Schüler und umgekehrt) *zu verwirklichen, müssen die ausgewählten Texte nicht nur dem Verstehens- und Erfahrungshorizont der Heranwachsenden zugeordnet sein, sondern müssen sie zudem ihre Bedürfnisse und damit ihre affektiven, kognitiven und sozialen Interessen und Probleme betreffen. Das geschieht, wenn Texte sich auf Kommunikationsbereiche oder Situationsfelder der jungen Leser beziehen.* Als zentrale Bereiche sind zu nennen: Familie, Heranwachsende und ihre Alterspartner, Heranwachsende und Erwachsene, Kinder und Natur, Arbeitswelt, Freizeit, Erwachsene unter sich (in der Perspektive: Realitätskritische Öffentlichkeit) und letztlich: Kinder und Sprache – hier speziell gemeint als Spielen mit Sprache. Diese Bezirke können – in Abhebung von den gegenwärtig den Schülern vorgegebenen Kommunikationsbezügen als Situationsfelder bezeichnet werden, wenn die Bezüge den jungen Lesern durch Texte in räumlicher, zeitlicher oder verfremdeter Distanz vorliegen, z.B. Kinder in anderen Ländern, Elternverhalten in Märchen, Verhalten von Menschen in Sagen, problematisches Verhalten in Fabeldemonstrationen.

Die genannten Kommunikationsbereiche und Situationsfelder sind komplex. Sie erfordern in bezug auf die Texte, die ihnen zugeordnet werden können, sowie hinsichtlich der inhaltlichen Globalziele und der Bedürfnisse, Interessen, Probleme der Schüler eine Untergliederung. Sie wird durch thematisch konzipierte Textfolgen möglich, die sich auf Ausschnitte der Bereiche beziehen.

Die meist durch eine spezielle Problematik oder auch durch einen Sachverhalt bestimmten Sequenzen sind unter den vorgestellten Aspekten literaturdidaktisch bedeutsame curriculare Lerneinheiten und erstellen im Zusammenhang mit der problem- oder sachverhaltangemessenen Rezeption der jeweiligen Texte die spezifischen inhaltlichen Lernziele des Literaturunterrichts.

Daß die Textfolgen hinsichtlich ihrer Themen und der sie bedingenden Kommunikationsbereiche für die einzelnen Schuljahre – dem sich intensivierenden Verstehen und Interesse entsprechend – unterschiedlich konzipiert werden sollten, ist didaktisch zwingend. Ebenso ist es erforderlich, daß die Texte einer Sequenz in ihrer Abfolge die Ausweitung oder Abstufung eines Problems bzw. Sachverhalts aufweisen. Damit und auch durch den Vergleich der Textaussagen werden die aufgewiesenen Sachverhalte und Probleme von den jungen Lesern differenziert durchdacht und bewertet. Zudem wird ihnen ermöglicht, und zwar durch den Bezug ihrer Erkenntnisse und Stellungnahmen auf die eigene Lebenssituation, daß sie ihre Kommunikations- und Interessenbereiche durchgliedernd, erweiternd und kritisch aufschließen.[1]

Die zwei oder auch mehrere Texte umfassenden Sequenzen können aus erzählenden, lyrischen, expositorischen Texten einer Gattung bzw. einer Kategorie bestehen oder aus verschiedenen Gattungen bzw. Untergruppen. Gleichfalls ist die Zusammenstellung epischer und lyrischer oder lyrischer und kurzer szenischer Texte möglich sowie auch die Zusammenstellung fiktionaler und expositorischer Texte.

Um die formalen Lernziele zu realisieren (Erkennen der Funktion einer didaktisch bedeutsamen Textart und Erkennen ihrer wichtigen Merkmale sowie deren Funktionen), ist es angebracht, die thematisch konzipierten Sequenzen öfter aus Texten *einer* Erzählform, *einer* lyrischen Kategorie oder *einer* expositorischen Textart zu bilden. Dann können, über mehrere Texte verteilt, die textartkonstitutiven Merkmale und ihre Funktionen sukzessiv induktiv ermittelt werden sowie nach der Sequenzrezeption die Funktion der entsprechenden Erzählform, lyrischen Kategorie oder expositorischen Textart.

Ein unter den vorgeführten Perspektiven konzipiertes Literaturangebot ist schülerorientiert und motiviert Heranwachsende und Lehrpersonen zu einem gleichfalls notwendig schülerorientierten Umgang mit Texten. Er verwirklicht sich – sachlogisch und zugleich lernpsychologisch strukturiert – in vier Phasen (Dies ist der „Normalfall", es gibt selbstverständlich auch andere wichtige Formen des Textumgangs, ebenso die Möglichkeit ihrer Kombination). In der entscheidenden Primärrezeption z.B. eines Naturgedichts, eines Schwanks nehmen die Leser / Hörer den Inhalt auf und verbinden hiermit ein fortschreitendes und überprüfendes auch emotional akzentuiertes Verstehen der Teilgehalte bis möglichst zum Verstehen des Grundgehalts auf der Erlebnis- / Empfindungs- bzw. Geschehnisebene des Textes oder auch seiner Intention (als dessen generalisierter Grundgehalt). Zugleich werden im Verstehensprozeß die Gehaltaspekte mehr oder weniger kritisch beurteilt und u.U. nach dem Verstehensvorgang ebenso der ermittelte Grundgehalt und die erschlossene Intention. In den Spontanäußerungen der Schüler/innen nach der wie auch immer erfolgten Textübermittlung kommen Ergebnisse des Verstehens zur Sprache und auch Verstehensschwierigkeiten sowie Stellungnahmen und damit insgesamt „Interpretationsansätze". Erst aufgrund und im Bezug zu den unmittelbaren und provozierten Spontanäußerungen, die ausschnitthaft die Primärrezeption artikulieren, ist die zweite Phase, die Sekundarrezeption, sinnvoll und effektiv.

In ihr wird der Text – unterstützt durch den Lehrenden, und u.U. durch Hinzunahme textexterner Informationen – in der Klassengruppe ausfaltend, differenzierend und auch einschränkend im Vergleich zur individuellen und „werkimmanenten" Primärrezeption seinen Gehaltaspekten adäquat interpretiert, d.h. unter Einbezug des Grundgehalts und – wenn möglich – der Intentionsermittlung.

(Werden z.B. fiktionale Texte in Individual-, Partner- oder

Guppenarbeit erschlossen, z. B. durch Vorlage von Leitfragen / Aufforderungen, erfolgt die Sekundärrezeption vornehmlich lehrerzentriert aufgrund der Fragen bzw. Aufforderungen und nicht schülerorientiert, wie dies jedoch der Fall ist, wenn die zweite Phase sich aufgrund und im Bezug zu den Spontanäußerungen volllzieht.)

Begründete Stellungnahmen der Kinder in der Sekundärrezeption leiten schon die dritte Phase ein: die Aneignung, die wie die erste Phase literaturdidaktisch eminent bedeutsam ist. In ihr wird der Text auf die Lebenssituation, die Bedürfnisse, die Werteinstellungen der Heranwachsenden bezogen und wird jeweils partiell die mögliche positive (aber auch negative) Wirkweise von Literatur durch den Rezipienten realisierbar.

(Hier Aufweis von Situationen aus dem Leben der Schüler, die z. B. den Grundgehalt bestätigen, als falsch herausstellen oder relativieren.)

Motivierender für Kinder ist oft und auch interpretationsangemessener, wenn Texte nicht forlaufend hinsichtlich der drei aufgewiesenen Phasen erschlossen werden, sondern indem die Geschehnisse, Episoden, Sinneinheiten eines Textes – u. U. erst nach antizipatorischem Vorentwurf – jeweils nacheinander übermittelt, erarbeitet und auf die Realität der Mädchen und Jungen bezogen werden.

Die Phase der Aneignung erfährt in der folgenden – der Anwendung – ihre Verstärkung, und zwar durch ein komplex mögliches Sprachhandeln nach der Rezeption eines Textes.[2]

Wie die Praxis beweist, sind schon Schüler der Primarstufe fähig, durch aufeinander bezogene Spontanäußerungen nicht schwierig verstehbare Gedichte, erzählende und szenische Texte, ihren Gehaltsaspekten angémessen, zu erschließen – auch in kritischer Perspektive.

(In der Sekundärrezeption können dann die Teilgehalte noch einmal in ihrer Abfolge genannt werden, vor allem dann, wenn sie – aus welchem Grund auch immer – an der Tafel oder durch den OP festgehalten werden sollen. Den Grundgehalt sollte man zumindest bei epischen Texten herausstellen und schriftlich fixieren.)

Diese Erschließungsweise müßte öfter angewandt werden. Sie vermittelt den Kindern stets Erfolgserfahrung, weil sie einen Text selbständig rezipieren. Zudem durchbricht dieser Umgang mit Literatur den vorwiegend im Literaturunterricht praktizierten Rezeptionsgang und entspricht mehr dem Lesen außerschulischer Lektüre. Geradezu prädestiniert hierfür sind Texte mit regenerativer und kompensatorischer Wirkmöglichkeit (Schwänke, humorvolle Umweltgeschichten und Gedichte, Märchen). Daß auch Texte den Schülern zum Vergnügen, zur Abwechslung, zur Entspannung und ebenso als Anreiz zur Lektüre von Kinder- und Jugendbüchern dargeboten werden ohne eine nachfolgende Erschließung, müßte selbstverständlich sein. Erzählungen und Gedichte aus geplanten Sequenzen sollten hierfür – z.B. speziell situationsbedingt – nicht ausgeschlossen werden.

Ein schülerorientierter Literaturunterricht, der (1.) lernzielbestimmt, (2.) auf Kommunikationsbereiche und Situationsfelder bezogen sowie (3.) vorherrschend thematisch konzipiert ist und (4.) die vierphasige oder eine andersartige textangemessene Strukturierung der Rezeption zu verwirklichen sucht, *erfordert aufgrund dieser Komponenten für den Aufschluß fiktionaler Gestaltungen nicht nur die traditionelle sogenannte heuristische Leseweise*, d.h. die Verbindung von informativem und verstehendem Lesen. *Ausschlaggebend für die Legitimität und Wirkmöglichkeiten des Literaturunterrichts schon in der Primarstufe ist* – mit wechselnder Akzentuierung und Intensität – (5.) *ein Syndrom literaturdidaktisch notwendiger Leseweisen / Leserollen.*

Auf der Basis der heuristischen Lesehaltung muß Heranwachsenden zugleich eine personale Leseweise zugestanden werden, d.h. eine emotional und auf Identifikation ausgerichtete Rezeption. Beide Lesehaltungen ergänzen die Schüler, weil thematisch konzipierte Textfolgen sie dazu anregen, meist spontan (zumindest in den Phasen oder den Phasenteilen der sekundären Rezeption und der Aneignung) durch die kritische bzw. wertende Leseweise und – hiermit verbunden – durch die regulative Leseweise. D.h.: der Erschließungsprozeß erfolgt zugleich unter der Perspektive kritischer und wertender Haltung gegenüber den Teilgehalten, dem Grundgehalt und der Intention von Texten sowie in der Perspektive der Wertorientierung. Auch die sprachliche Textgestaltung sollten die Heranwachsenden öfter argumentierend beurteilen. Realisieren sich die beiden letztgenannten Leseweisen nicht komplementär zu und integrativ mit der heuristischen und personalen Lesehaltung, sind sie einzuüben.[3]

Werden die angeführten Faktoren eines schülerorientierten Literaturunterrichts berücksichtigt und zu verwirklichen angestrebt, motivieren die Rezeptionsprozesse die Kinder für den Umgang mit Literatur, weil sie hierbei ihre Bedürfnisse, Interessen und Probleme miteinbeziehen können. In gleicher Weise motivieren und provozieren rezipierte Texte die Mädchen und Jungen für eigene mündliche, schriftliche und szenisch gestaltende Produktionen, vor allem für kreativ akzentuierte.

Anmerkungen

[1] In diesem Zusammenhang sei exemplarisch hingewiesen auf: Spinner, Kaspar H.: Umgang mit Lyrik in der Sekundarstufe I, Baltmannsweiler 1984, S. 3–5 und

Karst, Th.: Realistische Kindergeschichten als thematische Textfolgen im Unterricht der Primarstufe, in: Karst (Hrsg.): Kinder- und Jugendliteratur im Unterricht, Bd. 1: Primarstufe, Bad Heilbrunn 1978, S. 51–65. Die Aussagen simplifizieren die Begründung und Bedeutung der Textsequenzen, auch wenn sie auf die Umweltgeschichte – synonym als Kindergeschichte bezeichnet – eingeschränkt sind. Vgl. speziell S. 52f. Zur generellen Kritik an Textfolgen im Literaturunterricht vgl.: Kügler,

H.: Die funktionalisierte Literatur – Der funktionierende Leser, in: Baumgärtner, A.C., Dahrendorf, M. (Hrsg.): Zurück zum Literaturunterricht? Braunschweig 1977, S. 112 und Kreft, J.: Grundprobleme der Literaturdidaktik, Heidelberg 1977 (^{2}1982), S. 322ff., 368.
Die Darlegungen verengen die Texten und Schülern angemessene literaturdidaktische Perspektive. Auch in bezug auf Sequenzen – und intendierte Lernziele – ist es möglich bzw. notwendig, die einzelnen Texte ihren Aussagemöglichkeiten adäquat zu rezipieren sowie gleichfalls den Kindern den Rezeptions-Freiraum zu gewähren, wie ihn die literarische Kommunikation jeweils beanspruchen kann.

[2]   Vgl. zu den Phasen auch: Kreft, J.: Grundprobleme der Literaturdidaktik, Heidelberg 1977 (^{2}1982), S. 379–386.

[3]   Zu den genannten Leseweisen bzw. zu einer Typologie von Leseweisen vgl. Nündel, E., Schlotthaus, W.: Angenommen: Agamemnon. Wie Lehrer mit Texten umgehen, München / Wien / Baltimore 1978, S. 72f., weiterhin auch S. 114, 187, 190 und in umfassenderer Perspektive: Baurmann, J. u.a.: Textrezeption und Schule. Grundlagen – Befunde – Unterrichtsmodelle, Stuttgart 1980, S. 23–57, vor allem S. 43–57.

VIII. Themen für Textsequenzen – bezogen auf Kommunikationsbereiche, Situationsfelder und Kategorien der Kinderlyrik

Zunächst nochmals eine Erläuterung: Kommunikationsbereiche werden als Situationsfelder bezeichnet, wenn in Texten diese Bereiche den Mädchen und Jungen in räumlicher, zeitlicher oder verfremdeter Distanz vorgewiesen werden (z.b. in Vers- und Prosafabeln, Sagen, Schwänken sowie in Umweltgeschichten, deren Ereignisse sich in Ländern abspielen, die den Heranwachsenden unbekannt sind).

Die Präsentation von Sequenzthemen ergibt sich – wie schon gesagt – aus der Unterteilung der komplexen Kommunikationsbereiche, in denen Kinder im Primarstufenalter leben. Den Themen können alle für die Schüler / innen wichtigen expositorischen und fiktionalen Textarten zugerechnet werden, speziell in dem hier angezielten Rahmen die Kategorien der Kinderlyrik. Folgende Möglichkeiten der Sequenzbildung in bezug auf Kinderlyrik bieten sich an:

– Textfolgen nur aus lyrischen Einheiten. Diese sind besonders effektiv, wenn ein konstitutives Merkmal der Gattung Lyrik – u.U. mehrfach differenziert – induktiv ermittelt, eingeprägt und für eigenes sprachliches Handeln verwendet werden soll (z.B. Reimarten). Sie sind gleichfalls bedeutsam, wenn Themen und Gedichte in besonderem Maße miteinander korrespondieren (z.B. Texte zum Thema Kinder und Tiere). Die erste und die zweite Variante können selbstverständlich auch integriert werden.

– Eine weitere, häufig praktizierte Möglichkeit besteht darin, thematisch bestimmten Sequenzen einer Erzählart ein Gedicht beizuordnen, als Eingangs-, Binnen- oder Abschlußtext (u.a. zur Thematik Kinder unter sich).

– Daß auch mehrere lyrische Einheiten einer solchen Sequenz

einbezogen werden können, liegt auf der Hand (zu dem genannten Thema z. B. Neckverse).

Die gleichen Zuordnungsvarianten sind anwendbar:

– auf thematisch bestimmte Sequenzen expositorischer Textarten (so zum Thema Kinder und Werbung) sowie – zwar selten
– auf thematisch bestimmte Sequenzen szenischer Texte bzw.
auf die Zuordnung eines szenischen Spiels und eines Gedichtes
oder auch mehrerer Gedichte (u. a. zur Thematik Fastnacht).

Nun zu den Themen für Textfolgen, die in bezug auf Inhalte
und Gehalte von Kinderlyrik bedeutsam und auf Kommunikationsbereiche und Situationsfelder der Primarstufenschüler bezogen sind.

1. Kommunikationsbereich Familie

Die Familie ist auch für die Kinder während der Grundschulzeit noch der zentrale Lebensbereich. Sie wird in ihrer Lebensweise geprägt durch die Rollen, die ihre Mitglieder – soziokul-
turell und personal vermittelt – im Bezug zueinander ausüben.
Die entwicklungspsychologisch und soziologisch erwiesene Bedeutung der Familie für den dialektischen Prozeß von Sociali-
sation und Personalisation / Individuation findet hinsichtlich
der verschiedenartig konzipierten Lesebuchreihen für die Primarstufe sowie gleichfalls in Anthologien der Kinderlyrik und
in Sammelwerken von Kinderliteratur ihre Entsprechung in einer großen Zahl lyrischer Einheiten, die den Kommunikationsbereich Familie thematisieren.

Die Berufstätigkeit der Eltern als wichtiger Sektor dieses Bereichs wird in der Kinderlyrik weitgehend ausgespart, so daß
die Thematik *Eltern im Beruf* für Sequenzen lyrischer Texte,
speziell bedeutsam in 3., 4. Schuljahren, ausfällt. Sporadisch
auffindbare Gedichte können lediglich Folgen von Umwelt- /
Kindergeschichten einbezogen werden.

Das gleiche gilt, wenn auch eingeschränkter, ebenso für das Thema *Kinder in der Schule*. Jedoch ist es möglich, ihm die Untergruppe „Lieder zu Spielen und Tänzen" der Gebrauchsversen zuzuordnen.

Außerdem: Warum sollten nicht Rätsel – als Sprachspiele auf semantischer Ebene – dem Thema einbeziehbar sein?

Mit Nachdruck sei betont, daß die Rolle der Kinder als Schüler / innen eine Berufsrolle ist, und zwar eine äußerst in- und extensive.

Ein weiteres Segment des Kommunikationsbereiches Familie repräsentiert ihre Mitglieder in den Rollen, die sie in bezug auf den Haushalt auszuführen haben. In ihm haben Vater, Mutter, Kind(er) als Gruppe gemeinsamen Wirtschaftens und damit gegenseitiger – an sich selbstverständlicher – Hilfe die Rollen des „Haushaltsvorstandes", der Haushaltsleiterin und der Haushaltshilfe zu übernehmen. Beobachten, Lernen, Helfen der Heranwachsenden in der Haushaltsgemeinschaft sind unerläßlich für die Eingewöhnung in Lebenspraxis und soziale Regelungen.

Relativ wenige Gedichte lassen sich finden zu der bedeutsamen Thematik *Für die Familie arbeiten alle (die zu ihr gehören)*. In lyrischen Sequenzen bzw. in Textfolgen, zusammengestellt aus erlebnis- und reflexionsakzentuierten Gedichten sowie aus Umweltgeschichten, sollten vor allem Heranwachsenden 2. und 3. Schuljahre Texte angeboten werden, in denen sich sowohl positive als auch negative Verhaltensweisen der Kernfamilienpartner artikulieren. Außerdem sind traditionelle klischeehafte Rollenvorstellungen hinsichtlich der Väter und Mütter, aber auch hinsichtlich der Töchter und Söhne als Mädchen und Jungen kritisch zu hinterfragen.

Zentral für das Erschließen des Kommunikationsbereichs Familie ist der Aufweis des wechselseitigen seelischen und geistigen und damit pragmatischen Verhaltens zwischen Eltern und Kindern.

Für 2. und 3. Schuljahre eignen sich vor allem lyrische Texte – ob ausschließlich oder in Verbindung mit Umweltgeschichten –, welche die spontane Zuneigung der Eltern, ihr Besorgtsein und ihre Fürsorge darstellen. Themen hierfür könnten lauten *Eltern sorgen sich um ihre Kinder, Eltern lieben ihre Kinder (und helfen ihnen)*. Sowohl sogenannte Kinderstubenreime der Kategorie Gebrauchsverse (z. B. Tanzliedchen, Kniereiterreime) als auch Gedichte der Erlebnis- und Reflexionslyrik kommen hierfür in Frage. In 3. und vor allem in 4. Klassen sind lyrische Texte zentral bedeutsam, in denen die Autoritätshandhabe von Eltern ihren Kindern gegenüber artikuliert wird und die Reaktion der Heranwachsenden hierauf.

Weil Kinder potentiell gleichberechtigte Partner der Eltern sind, ist nur eine dominant demokratische Autoritätsbeziehung ihnen gegenüber angemessen. Ihre Merkmale sind aus modernen Kindergedichten der Kategorien Erlebnis- und Reflexionslyrik sowie aus Umweltgeschichten zu ermitteln – und im Schulalltag zu praktizieren (Grundrechte, Kontrollrechte von Heranwachsenden analog zu den gleichen Rechten einer pluralistischen Gesellschaft in demokratischen Verfassungen).

Als Thema für 3. und 4. Schuljahre bietet sich an *Eltern und Kinder*, pointierter fixiert *Probleme zwischen Eltern und Kindern*.

Gleichfalls sollten Merkmale einer abzulehnenden sogenannten patriarchalischen Autoritätshandhabe und Reaktionen darauf erschlossen werden. Auch diese Merkmale manifestieren sich in erlebnisaktzentuierten und neueren reflexionsanregenden Kindergedichten sowie teilweise in Spott- und Trotzversen der Gebrauchsreime und brutal, ja kriminell in Eingangssituationen vieler Märchen (Rumpelstilzchen, Frau Holle, Tischchen deck dich, Hänsel und Gretel). Themen für solche Sequenzen könnten gleichlautend wie die oben genannten sein. Didaktisch effektiv ist es, Texte, die beide Autoritätshaltungen repräsentieren, unter dem Aspekt der Kontrastierung in einer Sequenz zu vereinigen.

Es ist zu fragen, heutzutage mehr denn je, ob nicht auch lyrische und/oder erzählende Texte im Literaturunterricht berechtigt sind, die ungerechtfertigtes Verhalten oder überzogene Kritik von Kindern gegenüber ihren Eltern aufdecken. Als weitere Frage wäre anzuschließen, ob in diesem Zusammenhang Spottverse auf Eltern vorgelegt werden sollten, wie sie Borneman und Rühmkorf ermittelten.

Dem Kommunikationsbereich Familie kann man vorherrschend auch die Freizeitrolle der Kinder zurechnen, andererseits ist sie selbstverständlich ebenso dem Kommunikationsfeld Kinder und ihre Alterspartner zuzuordnen. Aber z.B.: Wochenendfreizeit, Ferien / Urlaub und Feste im kalendarischen Jahresablauf finden weitgehend mit und in der Familie statt. Für alle Schuljahre ist das Thema *Ferien* sehr interessant und motivierend, wenn die aus Umweltgeschichten und Gedichten konzipierten Sequenzen lustige Erlebnisse, aber auch berechtigt kritische Gedanken, Sichtweisen vor- und offenlegen (z.B. Hektik, Übermüdung, Kontaktschwierigkeiten, Aggressionen, Langeweile).

Festtage akzentuieren den Jahresablauf: Namens- und/oder Geburtstage, Klassen- und Schulfest(e), Ostern, Kirmes, Martins- und Nikolaustag, Weihnachten, Silvester / Neujahr. Für fast alle Feste hält die Kinderlyrik humorvolle und besinnliche Gedichte und Lieder – auch z.T. in Lesebüchern – bereit. Je nach Motivation und Geschmack der Lehrperson oder auch aufgrund von Wünschen der Jungen und Mädchen könnten lyrische Textfolgen zu einzelnen Festen zusammengestellt und „locker" angegangen werden. D.h.: im Sinne von Freizeit und Freizeitrolle sollten Gedichte, Lieder und Spiele nicht unter Rezeptions- und Lerndruck in bezug auf lyrische Formalia stehen. Hier müssen Freude, Spontaneität das Lesen und Vortragen, Singen und Spielen bestimmen. Dasselbe sollte auch für das Thema *Ferien* gelten (und vor allem ausschließen ein vorangehendes bzw. nachfolgendes „Ausschlachten" des Themas für Aufsätze).

Hinsichtlich einiger Festtage und der gleichnamigen Themen –
z. B. Martin, Nikolaus, Weihnachten – ist es gleichfalls didaktisch begründbar, Sequenzen aus Gedichten, Liedern, Legen-
den usw. zu bilden. Dies bietet sich vor allem an als Vorberei-
tung für eine in Projektarbeit zu gestaltende Feier. Abschließend sei noch angemerkt, daß im Hinblick auf Feste den Schülern aus dem großen Fundus der Brauchtumslieder und -ge-
dichte (als Unterart der Gebrauchsverse) Texte und Lieder vorgelegt, vorgetragen werden können.

2. Kommunikationsbereich Kinder und ihre Alterspartner

Der zweite zentrale Kommunikationsbereich, in dem Grundschulkinder leben, ist der, den sie als Alterspartner bilden. Er
gewinnt mit zunehmendem Alter an Bedeutung und ist darin,
bezogen auf die Personalisations- und Sozialisationsprozesse,
dem Kommunikationsfeld Familie vergleichbar.

Der Bereich Kinder und ihre Alterspartner kann segmentiert
werden aufgrund der Rollen, die Mädchen und Jungen als Ge-
schwisterpartner und als Spiel- bzw. Gruppenpartner anderer
Kinder beständig zu verwirklichen haben.

Die Verhaltensweisen von Geschwistern zueinander lassen sich
differenzieren in Hilfe, Verantwortungsbewußtsein, Zuneigung – und deren Gegensätze – älterer Geschwister für ihre
jüngeren. Lyrische Texte für 2., 3. Klassen zu dem Thema *Kinder und ihre jüngeren Geschwister* sind kaum aufzufinden.
Dasselbe gilt für die in 3., 4. Schuljahren wichtige Problematik
der notwendigen Selbstbehauptung von Geschwistern untereinander im Sinne eines als „demokratisch" zu bezeichnenden
Verhaltens (Negativbeispiele offerieren Spottverse, z.T. als
Zoten, in den Sammlungen von Rühmkorf und Borneman).
Dem entspräche als Sequenzthema *Probleme zwischen Geschwistern*. Für das erste Thema müßten primär Umweltgeschichten herangezogen werden und für das zweite ebenfalls

und/oder Märchen (z.B. Brüderchen und Schwesterchen, Die sieben Raben, Die drei Federn).

Alle Anthologien der Kinderlyrik, alle Sammlungen mit Kindergedichten und also sämtliche Lesebuchreihen für die Primarstufe präsentieren Texte für das Teilfeld Heranwachsende als Spiel- und Gruppenpartner des Kommunikationsbereichs Kinder und ihre Alterspartner. In 2. bis 4. Schuljahren rezipieren Mädchen und Jungen engagiert und kritisch lyrische und erzählende Texte, die – ihren eigenen Situationen analog – Spiel und Wettstreit als gemeinsames Tun fiktiver Kindergestalten mit mehr oder weniger Einbezug von Problematik vorstellen. Das entsprechende Thema zumindest einer Sequenz in jedem Schuljahr könnte lauten *Kinder unter sich.*

Mit dem gehaltlichen Spektrum von Umweltgeschichten können lyrische Texte nicht konkurrieren. In den Erzählungen reicht es von dem Vorweis phantasievoller Einfälle bis zu entscheidenden, oft durch Auseinandersetzungen vollzogenen Lernprozessen: der Anerkennung von Ausländerkindern, der Kooperationsfähigkeit sowie des Verantwortungs- und Solidaritätsbewußtseins von Freundschaftspartnern und Spielgruppenmitgliedern. Aufgrund dieser Perspektive müßten Sequenzen gebildet werden aus lyrischen Texten und Umweltgeschichten (Diese nennt man auch Kinderkurzgeschichten, wenn sie wie z.T. die Kurzgeschichten der Erwachsenenliteratur einen offenen Schluß haben. Gerade in bezug auf die Thematik Kinder unter sich gibt es seit längerer Zeit solche Texte). Sowohl Gedichte der Erlebnis- als auch der Reflexionslyrik können den Sequenzen zugeordnet werden, sporadisch ebenso Piktogramme als Sprachspiele auf graphischer Ebene (z.B. von Hans Manz).

Andererseits aber ist es möglich, diesem Thema eine Reihe Unterarten der Kategorie Gebrauchsverse zuzuordnen, so die Abzähl- und (Namen-) Neckreime, die Album- (=Poesiealbum-)

Verse sowie die Lieder zu Spielen und Tänzen (Die vier letzteren wären auch, wie schon angemerkt wurde, der Thematik Kinder in der Schule einbeziehbar).

Die komplexe Außenseiterproblematik als Sonderfall des Themas wird in der Kinderlyrik dürftig, in den Umweltgeschichten der Lesebuchreihen jedoch differenziert artikuliert. Diese für die Primarstufenschüler besonders durch die Ausländerkinder höchst bedeutsame Problematik müßte in allen Schuljahren auch unter Einbezug lyrischer Texte angemessen aufgearbeitet werden, so unter dem Thema *Kinder, die es schwer haben* oder *Vorurteile gegen Kinder*. Die heutzutage für 3., 4. Klassen ebenfalls wichtige Thematik *Kinder in anderen Ländern (leben anders)*, bezogen auf das gleichlautend formulierbare Situationsfeld, ist ein Defizit, Desiderat in der Kinderlyrik und, wenn auch eingeschränkter, in den Kindergeschichten der Lesebücher.

3. Kommunikationsbereich Kinder und Erwachsene

Der soeben betonte Mangel gilt fast in gleichem Ausmaß für den Kommunikationsbereich Kinder und Erwachsene (ohne Eltern gemeint). Mögliche kontrastive Themen für 3., 4. Schuljahre sind *Unüberlegtes Benehmen von Kindern und Erwachsenen zueinander* bzw. *Kinder und Erwachsene verstehen sich*. Sowohl Gedichte der Erlebnis- als auch der Reflexionslyrik haben Bezug zu den Themen. Weiterhin ist es möglich, ihnen, und zwar sequenzfüllend, alte und neuere Handwerkerneckreime und Spottverse auf Berufsträger generell beizufügen. Begründeter allerdings würden diese Gebrauchsverse Themen des Kommunikationsbereichs Arbeitswelt einbezogen werden.

4. Kommunikationsbereich Kinder und Natur

Er ist schon für die Heranwachsenden ein wichtiger und zudem umfassender Lebenssektor. Deshalb sollte man ihn unterteilen in:

– Kinder und Tiere
– Kinder und Natur im Tages- und Jahresablauf.

Die elementare Beziehung Heranwachsender zu Tieren ist literaturdidaktisch unter zwei Aspekten bedeutsam: einerseits
Pflege der Tiere sowie Mitleid, Hilfe und Schutz ihnen gegenüber, andererseits das Kennenlernen von Verhaltensweisen der
Tiere zueinander in fiktionaler Darstellung. Die entsprechenden Themen sind wie folgt formulierbar: *Kinder und Tiere* und
Die Lebensweise von Tieren.

Zur erstgenannten Thematik bietet die moderne Kinderlyrik
Texte im Rahmen der Reflexionslyrik an, die aus der Perspektive des Umweltschutzes speziell auf die Gefährdung von Tieren
und damit auf Schutzmaßnahmen für sie hinweisen. Neben diesen realitätskritischen Texten, besonders geeignet für 3., 4.
Klassen, gibt es in der neueren, mehr noch in der älteren Kinderlyrik vor 1970 eine sehr große Anzahl meist humorvoller
Tiergedichte für die gesamte Primarstufe, die zur Kategorie
Erlebnis- oder Stimmungslyrik zählen (Als Exponent ist Josef
Guggenmos zu nennen). Diese Texte könnten in Sequenzen
dem Thema *Lustige Tiere* zugeordnet werden.

Die Thematik *Die Lebensweise von Tieren* wird in der Kinderlyrik verständlicherweise fast völlig im buchstäblichen Sinne als
zu prosaisch ausgespart.

Kontrastiv jedoch zu Gedichten – auch Umweltgeschichten –
hinsichtlich des Themas *Kinder und Tiere* sollten in 3. Schuljahren leicht verständliche Versfabeln rezipiert werden zu dem
Thema *Unüberlegtes Handeln.* Es kann speziell auf Prosa- und
Versfabeln bezogen werden, die eine Lebensweisheit propagie-
ren. Sozialkritisch akzentuierte Versfabeln zu dem Thema *Gefährliche Situationen* wären eine kontrastierende Möglichkeit
für 4. Klassen.

Die Versfabeln – ein Segment der Kategorie Geschehnislyrik –
spiegeln in den Verhaltensweisen der Tierfiguren zeitlos aktuell

menschliches Verhalten und damit teilweise auch Wollen, Denken und Handeln von Heranwachsenden. Unter diesem Aspekt und in bezug auf die eben genannten Themen *Unüberlegtes Handeln* und *Gefährliche Situationen* könnten Sequenzen von Versfabeln in 3. und 4. Klassen gleichfalls dem Kommunikationsbereich Kinder und ihre Alterspartner kontrastiv zugeordnet werden. Diese Themen wären in Analogie zu sehen zu der Thematik Kinder unter sich.

Dem anderen Teilfeld Kinder und Natur im Tages- und Jahresablauf zum Kommunikationsbereich Kinder und Natur wären in allen Schuljahren zwei umfangreiche Themen einzugliedern:

Tag und Nacht sowie *Jahreszeiten* bzw. *Durch das Jahr.*

Den Themen sind viele erlebnisbetonte Texte innerhalb der Kinderlyrik zuzuordnen. Für diese Naturgedichte im engeren Sinne – teilweise von hoher lyrischer Qualität – sind vor allem Jungen oft nur durch besondere Motivationen zu gewinnen. Aber allein die zu fördernde Sensibilisierung für die Schönheit, lebensvolle Kraft und Erscheinungsfülle der Natur rechtfertigen Texte hinsichtlich aller Primarstufenklassen.

Um das Interesse zu steigern, bietet es sich an, Sequenzen aus erlebnisbezogenen, stimmungshaften *und* reflektierenden Gedichten zusammenzustellen. Letztere thematisieren u. a. Waldsterben, Gewässer- und Luftverunreinigung.

Wiederum gleichsam als Kontrast- oder als Ergänzungsprogramm können hochmotivierende Anschlußsequenzen lyrischer Einheiten zu den oben genannten Themen folgen. Dies ist möglich durch Sprachspiele auf semantischer Ebene (s. V.5.3), und zwar als:

– Spiel mit der Bedeutung homonymer Wörter und Metaphern
– Spiel mit sprachlicher Umschreibung = Rätsel
zudem vor allem als
– Spiel mit der Realität, d. h. Verkehrte-Welt- und Lügengedichte sowie durch
– Nonsens- oder Phantasiegedichte.

Voraussetzung ist lediglich, daß sich die Sprachspiele auf Naturobjekte beziehen.

Außerdem: warum sollten Sequenzen zu den beiden Themen *Tag und Nacht* bzw. *Durch das Jahr* nicht zusammengestellt werden aus erlebniszentrierten Gedichten und Sprachspielen oder reflexionsakzentuierten Texten und Sprachspielen?

Letzthin wäre ein emotional bestimmtes Sonderthema zum Kommunikationsbereich Kinder und Natur sehr wichtig: Angst. Viele Kinder hatten und haben Angst vor Tieren, vor der Dunkelheit und bei Gewittern. Erfahrungen und negative Gefühle werden durch entsprechende Texte aktualisiert und u. U. in Unterrichtsgesprächen angstabbauend bearbeitet.

Das gleiche Sonderthema hat auch analoge Bedeutung und vielleicht Wirksamkeit hinsichtlich des Kommunikationsbereichs Familie, in jedem Fall aber in bezug zum Kommunikationsbereich Kinder und ihre Alterspartner. In vielen Situationen haben Kinder Angst vor ihren Eltern, Spielpartnern und Mitschülern – auch vor Lehrpersonen und anderen Erwachsenen.

5. Kommunikationsbereich Arbeitswelt

Ein ebenso schon für die Schüler der Primarstufe bedeutsamer und komplexer, differenzierter Lebensausschnitt ist der Kommunikationsbereich Arbeitswelt. Erst die Lesebuchkonzeptionen und gleichfalls die Kinderlyrik seit den siebziger Jahren berücksichtigen diesen zentralen Aspekt der Lebenswirklichkeit intensiver. Wichtig ist, den Mädchen und Jungen Strukturierung und Funktion der Arbeitswelt an typischen und damit wichtigen Berufen der heutigen Gesellschaft vorzuweisen, und zwar möglichst durch dargestellte Arbeits- / Produktionsphasen. Das übergeordnete Thema hinsichtlich aller Schuljahre könnte heißen *Die Menschen arbeiten für sich und immer auch für andere*. Unterthemen für mehr oder weniger umfangreiche

Sequenzen ergeben sich aufgrund der Sektoren der Berufswelt; ihre Abfolge wird mitbestimmt durch den sich erweiternden Erfahrungshorizont der Heranwachsenden.

Eine Reihe von Unterthemen bietet sich unter dem gerade genannten Aspekt an. Sequenzen von Umweltgeschichten können aber nur sporadisch – wegen ihrer geringen Anzahl – erlebnishafte und reflektierende Gedichte einbezogen werden.

Die Thematik *Geschäfte* eignet sich schon für 2. Klassen, das Thema *Handwerke* ebenso, es ist jedoch auch für die folgenden Schuljahre bedeutsam.

In 3. und 4. Klassen sollten hinsichtlich der Kategorie Gebrauchsverse Handwerkerneckreime und Spottverse auf Berufsträger den Unterricht auflockern. Die humorvolle oder satirische Perspektive, oft auch grotesk überspitzt, bereitet den Kindern Spaß und motiviert sie zu eigener Sprachtätigkeit. Zudem ist es eine Aufgabe des Literaturunterrichts auf allen Schulstufen, folkloristische (= anonym tradierte) Literatur – ob alte, ob neuere – den Heranwachsenden zu übermitteln.

Weitere Unterthemen vorherrschend für 3., 4. Klassen wären: *Dienstleistungen, Verkehr, Land- und Forstwirtschaft*, speziell vor allem *Industrie* und *Verwaltung*.

Dem Kommunikationsbereich Arbeitswelt und ebenso dem gegenpoligen Kommunikationsfeld Freizeit sind die Medien zuzuordnen. Es ist eine Frage der Perspektive oder Aspektgewichtung, ob man literaturdidaktisch den Sektor Freizeit den Kommunikationsbereichen Kinder und ihre Alterspartner bzw. Familie integriert sieht, oder ob dieser Komplex als ein selbständiger zu betrachten ist. Ist der letztere Aspekt ausschlaggebend, müßte der Bereich Freizeit durch themenbestimmte Sequenzen in allen Schuljahren aufgeschlossen, differenziert und problematisiert werden.

In jedem Fall aber ist es unerläßlich, wie es neuere Lesebuchreihen anbieten, den Schülern zumindest hinsichtlich eines Unterthemas *Medien*, bezogen auf den Kommunikationsbereich Arbeitswelt, in den 2. bis 4. Klassen jeweils grundlegende Einsichten über Medien zu vermitteln. Angesprochen sind Medien, mit denen es Kinder tagtäglich zu tun haben und mit denen sie angemessen umgehen lernen sollten. Hierfür bieten Texte und Illustrationen Anregungen.

Als Medien kämen in Frage: Fernsehen, Rundfunk, Kinderbuch, Zeitung, Comics, auch Schallplatte und Kassette.

Weiterhin ist es notwendig, daß die Werbung einiger Werbeträger in allen Schuljahren Unterrichtsgegenstand ist: Fernseh- und Rundfunkwerbung, Werbung in Illustrierten, Katalogen, Prospekten. Die Frage, welchem Kommunikationsbereich Werbung zugerechnet wird, ist zweitrangig. Hier sei es in dem vorgegebenen Rahmen der Arbeitswelt zugerechnet, und zwar unter dem Thema *Kinder und Werbung.*

In die entsprechenden Sequenzen von Werbetexten ließen sich abschließend Verseinheiten einbeziehen, die Werbung parodieren. Sie sind meist entweder Sprachspiele auf stilistischer Ebene (s. V.5.4) oder Spottverse auf Werbung, wie sie vor allem Borneman vorlegt.

Warum solche Texte zum Abschluß von Sequenzen und nicht zu Beginn?

6. Kommunikationsbereich Erwachsene unter sich – in der Perspektive: Realitätskritische Öffentlichkeit

Gleichfalls wie die beiden vorangehend skizzierten Kommunikationsbereiche ist auch dieses kommunikative Umfeld schon für die Mädchen und Jungen der Primarstufe ein höchst bedeutsames und wiederum ein äußerst komplexes und differenziertes. Es sei hier nur angemerkt: im Rahmen der fiktiven Literatur für den Literaturunterricht der Primarstufe sind ihm generell Fabeln, Schwänke, Sagen sowie viele Märchen zuzurechnen. Präziser hierfür wäre die Bezeichnung *Situationsfeld* Erwachsene unter sich (bzw. Realitätskritische Öffentlichkeit). Denn die Beziehung der fiktiven Erwachsenen-Gestalten und der anthropomorphisierten Tiere zueinander werden den jungen Lesern in räumlicher, zeitlicher oder verfremdeter Distanz dargeboten.

Im Gegensatz hierzu sind die lyrischen Texte, die diesen Wirklichkeitsbereich betreffen, unmittelbar dem Erfahrungs- und Bewußtseinshorizont der Heranwachsenden eingepaßt. Für uns alle hier und jetzt und zukünftig lebenswichtige und -entscheidende Probleme werden teilweise auch in der modernen Kinderlyrik kritisch angesprochen. Stichwortartig sind zu nennen:

- Umweltschutz
- Ausländerproblematik
- Rassendiskriminierung
- Hunger in der Welt / Kinder in Not
- Friedensbewegung
- Gesellschaftskritik allgemein

Für Themen können Sequenzen von Verseinheiten oder von lyrischen und erzählenden Texten zusammengestellt werden, z.B. Einbezug gesellschaftskritischer Schwänke, Fabeln oder Sagen. Gleichfalls eignen sich expositorische Texte, u.a. Zeitungsberichte über Chemie-Unfälle, Bildreportagen über Welthungerhilfe, über Greenpeace-Aktionen.

Für die genannten Probleme ist als generelles Thema vorschlagbar *Problematisches Verhalten von Menschen* oder knapper *Überall Probleme*. Die erste Formulierung ist abstrakt und einstellungsneutral, die zweite schon weniger. Treffender wären stellungnehmende Formulierungen, oder aber emotional pointierte, die Mißstände, Katastrophen, Fehlentwicklungen anzielen:

- *Falsches Verhalten von Menschen*

oder punktueller einzelne Probleme fixierend:

- *Ohne Umweltschutz keine Zukunft*
- *Ausländer sind Menschen wie wir*
- *Wir müssen hungernden Kindern helfen.*

Das letzte Thema signalisiert, daß Texte – durch ihre intentionalen Aussagen oder durch beigesteuerte Motivationen – zum Handeln anregen können und wollen. Zweckentsprechende Projekte wären die Folge.

Für die genannten oder weiter benennbaren Themen kommen mit Ausnahme der Gebrauchsverse alle Kategorien der Kinderlyrik in Frage, speziell realitätskritische Texte, die nach 1970 entstanden.

7. Kommunikationsbereich Kinder und Sprache – eingegrenzt auf Spielen mit Sprache

Das Spielbedürfnis der Kinder ist elementar und seine Befriedigung für ihre Personalisation und Sozialisation unabdingbar. Sprachspiele kommen in allen Schuljahren dem generellen Spieltrieb der Heranwachsenden entgegen und ebenso dem speziellen: der Lust zum Spiel mit dem Material Sprache. Außerdem entsprechen sie ihrer Vorliebe für Komik und der Freude an ihr.

Sprachspiele als Spiel betreffen Kinder primär in ihrer Individualrolle; Sprachspiele als z. T. realitäts- und sprachkritisches Aussagepotential zielen Heranwachsende in ihren Sozialrollen an. Wie die Darlegungen zu den Sequenzthemen erweisen, können ihnen Sprachspiele hinsichtlich aller genannten Sprachebenen einbezogen werden.

Literaturdidaktisch effektiver jedoch ist – besonders unter dem Aspekt der Motivation zu einem kreativ akzentuierten Sprachhandeln – der geplante Einsatz von Sprachspielen vorherrschend in eigenen Sequenzen. Ihre Themen werden generali-

sierend bestimmt durch die entsprechenden Sprachebenen, denen die Spiele zuzuordnen sind. Hier ihre Formulierungen,
welche die Schüler unmittelbar ansprechen sollen:

*Wir spielen mit der Schriftgestalt von Buchstaben, Wörtern,
Sätzen und Texten* = Sprachspiele auf graphischer Ebene,
Schwerpunkt ihres Einsatzes 3. und 4. Schuljahre.

Wir spielen mit Lauten und Klängen von Wörtern = Sprachspiele auf phonetischer Ebene, Schwerpunkt ihres Einsatzes 2.
und 3. Schuljahre.

*Wir spielen mit der Bedeutung von Wörtern – Wörter können
in Texten alles auf den Kopf stellen* = Sprachspiele auf semantischer Ebene (Verkehrte-Welt-Gedichte und Lügengedichte,
Nonsenstexte), Schwerpunkt im 3. und 4. Schuljahr.

*Wir spielen mit Texten (Gedichten, Liedern, Werbetexten),
Redensarten und Sprichwörtern* = Sprachspiele auf stilistischer Ebene, Schwerpunkt in 4. Schuljahren.

IX. Konstitutive Merkmale der Kinderlyrik und deren Funktionen als – zumindest teilweise – Lehr- und Lernziele für den Deutschunterricht in der Primarstufe

Die gewählte Abfolge der grundlegenden Merkmale der Kinderlyrik und ihrer (wichtigsten) Funktionen stellt ein Angebot, keine notwendige Reihenfolge von Lehr- und Lernzielen dar, deren induktives Erkennen für die Rezeption lyrischer Texte bedeutsam ist. Die Merkmale und ihre Funktionen sollten im Sinne eines Spiralcurriculums geplant werden, d. h. Wiederaufgreifen von Elementen in nachfolgenden Schuljahren unter intensivierender Perspektive.[1]

1. Rhythmus und Rhythmuswechsel

Der Rhythmus ist das grundlegende konstitutive Merkmal der Lyrik, mehr noch als Reim, Klang und optische Präsentation.

Rhythmus unterscheidet sich vom Metrum. Das Metrum bestimmt durch die meist regelmäßige Wiederkehr von betonten und unbetonten Silben oder einsilbigen Wörtern (= Hebungen / Akzente und Senkungen) das Grundmaß der Zeilen sehr vieler lyrischer Einheiten. Betont werden sinntragende Wörter. Das Metrum von Gedichten basiert auf den Varianten der Versfüße (Jambus, Trochäus usw.) und ihrer Anzahl je Zeile / Vers (zwei-, dreifüßig usw.).

Metrum und Rhythmus können überwiegend zusammenfallen, dann entsteht beim Sprechen / Vortrag der Texte leiernde Monotonie.

> Ich und du,
> Müllers Kuh,
> Müllers Esel
> das bist du.

Bei situationsangemessenem Sprechen – d.h. dem Auszählen vor einem Spiel – werden in den beiden letzten Zeilen die Wörter „Esel" und „du" tonstärker und tonhöher und u.U. auch tonlänger gesprochen als die anderen Wörter. Hierdurch aktualisiert sich Rhythmus.

Noch ein moderner Abzählreim von Janosch, in dem Metrum (alternierende vierfüßige Trochäen) und Rhythmus aufgrund der längeren Zeilen als beim ersten Beispiel noch mehr divergieren.

> Backenzahn und grüner Kater
> Katzenschwanz und Eulenvater
> Bimmelbahn und Negerkuß –
> du bist der, der suchen muß.

(Aus: Gelberg (Hrsg.): Die Stadt der Kinder, 1969, 52, Originalmanuskript)

Rhythmus entsteht auf der Grundlage des metrischen Grundmaßes der Zeilen / Verse, indem der Gesamttext seinem Inhalt und Gehalt angemessen – und damit auch einer ermittelten Intention adäquat – still gelesen und vor allem gesprochen oder auswendig vorgetragen wird.

Je nach der Rezeption des Textes kann der Rhythmus jedoch verschiedenartig aktualisiert werden, vor allem hinsichtlich längerer sowie speziell in bezug auf schwer verstehbare und/oder problemhaltige Gedichte. Der Rhythmus ist letztlich jeweils abhängig von den erkannten Gehaltaspekten und ihrer Gewichtung sowie von der ermittelten Intention.

Die jeweilige Rezeption eines Gedichtes – ob eindringlich vorgenommen, oder nicht – bestimmt die Aktualisierung der Sprechgestalt des Textes. Aufgrund der „Interpretation" werden die knappen Sinnschritte der Verse (= Kola) durch Kurzpausen getrennt, und vor allem werden in den Sinnschritten zudem die bedeutungszentralen Wörter unterschiedlich im Tempo, in der Tonabstufung und Tondauer gesprochen.

Die Funktion des Rhythmus besteht somit darin:

schriftlich fixierte lyrische Texte (= Textformulare) ihren Inhalten sowie ihren Gehaltaspekten und damit ihren erschlossenen Intentionen gemäß still zu lesen, zu sprechen, vorzutragen.

Die angeführten Abzählreime sind auf den Kommunikationsbereich Kinder und ihre Alterspartner bezogen und können dem Thema *Kinder unter sich* zugeordnet werden. Als weiteres Beispiel zu derselben Thematik folgt – und ebenfalls der Kategorie Gebrauchsverse zuzurechnen – ein Kinder-Spiellied (aus: Enzensberger, S. 238). In ihm ist deutlich ein Rhythmuswechsel wahrzunehmen ab der 3. Zeile und erneut in der 7. Zeile und wiederum ab dem 8. Vers.

> Eine kleine Zipfelmütze
> geht in unserm Kreis herum.
> Dreimal drei ist neune,
> ihr wißt ja, wie ichs meine,
> dreimal drei ist neun,
> und eins dazu ist zehn,
> Zipfelmütz, bleib stehn, bleib stehn!
> Sie schüttelt sich,
> sie rüttelt sich,
> sie wirft ihr Säcklein hinter sich,
> sie klatschen in die Hand:
> Wir beide sind verwandt.

Der bekannte Text „Das Feuer" von James Krüss möge als signifikantes Beispiel für den Rhythmus eines erlebnisbetonten (Natur-) Gedichtes gelten. Es kann hinsichtlich des Kommunikationsbereiches Kinder und Natur den (im VIII. Kapitel angegebenen) Themen *Tag und Nacht* bzw. *Durch das Jahr* zugeordnet werden.

Hörst du, wie die Flammen flüstern,
Knicken, knacken, krachen, knistern,
Wie das Feuer rauscht und saust,
Brodelt, brutzelt, brennt und braust?

Siehst du, wie die Flammen lecken,
Züngeln und die Zunge blecken,
Wie das Feuer tanzt und zuckt,
Trockne Hölzer schlingt und schluckt?

Riechst du, wie die Flammen rauchen,
Brenzlig, brutzlig, brandig schmauchen,
Wie das Feuer rot und schwarz,
Duftet, schmeckt nach Pech und Harz?

Fühlst du, wie die Flammen schwärmen,
Glut aushauchen, wohlig wärmen,
Wie das Feuer flackrig-wild,
Dich in warme Wellen hüllt?

Hörst du, wie es leiser knackt?
Siehst du, wie es matter flackt?
Riechst du, wie der Rauch verzieht?
Fühlst du, wie die Wärme flieht?

Kleiner wird der Feuerbraus:
Ein letztes Knistern,
Ein feines Flüstern,
Ein schwaches Züngeln,
Ein dünnes Ringeln –
Aus.

(Aus: Ders.: Der wohltemperierte Leierkasten, 1961)

Der Rhythmus „überrollt" gleichsam das Metrum durch die
zahlreichen Verben in fünf der insgesamt sechs Strophen. Außerdem: Metrum und Rhythmus ändern sich situationsbedingt
ab der 2. Zeile der letzten Strophe.

Als freie Rhythmen bzw. freie Verse – ohne Metrum und Stropheneinteilung – sind die folgenden Zeilen von Rolf Bongs „Erste Sonne" zu bezeichnen.

> In den dürren Zweigen
> der nackten Bäume
> sitzen Krähen.
> Bei ihnen Stare.
> Fernab schwarzweiße Elstern.
> Sie schelten.
> Ab und an fliegt ein Vogel weg.
> Er wird von allen verfolgt.
> Sie kehren zurück.
> Sie schelten.
> Das Jahr steigt langsam.
> Von Morgen zu Morgen.
> Im Baum sitzt der Frühling.
> Er wartet.
> Er lacht leise.

(Aus: Gelberg (Hrsg.): Geh und spiel mit dem Riesen! 1. Jahrbuch der Kinderliteratur, 1971, 201, Originalmanuskript)

Exemplarisch seien in diesem Teilkapitel hinsichtlich des Rhythmus in Analogie zur Hierarchie der generalisierten formalen Lernziele für den Literaturunterricht in der Primarstufe (s. VI. Kapitel) die entsprechenden Lernziele aufgelistet, ergänzt durch die wichtigsten speziellen Feinlernziele.

Globalziele:

Die Schüler sollen imstande sein,
– den Rhythmus – und damit auch den Rhythmuswechsel – in Texten der Kinderlyrikkategorien zu erkennen (ab 2. Schuljahr),
– dieses induktiv erkannte Merkmal funktional für die Rezeption von lyrischen Texten zu verwenden (ab 2. Schuljahr)

– und dementsprechend u. U. für eigene Gestaltungen einzusetzen (ab 3. Schuljahr).

Lernziele (im engeren Sinn):

Die Schüler sollen fähig sein,
– den Rhythmus als bedeutsames grundlegendes Merkmal in
Texten der Kinderlyrik zu erkennen sowie gleichfalls seine
Funktionen.

Generalisiertes Feinlernziel:

Die Schüler sollen imstande sein,
– den Rhythmus in einzelnen Texten zu erkennen und ebenso
seine Funktionen.

Spezielle = konkrete Feinlernziele:

Die Schüler erkennen und können sinngemäß formulieren:
– durch Rhythmus und Rhythmuswechsel werden Kinderreime, Gedichte, Lieder lebendig und spannend
(vgl. Ich und du (...), Eine kleine Zipfelmütze, „Das Feuer"),
– durch den Rhythmus werden Kinderreime, Gedichte, Lieder aber auch ruhig und spannungslos (nicht= langweilig!)
(vgl. Backenzahn (...), „Erste Sonne"),
– Rhythmus und Rhythmuswechsel sind vom Inhalt und Gehalt der Reime, Gedichte, Lieder abhängig,
– Rhythmus und Rhythmuswechsel werden im inhaltlich und
gehaltlich angemessenen Sprechen, Sprechgesang oder Singen
verwirklicht, d. h. durch laut und leises, schnell und langsames,
hoch und tiefes Sprechen, Sprechsingen und Singen.

Diese Erkenntnisse intendieren und implizieren:

Die Schüler sind imstande,
– Reime, Gedichte, Lieder rhythmisch angemessen zu sprechen oder im Sprechgesang vorzutragen bzw. Lieder dementsprechend zu singen (u. U. instrumental zu akzentuieren).

Diese Lernziele sollten einschließen, daß die Schüler ab 3. Schuljahr fähig sind,
– durch lautes Skandieren Zeilen metrisch zu skizzieren und
– die ihnen bekannten Begriffe Hebung und Senkung auf Texte anzuwenden.

2. Äußerer Aufbau

Reim und Strophe in ihren Varianten sind Kennzeichen des äußeren Aufbaus von sehr vielen lyrischen Texten und zugleich konstitutive Merkmale vor allem traditioneller, aber auch zum großen Teil moderner Verse, Gedichte und Lieder für Heranwachsende.

Der Reim (= Endreim) ist der Gleichklang von Wörtern ab dem letzten betonten Vokal (im Gegensatz zum Stabreim als anlautender Gleichklang betonter Stammsilben).

Der Reim als Endreim hat verschiedene Funktionen:

er stabilisiert die Zeile / den Vers, indem er eine kurze Sprechpause verlangt;
hierdurch trennt er die Zeile von der folgenden;
andererseits bindet er zwei Zeilen, und zwar durch die Erwartung des folgenden Reimworts in der oder einer der folgenden Zeilen; unter diesem Aspekt ist der Reim ein mehr oder weniger wirksames Element der Spannung, und zwar
– *der Kreuzreim* (a b a b) mehr als
– *der Paarreim* (a a).

Außer diesen beiden gebräuchlichsten Reimarten sind für die Kinderlyrik als spezielle noch anzuführen:

– *der Binnenreim*: zwei nicht sich folgende Wörter in einer Zeile reimen (zwei sich folgende Reimwörter = Schlagreim);
– *der Kehrreim*: regelmäßige Wiederholung einer Wortgruppe, einer Zeile oder auch mehrerer Zeilen, meistens am Ende einer Strophe und z.T. geringfügig abgeändert (er fixiert die

„Stimmung" oder einen Gehaltaspekt oder auch die Intention
eines lyrischen Textes);
– *der Schüttelreim*: „geschüttelt", d.h. wechselseitig vertauscht werden die Anfangskonsonanten der reimenden Silbenpaare in zwei Versen:

> Es gibt so viele stumme Denker,
> doch häufiger sind dumme Stänker.

Schüttelreime zählen zu den Sprachspielen auf phonetischer
Ebene.

Der Zeilensprung (Enjambement) ist zwar ein Kennzeichen
des äußeren Aufbaus mancher Texte der Kinderlyrik, sollte jedoch wegen seiner weitaus geringeren Bedeutung im Vergleich
zum Reim nicht als Lernziel gelten. Der Zeilensprung überwin-
det, überspielt die Trennung zweier Zeilen (mit oder ohne
Reim), indem die Wörter einer Sinneinheit (= Kolon) von einem zum anderen Vers übergreifen.

Die Strophe ist ein Merkmal sehr vieler Texte der Kinderlyrik.
Strophen präsentieren sich zwei-, meist mehrzeilig, oft wech-
selt ihre Zeilenanzahl in einem Text. Zudem sind Strophen in
lyrischen Einheiten entweder von mehr oder weniger gleich-
bleibenden bzw. variierenden metrischen Schemata bestimmt
oder von freien Ryhthmen / Versen.

Die Strophen haben die Funktionen:

lyrische Texte inhaltlich und gehaltlich sowie formal (Länge
und Anzahl der Zeilen) und damit optisch zu gliedern.
Zu den Merkmalen Reim und Strophe folgen einige Beispiele.
Sie können insgesamt auf den Kommunikationsbereich Arbeitswelt (mit Einschluß: Freizeit) bezogen und hinsichtlich
zweiter, dritter Schuljahre dem Thema *Die Menschen arbeiten
für sich und andere* zugeordnet werden.

Zuerst ein humoriger Neckvers (oder je nach Auslegung ein
scherzhaft satirischer Spottreim) als Exempel für den Paarreim, dann zwei Strophen eines harmlos grotesken Neck- oder
Spottgedichtes bzw. Spottliedes als Paradigma für den Kehrreim.

> Ix, Ix und ein Zett,
> die Studenten sind nett,
> ein Zett und ein Ix,
> aber taugen tun's nix.

(Enzensberger, 143)

> Zu Regensburg auf der Kirchturmspitz
>   Unbekannter Verfasser
>
> (…)
>
> Und als die Schneider Jahrestag hatten,
> Da waren sie alle froh.
> Da aßen ihrer neunzig,
> Ja neunmal neunundneunzig,
> An einem gebratenen Floh.
>
> Und als sie nun gegessen hatten,
> Da waren sie voller Mut,
> Da tranken ihrer neunzig,
> Ja neunmal neunundneunzig,
> Aus einem Fingerhut.
>   (…)

(Krüss (Hrsg.): So viele Tage, wie das Jahr hat, 1959, 94, aus dem „Zupfgei-
genhansel", Leipzig 1921)

Das folgende alte Lügengedicht – im Titel als solches ausgewiesen – wird klanglich akzentuiert durch einige Binnenreime
(auch ein Schlagreim ist dabei).

Ball der Tiere
                    Unbekannter Verfasser

Mich dünkt, wir geben einen Ball,
sprach die Nachtigall.
So? Sprach der Floh.
Was werden wir essen?
sprachen die Wespen.
Nudeln! sprachen die Pudeln.
Was werden wir trinken?
sprachen die Finken.
Bier! sprach der Stier.
Nein, Wein! sprach das Schwein.
Wo werden wir tanzen?
sprachen die Wanzen.
Im Haus! sprach die Maus.

(Gedächtniszitat, in anderer Präsentation: Krüss: Ebd. – s.o. – 68)

Hier ein Schüttelreim:

Ins Teppichhaus die Käufer laufen,
sie alle wollen Läufer kaufen.

(Aus: Brudler / Kettler u.a.: Schüttelreime, in: Christen (Hrsg.): Schnick
Schnack Schabernack, 1978, 19, Originalmanuskript)

Für den Kreuzreim (ab 2. Zeile) als Beispiel ein typisch modernes Kindergedicht, d.h.: äußerst bündig formuliert mir reali-
tätskritischer Akzentuierung bzw. Pointierung:

Der graue Riese
                    Hans Stempel, Martin Ripkens

Die Sonne lacht.
Der Himmel blaut.
Kein Wölkchen zu erblicken.

> Doch über unsrer Vorstadt graut
> der Qualm von zwölf Fabriken.

(Aus: Ripkens / Stempel: Purzelbaum. Verse für Kinder, München 1972)

Abschließend ein erlebnisbetontes Gedicht, das sich in drei Strophen zu je vier Zeilen mit durchgehend vierfüßigen Trochäen präsentiert.

Wieder im Hafen
Bruno Horst Bull

> Zwischen hohen Silobauten
> schwankt das Schiff, das dampft und pufft.
> Grüne Turmdrehkräne recken
> krumme Nasen in die Luft.
>
> Endlich legt der große Dampfer
> an der Hafenmauer an,
> und der Lotse in der Barke
> zieht das Schleppseil ein sodann.
>
> Ölverschmiertes Hafenwasser
> klatscht auf Felsen immerzu.
> Alte Männer an der Mole
> schauen jeder Landung zu.

(Gelberg (Hrsg.): Die Stadt der Kinder, 1969, 148, Originalmanuskript)

Folgende Lernziele (im engeren Sinne) sowie Feinlernziele könnten für den äußeren Aufbau von Texten der Kinderlyrik aufgestellt werden.

Lernziele (im engeren Sinne):

Die Schüler sollen fähig sein,
– den Reim als grundlegendes Merkmal in Texten der Kinderlyrik zu erkennen und ebenso eine oder mehrere seiner Funktionen zu erkennen (ab 2. Schuljahr),

– die Strophe als wichtiges Merkmal in Texten der Kinderlyrik zu erkennen sowie eine oder mehrere ihrer Funktionen (ab 2. Schuljahr)
– und dementsprechend Reim und Strophe für eigene Gestaltungen einzusetzen (ab 2. Schuljahr).

Generalisierte Feinlernziele:

Die Schüler sollen imstande sein,
– den Reim in seinen häufig verwendeten Varianten zu erkennen und zu benennen,
– Funktionen des Endreims zu erkennen und sprachlich zu formulieren (ab 3. Schuljahr),
– die Strophe in verschiedenen Varianten (Länge und Anzahl der Zeilen) zu erkennen und (ihre) Funktionen zu formulieren (ab 3. Schuljahr).

Spezielle (= konkrete) Feinlernziele:

Die Schüler erkennen und formulieren sinngemäß:
– der Reim besteht im Gleichklang zweier (oder mehrerer) Wörter vom letzten betonten Vokal an,
– das Reimwort schließt eine Zeile ab und verlangt eine kurze Sprechpause,
– der Endreim faßt zwei (oder mehrere) Zeilen zu einer inhaltlichen (oft auch gehaltlichen) Einheit zusammen,
– durch den Reim werden Gedichte (oft) spannend, lustig und komisch;
– die Strophe umfaßt zwei oder mehrere Zeilen,
– die Strophe faßt zwei oder mehrere Zeilen zu einer inhaltlichen und gehaltlichen Einheit zusammen,
– die Zeilen von Strophen können verschieden lang sein,
– die Strophen in einem Gedicht können unterschiedlich viele Zeilen haben.

3. Klang

Der Klang, die Lautung ist grundlegend für die gesprochene Sprache und damit im Bereich der Literatur vor allem für lyrische Texte, die generell ein sinnangemessenes klanggestaltendes Lesen, Vortragen intendieren.

Innerhalb der Kinderlyrik wird der Klang, die Lautung speziell signifikant in den Lautspielen auf phonetischer Ebene (vgl. V.5.2). Hier dominieren die Klangelemente, der Sinngehalt wird ihnen untergeordnet. Diese Sprachspiele wirken komisch, weil sie vom normalen Sprachgebrauch abweichen. Durch die möglichen Abweichungen lassen sich die Untergruppen der klanglich bestimmten Sprachspiele ermitteln.

Für den Unterricht von peripherer Bedeutung sind die in der Kinderlyrik seltenen reinen, abstrakten Lautgedichte. Sie bestehen aus komponierten Klangkörpern, die weder in der Lautung, der Wortbildung noch in der Syntax den Sprachnormen folgen und deren vielleicht implizierter Inhalt, Gehalt sich nur vermuten läßt.

Jedoch für Heranwachsende sehr interessant, ihrem Drang zum Spiel mit Sprache entgegenkommend und sie zu eigenem Gestalten anregend, sind die konkreten Klanggedichte bzw. Lautspiele (vgl. V.5.2.2). Hinsichtlich ihrer Untergruppen sollten einige Klangmerkmale und deren Funktionen von den Schülern der Primarstufe induktiv erkannt werden, und zwar – wie im VIII. Kapitel vorgeschlagen wurde – aufgrund der Vorlage knapper Sequenzen in allen Schuljahren zu dem Thema *Wir spielen mit Lauten und Klängen*. Für die Ermittlung nicht-sprachspielerischer Klangmerkmale bieten sich Gedichte an zu den Themen *Kinder und Tiere* sowie *Tag und Nacht*.

3.1 Sprachspielerische Vokal- und Konsonantenwiederholung in sinnfreien sowie sprachspielerische Vokal- und Konsonantenhäufung in bedeutungstragenden Wortfolgen

Selbstlautwiederholung an betonter Stelle in sinnfreien Wörtern ist in der ersten Zeile, auch in zweiten, dritten Versen für viele alte und neue Abzählreime kennzeichnend. Diesen Klanggebilden folgen dann oft „normale" Wörter.

> Itzen ditzen
> Silberschnitzen,
> itzen ditzen daus
> und du bist draus!
>
> Ele mele mink mank
> pink pank
> use buse ackadeia
> eia weia weg.

(Enzensberger, 221, Christen (Hrsg.): Schnick Schnack Schabernack, 1978, 40, ohne Quellenangabe)

Beständige oder fast durchgängige Vokalrepetition in bedeutungstragenden Wörtern finden sich in Vokalgedichten. Als Beispiel der bekannte Text „ottos mops" von Ernst Jandl.

> ottos mops trotzt
> otto: fort mops fort
> ottos mops hopst fort
> otto: soso
>
> otto holt koks
> otto holt obst
> otto horcht
> otto: mops mops
> otto hofft
>
> ottos mops klopft
> otto: komm mops komm
> ottos mops kommt
> ottos mops kotzt
> otto: ogottogott

(Aus: Gatti, Hans: Schüler machen Gedichte, Freiburg / Basel / Wien 1979, 27)

Mitlautwiederholung bzw. auch Repetition von Konsonanten-
verbindungen in sinnfreien Wörtern an betonter Stelle weisen
ebenfalls viele Abzählreime auf, zudem Kinderlieder und Kinder-Spiellieder. Die gleichartige Mitlautverwendung, jedoch in
bedeutungstragenden Wörtern, kennzeichnet die Zungenbrecher.

> Ringel rangel Rosen,
> schöne Aprikosen.
> (…)
> Kreise kreise Kringe
> siebenhundert Schlinge,
> Gläschen Wein,
> Bretzelchen drein,
> Braut soll stille sein.
> Gille, gille, gille!
>
> In Klagenfurt klappern die Klapperstör-
> che klipp, klapp, klapp.
> Klipp, klapp, klapp, klappern die Klap-
> perstörche in Klagenfurt.

(Enzensberger, 238, Gedächtniszitat)

Analog zu den Vokalgedichten gibt es Konsonanttexte. Erinnert sei an die (in V.5.2) zitierte erste Strophe der „Brabbelberta" von James Krüss (aus: Ders.: Der fliegende Teppich, 1976,
S. 59):

> Berta Butz begann als Baby
> Bald schon mit der Brabbelei.
> (…)

*Die Vokal- und Konsonantenwiederholungen, auch ihre Häu-
fung in Wortfolgen haben die Funktionen:*

– einzelne oder mehrere Zeilen in Texten der Kinderlyrik –

vorwiegend in Gebrauchsreimen – sprachspielerisch, d.h. sprachkomisch zu akzentuieren oder
– Texte insgesamt sprachkomisch zu prägen – speziell Zungenbrecher sowie Selbstlaut- und Mitlautgedichte.

Diese Repetitionen in sinnfreien, mehr noch in bedeutungstragenden Wortsequenzen bewirken Sprachkomik, weil sie nicht dem normalen Sprachgebrauch entsprechen.

Die hieraus sich ergebende komische Akzentuierungsmöglichkeit der Intention von Texten ist: humorvoll zu unterhalten oder zu informieren, d.h. affekt- und kritikfrei heiter, lachenanreizend zu unterhalten, zu informieren. Diese sprachkomische Intentionsmodifikation wird – wenn auch eingeschränkt auf den Aspekt „lustig", „heiter" – schon von Schülern erster Schuljahre spontan erkannt und formuliert. Daß Heranwachsende solche Texte mit Lust und Interesse rezipieren und sie zum eigenen Gestalten motivieren, liegt auf der Hand.

Hier ein notwendiger Exkurs:

Die weiteren komischen Akzentuierungsmöglichkeiten von Textintentionen – in der Kinderlyrik fast ausschließlich (harmlos) grotesk und scherzhaft satirisch – realisieren sich durch Situationskomik.

Grotesk akzentuierte Intentionen weisen Texte auf, wenn sie durch Überraschung, Verblüffung lachenerregend unterhalten. Dies wird bewirkt, indem in Texten reale bzw. wirklichkeitsbezogene vorgestellte Situationen entweder übertrieben oder lügnerisch, unwahr oder auch unlogisch dargestellt sind (z.B. in Verkehrte-Welt- und Lügengedichten).

Scherzhaft satirisch betonte Intentionen weisen Texte auf, wenn in dargestellten Situationen vor allem gegen soziale und moralische Werte, Normen verstoßen bzw. zu verstoßen beabsichtigt wird. Ein derart minder-wertiges, falsches Verhalten wirkt jedoch erst komisch = lachenerregend und lächerlich zugleich, wenn es, repräsentiert von einer im Text agierenden Gestalt, durch einen Gegenspieler entweder entlarvt oder verhindert wird (z. b. in schwankhaften Versfabeln und Erzählgedichten). Scherzhaft satirisch akzentuierte Intention will lachenstimulierend a-normales Verhalten entlarven, verurteilen und somit lächerlich machen (Indirekt wird damit gleichzeitig das Gelten der Werte, Normen betont und zu entsprechendem Verhalten aufgefordert).

Die scherzhaft satirisch betonte Intention von Texten erkennen Heranwachsende vom dritten Schuljahr an, die grotesk betonte schon früher. Beide Intentionsakzentuierungen können Schüler sinnangemessen formulieren.

Didaktisch sind scherzhaft satirische Texte besonders bedeutsam, lyrische Einheiten jedoch weniger als (Prosa-)Schwänke. Sie stoßen immer auf Interesse, regen zu argumentierenden Stellungnahmen an aufgrund eigener Erfahrungen und Wertvorstellungen und motivieren zu Textverfassungen.

3.2 Lautmusikalität, d. h. nicht-sprachspielerische Wiederholung von Vokalen und Konsonanten in Wortfolgen

Lautmusikalität, ein in der Literaturwissenschaft verwandter Begriff, besagt, daß speziell in lyrischen Texten Gedachtes und Empfundenes akzentuiert, pointiert ausgesagt wird, indem reale oder vorgestellte Gegenständlichkeiten, Situationen klanggestaltend durch Wortfolgen präsentiert werden, die in betonten Wortsilben mehrfach bestimmte Vokale (auch Umlaute, Diphthonge) oder Konsonanten (bzw. Mitlautverbindungen) aufweisen.

> Schlaf, Herzli, schlaf,
> schlaf, mein kleiner Graf,
> bis der Hahn am Morgen früh
> lustig ruft sein Güggehü!
> Schlafe, schlafe sieben Stund,

> bis der Vater wieder kummt.
> Vater ist in Wald gegangen,
> will dem Kind ein Vöglein fangen.
> Schlaf, Herzli, schlaf,
> dann wirst du groß und brav.

(Enzensberger, 50)

Abgesehen von den sich „entspannt", „ruhig" reihenden tro-
chäischen Versen (mit Ausnahme der letzten Zeile) und dem
siebenmaligen Wort „schlaf(e)" sagt sich zudem die Absicht,
das Kind in den Schlaf zu sprechen oder zu singen (und auch zu
wiegen) in dem 14fachen langen a-Laut aus. Hinzukommt in
dem siebenfachen „schlaf(e)" die gleichzahlige Wiederholung
der „beruhigenden", „einschläfernden" schl-Lautverbindung.

Eine ähnliche Funktion weisen in der Schlußstophe des Gedichtes „Schaflied im Sommer" von Karl Krolow die drei langen und fünf kurzen u-Laute auf. Lautmusikalisch betonen sie
die abendliche Stille und eindringlicher noch das „Schlaflied-
hafte" des gesamten Textes, das sich in den beiden ersten Strophen vorwiegend im Metrum und Rhythmus aussagt.

> Es rufen die Uhren die Stunde
> durchs schlafende Sommerhaus.
> Im Hofe knurren die Hunde.
> Mein Kind ruht, die Fäustchen im Munde.
> Ich lösche die Lampe aus.

(Aus: Scheuffelen (Hrsg.): Der Traumschrank, 1976, 31)

Lautmusikalisch sind vor allem Natur- und Tiergedichte akzentuiert. Für letztere gelte als Beispiel das Rilke-Gedicht „Der
Panther".

> Sein Blick ist vom Vorübergehn der Stäbe
> so müd geworden, daß er nichts mehr hält.

Ihm ist, als ob es tausend Stäbe gäbe
und hinter tausend Stäben keine Welt.

Der weiche Gang geschmeidig starker Schritte,
der sich im allerkleinsten Kreise dreht,
ist wie ein Tanz von Kraft um eine Mitte,
in der betäubt ein großer Wille steht.

Nur manchmal schiebt der Vorhang der Pupille
sich lautlos auf –. Dann geht ein Bild hinein,
geht durch der Glieder angespannte Stille –
und hört im Herzen auf zu sein.

(Aus: Wiese, Benno von (Hrsg.): Deutsche Gedichte, Düsseldorf 1958)

Die ä-Laute der ersten Strophe (einschließlich in „Welt") betonen – den Kontext lautmusikalisch verstärkend – Müdigkeit
und „Resignation" des seiner Freiheit beraubten Tieres. In der
Anfangszeile der folgenden Strophe heben der erste ei-Laut in
Verbindung mit dem folgenden ch-Laut und der zweite ei-Laut
mit vorhergehendem sch-Laut das Raubtierhafte hervor. Die
langen und kurze i-Laute der Schlußstrophe pointieren wiederum die in den letzten Zeilen ausgesagte erzwungene „Resignation" des Panthers.

Die Lautmusikalität hat die Funktion:

vorwiegend in Natur- und Tiergedichten die inhaltichen Aussagen einzelner Zeilen und vor allem von Strophen oder Texten
insgesamt lautlich so zu „unterstützen", gleichsam klangquali-
tativ so zu „legitimieren", daß hierdurch die in den inhaltlichen
Aussagen enthaltenen Gehaltaspekte (Gedachtes, Empfundenes) akzentuiert, pointiert werden.

Die Lautmusikalität sollte generell kein Merkmal der Kinderlyrik für den Unterricht in der Primarstufe sein, weil die Kinder
dieser Altersstufe es nicht erfassen können.

Wichtig jedoch in diesem Zusammenhang ist Folgendes,

gleichfalls auch hinsichtlich weiterer, noch aufzuweisender
Klangmerkmale, die Heranwachsende in der Grundschule be-
greifen können: Vom Beginn des ersten Schuljahres an müssen
nicht nur Selbstlaute quantitativ als kurz und lang unterschieden werden, sondern gleichfalls sollten Vokale und Konsonanten anhand geeigneter lyrischer Texte lautqualitativ gekennzeichnet werden. Gegensätze sind leicht zu ermitteln: hell –
dunkel, weich – hart. Schwieriger schon ist zu empfinden, ob
Vokale und Konsonanten Strophen oder Texte lustig, ernst,
traurig, ruhig, unruhig, lebhaft stimmen, einfärben. Die Sensibilisierung für Klangeigenschaften ist wichtig für jede Art
sprachlicher Kommunikation und sollte nicht gegenüber der
ebenso notwendigen Sensibilisierung für Seheindrücke ver-
nachlässigt werden.

3.3 Lautmalerei in sprachspielerischer und nicht-sprachspiele-
rischer Verwendung

Lautmalerei ist ein bedeutsames Merkmal der Kinderlyrik. Sie
artikuliert – sprachspielerisch geprägt oder nicht – reale oder
vorgestellte Eindrücke des Hörens ihnen klanglich adäquat.

Sprachspielerisch weisen sich Lautmalereien aus, wenn Interjektionen wiederholt als Schallnachahmungen und klangmalende
Wörter in mehrfacher Abfolge nicht vorherrschend Aussagewert
besitzen, sondern selbstzweckhaft dem Sinngehalt übergeordnet
sind. Weil vor allem schallnachahmende Wiederholungen, aber
auch aufeinanderfolgende klangmalende Wörter von der normalen Sprachverwendung abweichen, wirken sie komisch, d. h.
lachenerregend, und zwar meist humorvoll unterhaltend oder
informierend. Als Beispiele Zeilen aus Kindergedichten.

Allerlei Schuhe

Johanna Huber

Auf der langen Bank stehen Schuhe.
„Man geht so:

Krrrachchch, krrrachchch, krrrachchch!"
sagen die Herrenstiefel.
(…)

„Nein, man geht so:
Dippel dappel, dippel dappel, dippel dappel!"
sagen die Kinderstiefel.
(…)

Mein Pferdchen

(ohne Verfasserangabe)

Hei, mein Pferdchen trabt geschwind,
pan patapan, patapan,
(…)

Wenn es durch das Wasser patscht,
flick und flack und flick und flack,
(…)

Wenn es durch die Wälder bummelt,
boum badabou badabou,
(…)

(Bachmann u. a.: Klang, Reim, Rhythmus, ³1978, 118, 124)

Gegacker

Josef Guggenmos

Ein Gackern schallt aus dem Hühnerstall,
dann schaut ein Huhn aus dem Hühnerloch.
Das ist das Huhn, das gegackert hat;
es hat gegackert und gackert noch.

Das Huhn steigt herab die Hühnerleiter
und gackert und gackert immer weiter.
Es geht zu den andern und gackert dazu:
Es hat ein Ei gelegt, weißt du.

(Aus: Ders.: Was denkt die Maus am Donnerstag?, 1966, 55)

Die im folgenden Text unterstrichenen lautmalenden Wörter
wirken grotesk, weil sie die Situationen in dem Lügengedicht –
durch den Titel ausgewiesen – zwar realitätsorientiert, aber
übertrieben und vor allem lügnerisch, unwahr prägen; hierdurch überraschen, verblüffen sie und reizen zum Lachen an.

Das Geisterschiff

Jürgen Spohn

Es <u>pfeift</u> & kneift
& <u>keift</u> & lacht
es blitzt & spritzt
& flitzt & <u>kracht</u>
bei Luke 8
im Geisterschiff
um Mitternacht

Ein <u>Bums</u> & Rums
& <u>Plumps</u> & Schrei
mit Ach & <u>Krach</u>
& Gift & Blei
bei Luke 3
im Geisterschiff
ist Keilerei

(Aus: Ders.: Eledil und Krokofant, 1967)

Als Beispiel für die nicht-sprachspielerische Verwendung
klangmalender Wörter die erste Strophe des Gedichts „Das
Feuer" von James Krüss (aus seiner Publikation „Der wohltemperierte Leierkasten", 1961).

Hörst du, wie die Flammen flüstern,
knicken, knacken, krachen, knistern,
wie das Feuer rauscht und saust,
brodelt, brutzelt, brennt und braust?

Durch die Verben – mit Ausnahme von „brennt" – werden Hörimpressionen ausgesagt, ob situativ reale, oder aber wirklichkeitsbezogen nur fiktive Eindrücke, ist unwichtig. Die Verben zielen auf nuancierte Sinnaussage und sind ihr somit nicht-sprachspielerisch übergeordnet.

Lautmalerei artikuliert – sprachspielerisch geprägt oder nicht – gleichfalls reale oder vorgestellte Eindrücke anderer Sinnesorgane ihnen angemesssen. In der Literaturwissenschaft wird diese Möglichkeit der Lautung als Lautsymbolik bezeichnet. In dem hier angezielten literaturdidaktischen Bezugsrahmen sei sie dem Terminus bzw. dem Klangmerkmal Lautmalerei zugeordnet.

Sprachspielerisch fiktive Seheindrücke präsentieren in der ersten Strophe des (vorstehenden) Geisterschiff-Gedichts die Verbformen „blitzt", „spritzt", „flitzt". Sie dienen nicht einer differenzierten Aussage, sondern der grotesken Situationsdarstellung.

Nun zu den weiteren Strophen des Krüss-Textes „Das Feuer".

> Siehst du, wie die Flammen lecken,
> züngeln und die Zunge blecken,
> wie das Feuer tanzt und zuckt,
> trock'ne Hölzer schlingt und schluckt?
>
> Riechst du, wie die Flammen rauchen,
> brenzlig, brutzlig, brandig schmauchen,
> wie das Feuer, rot und schwarz,
> duftet, schmeckt nach Pech und Harz?
>
> Fühlst du, wie die Flammen schwärmen,
> Glut aushauchen, wohlig wärmen,
> wie das Feuer, flackrig-wild,
> dich in warme Wellen hüllt?
>
> Hörst du, wie es leiser knackt?
> Siehst du, wie es matter flackt?

Riechst du, wie der Rauch verzieht?
Fühlst du, wie die Wärme flieht?

Kleiner wird der Feuerbraus:
ein letztes Knistern ...
ein feines Flüstern ...
ein schwaches Züngeln ...
ein dünnes Ringeln ...
aus.

Die Verbformen in der zweiten Strophe formulieren überwiegend lautmalende Seheindrücke (zweimal in Verbindung mit Substantiven).

In der dritten Strophe können die Adjektive „brenzlig" und „brandig" in Verbindung mit dem Verb „schmauchen" (= qualmend rauchen) als lautmalende Geruchsempfindungen bezeichnet werden.

In der vierten Strophe präsentiert zumindest die letzte Zeile „dich in warme Wellen hüllt" eine Tastempfindung.

Die Schlußstrophen weisen zwei Hör- und vier Sehimpressionen auf (in zwei Verbformen, einem Substantivkompositum, vier substantivierten Verben).

Wie durch Lautmusikalität kann gleichfalls durch Lautmalerei – vor allem in lautsymbolischer Ausprägung – Gedachtes, Empfundenes akzentuiert und pointiert ausgesagt werden aufgrund der klangmalend betonten Präsentation realer oder fiktiver Sinneseindrücke. In dem Gedicht „Das Feuer" sind lautmalend – vermittelt, „getragen" durch den Inhalt (Aufbrennen, Abklingen, Erlöschen des Feuers) – die gegensätzlichen Gehaltaspekte eindringlich hervorgehoben: die mögliche Gefahr, Bedrohung und der wärmende Schutz durch das Feuer (1., 2. und 4. Strophe).

Die Lautmalerei in der Kinderlyrik hat die Grundfunktion:

reale oder vorgestellte Sinneseindrücke ihnen klanglich angemessen zu artikulieren.

*Nicht-sprachspielerische Lautmalerei hat zudem die spezielle
Funktion:*

Aussagen abzutönen, abzustufen, wodurch Gedachtes und
Empfundenes akzentuiert und pointiert dargestellt werden
kann.

*Sprachspielerische Lautmalerei hat zudem die spezielle Funk-
tion:*

Zeilen oder Texte sprachkomisch zu prägen.
Die hierdurch bestimmte Akzentuierung der Intention von
Texten kann sein:
– humorvoll zu unterhalten, zu informieren, d. h. affekt- und
kritikfrei heiter, lachenerregend zu unterhalten, zu informieren, oder
– grotesk zu unterhalten, d. h. durch Überraschung, Verblüffung lachenanreizend zu unterhalten aufgrund übertriebener
bzw. erlogener und unlogischer Situationsdarstellung.

3.4 Alliteration

Ein in der Kinderlyrik gleichfalls gebräuchliches Klangmerkmal ist die Alliteration (gleicher Anlaut von zwei oder mehr
Wörtern in einer Zeile). Sie präsentiert sich sprachspielerisch
und nicht-sprachspielerisch.

In sprachspielerischen Texten – ob vorherrschend gekennzeichnet durch sinnfreie Wörter oder durch bedeutungstragende
Wortfolgen mit gleicher bzw. wechselnder Vokal- (Umlaut-,
Diphthong-)Wiederholung – erweist sich die Selbstlaut-Allite-
ration als unbedeutendes sekundäres Merkmal der Vokalrepetition. Das folgende Beispiel wie auch die weiteren Belege wer-

den, mit einer Ausnahme, rückgreifend auf die vorstehenden
Zitierungen zu den Klangmerkmalen (ohne Angabewiederho-
lung) herangezogen.

(…)
ottos mops kotzt
<u>otto</u>: <u>og</u>ottogott

In sprachspielerischen Texten, die überwiegend sinnfreie oder
insgesamt bedeutungstragende Wörter mit gleicher oder vari-
abler anlautender Konsonantenwiederholung aufweisen, sind
Konsonant-Alliteration und anlautende Konsonantwiederho-
lung identische Klangmerkmale. Speziell in mehrzeiligen Zun-
genbrechern sowie in Konsonantgedichten dominiert jedoch
als Klangwirkung die Mitlautrepetition – bzw. auch die Wiederholung von Konsonantverbindungen – als Summierung aufein-
anderfolgender Mitlaut-Alliterationen.

Ele <u>m</u>ele <u>m</u>ink <u>m</u>ank
<u>p</u>ink <u>p</u>ank
eia <u>w</u>eia <u>w</u>eg

In Klagenfurt klappern die Klapperstörche (…)
(…)

Berta Butz begann als Baby
(…)

Weiterhin ist die Alliteration sprachspielerisch verwendet,
wenn durch sie zumindest zweifach in Zeilen sprach- oder situa-
tionskomischer Texte schallnachahmende Interjektionen oder
lautmalende Wörter anlautgleich hervorgehoben sind.

Hei, mein Pferdchen trabt geschwind,
pan patapan, patapan,
(…)

(…)
Das ist das Huhn, das gegackert hat;
es hat gegackert und gackert noch.
(…)
und gackert und gackert immer weiter.
(…)

Die Alliteration hat in sprachspielerischer Prägung die Funktion:

einzelne oder mehrere Zeilen in Texten sprachkomisch zu betonen (und Konsonantgedichte insgesamt durch Alliteration in jedem Vers). Die hierdurch bestimmte Akzentuierung der Intention von Texten ist durchgängig, humorvoll zu unterhalten oder zu informieren, d.h. – nochmals gesagt – affekt- und kritikfrei heiter, lachenerregend zu unterhalten, zu informieren.

Überwiegend ist die Alliteration ein nicht-sprachspielerisches Klangmerkmal der Kinderlyrik. Sie wird in dieser Eigenart oft mehrfach in einem Text verwendet.

Als untergeordnetes Merkmal lautmusikalischer Gestaltung erweist sich die Alliteration, wenn sie in bedeutungswichtigen Wörtern mehrerer Zeilen anlautend Vokale (Umlaute, Diphthonge) und/oder Konsonanten (auch Mitlautverbindungen) präsentiert, durch die sich in Versfolgen Gedachtes und Empfundenes klanggestaltend eindringlich aussagt.

Schlaf, Herzli, schlaf,
(…)
Schlaf, schlafe sieben Stund,
(…)
Schlaf, Herzli, schlaf,
(…)

Die Alliteration als untergeordnetes Merkmal der Lautmusikalität hat die Funktion:

lautmusikalisch sich ausweisende Vokale (Umlaute, Diphthonge) und Konsonanten (bzw. Mitlautverbindungen) anlautend betont hervorzuheben, und zwar mindestens zweifach in einer Zeile.

Gleichfalls ist die Alliteration ein untergeordnetes Merkmal der Lautmalerei, wenn einzelne Verse oder mehrere Zeilen zumindest durch zwei anlautgleiche klangmalende Wörter gestaltet sind.

> Hörst du, wie die Flammen (…),
> knicken, knacken, (…) knistern,
> (…?)

> Siehst du, (…)
> (…)
> wie das Feuer (…)
> trockne Hölzer schlingt und schluckt?

> Fühlst du, wie die Flammen (…)
> (…), wohlig wärmen,
> wie das Feuer, (…),
> dich in warme Wellen hüllt?

Die Alliteration als untergeordnetes Merkmal der Lautmalerei hat die Funktion:

die klangmalende Wirkung von anlautgleichen Wörtern in Zeilen zu steigern.
Last, not least ist die Alliteration ein eigenwertiges Klangmerkmal. Sie wird in lyrischen Einheiten nicht gehäuft, wohl aber oft mehrmals in aussagewichtigen Wortfolgen verwendet.

> Es rufen die Uhren die Stunde
> durchs schlafende Sommerhaus.
> Im Hofe knurren die Hunde.
> Mein Kind ruht, die Fäustchen im Munde.
> Ich lösche die Lampe aus.

Sicherheit, Geborgenheit für die Menschen, das Kind im Sommerhaus – durch die wachsamen Hunde – läßt sich (vielleicht) aus den ersten Zeilen herauslesen. Das Kind kann in Ruhe, angstfrei schlafen – ohne (beruhigendes) Licht.

Kommentarlos ein weiteres Beispiel.

> Bist du ein richtiges Mädchen?
>
> Ilse van Heyst
>
> Kannst du klettern auf 'nen Baum
> und die schönsten Kirschen klaun?
> Und durchs eiskalte Wasser waten?
> (…)
> Dann bist du okay.

(Aus: Fuhrmann (Hrsg.): Gedichte für Anfänger, 1980, 31)

Die eigenwertige Alliteration hat die Funktion:

Wörter mit besonderer Bedeutung in Zeilen anlautgleich und damit klangbetont auszuweisen.

Das Klangmerkmal Alliteration sollte Schülern dritter Klassen sowohl in seiner sprachspielerischen und lautmalenden Akzentuierung als auch in der eigenwertigen Verwendung einsichtig werden.

Lernziele hinsichtlich der dargestellten Merkmale des Klangs in der Kinderlyrik seien in diesem Teilkapitel nicht aufgelistet. Sie sind ohne Schwierigkeit auswähl- und formulierbar im Bezug auf die Aussagen zu den Merkmalen und deren Funktionen. Die in den beiden ersten Teilen des IX. Kapitels vorgewiesenen hierarchisierten Lernziele mögen unter dem Aspekt des Exemplarischen genügen, auch im Hinblick auf die folgenden Darlegungen.

4. Sprachbild (Metapher)

4.1 Grundlegendes

Die Bezeichnung Sprachbild kann als Oberbegriff gelten für sprachliche Formen, deren Aussage anschaulich, bildhaft *und* mehr als eindeutig ist. Hinsichtlich der Kinderlyrik ist – im Gegensatz zur Erwachsenenlyrik – nur die Metapher (= Übertragung) bedeutsam.

Die Metapher ist ein sprachlicher Ausdruck, der sich mehr als einsinnig, eindeutig ausweist in einem Kontext mündlicher und schriftlicher Kommunikation. Die Metapher bedeutet etwas anderes, als das sie repräsentierende Einzelwort oder die sie repräsentierende Wortfolge lexikalisch aussagt (z. B.: Esel, Es gab nur Leerlauf im Spiel, Schwarze Milch in der Frühe wir trinken sie (...).

Linguistisch unterscheidet man:

– lexikalisierte Metaphern, d. h. Prägungen, die durch beständigen und häufigen Gebrauch nicht mehr als Übertragung empfunden werden (Affe, Motorhaube, Bergrücken);
– konventionelle Metaphern, die nicht mehr als kreativ, aber auch nicht schon als gebräuchlich gelten (Die Ansichten wurden zementiert, (...) demokratische Strömungen, Der Verein wurde aus der Taufe gehoben);
– kreative, innovative Metaphern (Schwarze Milch der Frühe).

Lexikalisierte und konventionelle Übertragungen werden in mündlichen und schriftlichen Texten jeder Art verwendet, die kreativen Metaphern prägen literarische, vor allem lyrische Texte.

Lexikalisierte Übertragungen werden in Kontexten spontan verstanden, die konventionellen durchgängig ebenso, nicht jedoch häufig die kreativen Metaphern, zumindest was ihre mögliche Bedeutungskomplexität betrifft. Sie müssen entschlüsselt werden. Die Auflösung ist (nur) möglich, wenn sich der Erfahrungs- oder auch Erkenntnis- und Empfindungshorizont der Metaphernverwender und -rezipienten gleichen. Aufgrund ihrer Entschlüsselung können sie komplexe Vorstellungen, Empfindungen provozieren.

Metaphern entstehen aufgrund der menschlichen Fähigkeit, Analogien durch Sinneswahrnehmungen zu erfassen. Besonders bedeutsam ist die Fähigkeit des analogischen, vergleichenden Sehens. In der Verbalisierung der Analogien, vornehmlich bedingt durch analoges Sehen, realisiert und dokumentiert sich eine dem Menschen seit jeher eigene (im buchstäblichen Sinne ästhetische) Erkenntniskraft, durch die sowohl Gedanken als auch Gefühle ausgesagt werden können. Unter diesem Aspekt ist – nach dem gegenwärtigen Forschungsstand – die Metapher ein konstitutives Prinzip der Sprache und somit ein konstruktives und funktionales Element der Sprachverwendung. Folglich kann die Metapher nicht – wie noch vor einem Dutzend Jahren formuliert – als eine Abweichung vom „normalen" Sprachgebrauch aufgrund „uneigentlicher" Verwendung von Wörtern und Wortfolgen bezeichnet werden.

Für Textrezeptionen und -analysen erweisen sich die obengenannten linguistischen Fixierungen als ungeeignet. Erst durch die Bestimmung der Übertragungsarten in Metaphern werden Metaphernkategorien ermittelt, die eine mündlichen und schriftlichen Texten angemessene Rezeption, Analyse gewährleisten. Diese Übertragungsweisen sind zugleich die Grundlage, um Funktionen von Übertragungen bzw. auch der Metaphernkategorien aufweisen zu können. Die Übertragungsmodi sind zu ermitteln, wenn die Relationen zwischen Bildphänomenen / Bildspendern und den Bildempfängern bestimmt werden.

In Texten der Kinderlyrik sind zwei Metaphernarten bedeutsam: die konkretisierende und personifizierende Übertragung. Ihre Voraussetzung (in der Entstehung und Entfaltung meta-

phorischer Prozesse) ist die dynamisierende Übertragung, sie
soll deshalb auch vorgestellt werden.

Die dynamisierende Metapher hat Gegenstände und Lebewesen als Bildspender; Bildempfänger sind gleichfalls andere Gegenstände, Lebewesen, zudem kann menschliches Fühlen,
Denken, Handeln dynamisiert ausgesagt werden.

Im metaphorischen Prozeß der Dynamisierung wird die mögliche Bewegung einer ding- oder leibhaften Erscheinung übertragen auf eine andere Erscheinung, die aber in bezug auf dieses Phänomen gesteigert oder übertrieben oder sogar unmög-
lich ist.

Die nun und auch später folgenden Beispiele sind absichtlich
verschiedenartigen Texten entnommen:

> Der Wein fließt in Strömen –
> Die Sonne kriecht über die Berge –
> Der Trainer wurde gefeuert.

Ebenso wird menschliches Handeln, Denken und Fühlen be-
wegungssteigernd, -übertreibend oder -eindeutend dynamisiert:

> Beifall brandete auf –
> Er hatte ausstreuen lassen –
> Er fühlte sich unterbuttert.

Die konkretisierende Metapher verwendet als Bildspender Naturphänomene (einschließlich menschlicher Körperteile und
Organe) sowie Gegenstände menschlicher Produktion, um
durch sie Begriffe und Sachverhalte zu konkretisieren, zu ver-
dinglichen:

Die Macht ist ein zweischneidiges Schwert –
Die Talsohle der Arbeitslosigkeit ist noch nicht durchschritten.

Durch die gleichen Bildspender werden ebenfalls sichtbare Bezugsobjekte – Gegenstände jeder Art oder Teile von ihnen sowie Lebewesen – in andersartige sichtbare Phänomene umbenannt:

Die Landzunge stößt weit ins Meer –
Puppen sind wir, von unbekannten Gewalten am Draht gezogen –
Du bist ein Esel.

Die Konkretisierungen lassen sich aufgrund ihrer Bildspender in zwei Großgruppen sondern: Der Bildempfänger wird entweder in einen vom Menschen produzierten Gegenstand transformiert oder in eine Erscheinung der den Menschen umgebenden Natur.

In der personifizierenden Metapher wird der Mensch analog seinem leiblichen, seelischen und geistigen Habitus als Bildspender für einen Komplex von Bildempfängern verwendet.
– Personen werden in andere Personen umbenannt:
Rockbarde (Udo Lindenberg), Oberindianer (Erich Honekker), Kaiser Franz.
Personifiziert werden:
– menschliche Eigenschaften, Gefühle, Befindlichkeiten, Handlungen:
Eifersucht folterte ihn, Wut und Schmerz schnürten ihr die Kehl zu;
– nichtpersonale Phänomene (aus dem „Bereich" der Natur z.B.: Sterne, Tiere, Blumen, Jahreszeiten; Produkte menschlicher Tätigkeit; Territorien jeder Größenordnung):
Ein Sperling (…) erstaunte über das, was er (…) vernahm –
Lysmina (Kosmetikpräparat) stiehlt der Haut die Falten –
Sangrita. Der gute Freund zum Alkohol –
Der Libanon will leben und stirbt doch –
Ganz München freute sich;
– Institutionen jeder Art:
Die SPD reagierte –

ARD und ZDF erklärten übereinstimmend (…) –
Die katholische Kirche unterstützte (…) –
BUNTE berichtet (…);
– Begriffe und Sachverhalte:
Der Krieg rast durchs Land –
Die Seuche griff um sich;
– vermeintliche numinose Mächte und geglaubte göttliche Wesen:
Er rang mit seinem Schicksal –
Amor traf ihn –
Gott lenkte doch die Ströme Europas sehr selten in eine Richtung.

Die differenzierten Angaben zu den Bildspendern und -empfängern erklären nicht nur angemessen die vorgestellten Metaphernkategorien, sondern die Angaben erfolgen auch unter didaktisch-methodischem Aspekt. Sie können zur Veranschaulichung – reduziert auf das, was Schüler erkennen sollen – für Skizzen herangezogen werden. Z.B.
Personifizierende Metapher –
oder wenn Fachtermini vermieden werden sollen –
Übertragung, die vermenschlicht

Bildspender	*personifizieren*	*Bildempfänger*
	⟶	
	bzw. vermenschlichen	

der Mensch		– Tiere, Blumen …
als fühlendes,		– Gegenstände, die
denkendes,		der Mensch her-
handelndes		stellt
Lebewesen		– Länder, Städte
		– Eigenschaften des
		Menschen
		– Gefühle des
		Menschen
		– Tun des Menschen[2]

4.2 Konkretisierende (verkörpernde) Metapher

Wie schon gesagt wurde, lassen sich konkretisierende Übertragungen aufgrund ihrer Bildspender in zwei Komplexe unterteilen:

– Die Bildempfänger (Gegenständliches, Lebewesen, Begriffe, Sachverhalte) werden entweder in ein Produkt menschlicher Tätigkeit „umgewandelt", umbenannt
– oder in eine Erscheinung der den Menschen sichtbar umgebenden Natur.

Nur Übertragungen, die dem letzten Bereich zuzuordnen sind, finden sich in Texten der Kinderlyrik häufig.

Hierzu zählen die Tierschimpfwörter als substantivische Ein-Wort-Metaphern. Einigen Tierarten werden seit jeher negative menschliche Eigenschaften unterstellt, mit denen durch die Tiernamenbezeichnung Menschen metaphorisch, ob zu Recht oder nicht, etikettiert werden. Oft ist diesen lexikalisierten Übertragungen noch ein nichtmetaphorisches Adjektiv vorgestellt, meistens bedeutungsgleich mit dem Schimpfwort.

In der Kinderlyrik finden sie sich verständlicherweise selten im Gegensatz zum mündlichen Sprachgebrauch der Heranwachsenden. Als Paradebeispiel jedoch kann das Gedicht „Der Sperling und die Schulhof-Kinder" von James Krüss gelten.

> Ein Sperling, der von ungefähr
> Zu einem Schulhof kam,
> Erstaunte über das, was er
> Auf diesem Hof vernahm.
>
> Ein Mädchen sprach zu Meiers Franz:
> „Du alter Esel du!"
> Da sprach der Franz: „Du dumme Gans
> bist eine blöde Kuh!"
>
> Der Walter sprach zum dicken Klaus:
> „Mach Platz, du fetter Ochs!"

Da rief der Klaus: „Du fade Laus,
Paß auf, daß ich nicht box!"

Zum Peter sprach Beate nun:
„Du Affe, geh hier weg!"
Da rief der Peter: „Dummes Huhn,
Ich weiche nicht vom Fleck!"

Der Sperling meint, er hört nicht recht.
Es tönte allenthalb:
„Du Schaf! Du Floh! Du blöder Hecht!
Du Hund! Du Schwein! Du Kalb"

Der kleine Sperling staunte sehr.
Er sprach: „Es schien mir so,
Als ob ich auf dem Schulhof wär;
Doch bin ich wohl im Zoo!"

(Aus: Ders.: James' Tierleben, 1965)

Die Tiermetaphern markieren die sinnwichtigen Wörter im
Text und sind sein hervorstechendstes Merkmal. Sie lassen im
Zusammenhang mit der ersten und letzten Strophe die wohl
doppelte Intention erkennen: einerseits zu unterhalten, auch
zu belustigen, andererseits zum Nachdenken anzuregen über
Schimpfen generell und Schimpfwörter speziell sowie über ihre
Wirkung auf die, denen sie gelten.

Die Übertragungen fixieren anschaulich und emotional jeweils
sprachverdichtend und damit sprachökonomisch das negative
Urteil fiktiver Kinder im Text über andere Kinder.

Aus situativ bedingter augenblicklicher oder früherer Erfahrung erwachsene Urteile kristallisierten sich in einer Metapher.

Häufiger sind in der Kinderlyrik konkretisierende Übertragungen zu finden, die Phänomene der Natur aufgrund analogischen Sehens in andere Erscheinungen der Natur umbenen-
nen.

In dem Gedicht „Herbsträtsel" von Hermann Siegmann ist in sprachspielerischer Verschlüsselung die Kastanie mit ihrer grünen Stachelschale als Igel konkretisiert. Die Metapher wird in der zweiten und dritten Strophe situativ weiter ausgeführt. Der anschauliche Vorgang präsentiert sich insgesamt relational zu dem Bildspender nicht wirklichkeitsangemessen: der Igel auf Baum und Blatt ist unsinnig – und ebenso, daß nach seinem Fall und Platzen ein „brauner Mops" (= weitere Konkretisierung) ihm entspringt. Jedoch in bezug auf das Gedicht als Rätsel dient die Metaphorik legitim lediglich der Verschlüsselung und zugleich der Enträtselung:

> Ein Igel saß auf einem Blatt,
> das wie die Hand fünf Finger hat,
> auf einem Baum.
> Du glaubst es kaum!
>
> Der grüne Igel, stachelspitz,
> fiel auf den Kopf dem kleinen Fritz,
> von seiner Mütze
> in die Pfütze.
>
> Da war es mit dem Igel aus.
> Er platzte, und was sprang heraus
> mit einem Hops?
> Ein brauner Mops!

(Aus: Ders.: Mücke, Wiesbaden 1981)

Wirklichkeitsanalog hingegen erweisen sich die konkretisierenden Übertragungen in dem folgenden lyrischen Bild.

> Löwenzahnwiese
>> Dr. Owlglass (= Hans Erich Blaich)
>
> Die goldne Pracht hat ausgeblüht.
> Die kleinen Sonnen sind verglüht.

In silbernen Laternchen glimmt
ihr Licht, bevor es Abschied nimmt,
bevor der Wind es rund verweht
und neue goldne Sonnen sät.

(Aus: Blau, Sebastian (Hrsg.): Des Leib- und Seelenarztes Rezeptbuch,
München 1955)

Die Löwenzahnblühten in ihrer gelbkräftigen Farbe waren
„kleine Sonnen", die verblüht und metaphorisch nun „verglüht" sind. Die konkretisierende Beschreibung setzt sich satz-
ausgreifend fort. Die verglühten „kleinen Sonnen" sind „silberne Laternchen" = Kugeln silbern gefiederter Samen auf
Blütenstempeln, in denen das „Licht" der „kleinen Sonnen"
noch „glimmt". Vielleicht stört das pluralische Deminutivum
„Laternchen", aber es steht in Relation zu den „kleinen Sonnen"; und weiterhin sind analog im metaphorischen Bezug
„goldne Pracht" = „kleine Sonnen" und „silberne Laternchen"
sowie die Verbnennungen der Metaphern: „verglüht" und
„glimmt (ihr Licht)". Die konkretisierende Beschreibung endet, ausgeformt im letzten Temporalsatz, in der Vorstellung eines erst kommenden Vorgangs. Das „Licht" der „silbernen Laternchen" – die silbrig gefiederten Samen – wird der Wind ver-
wehen und damit „neue goldne Sonnen" säen.

Die als kreativ zu bezeichnenden Konkretisierungen „veranschaulichen" intensivierend, d. h. in sprachlicher Komprimie-
rung, die farbige Fülle und Schönheit eines Naturvorgangs. Zugleich verdichten sie den knappen Text zum sprachlichen Sym-
bol, zum Sinnbild für den immerwährenden Wechsel, Kreislauf
von Werden und Vergehen in der Natur.

Es ist fraglich, ob Heranwachsende im Primarstufenalter den
Symbolgehalt von lyrischen Texten empfinden und erkennen
können; und es ist problematisch, ob sie schon zu diesem
sprachlichen Symbolverständnis angeleitet werden sollen. Die
Ansichten sind in der Literaturdidaktik geteilt. Zudem gibt es

in der Kinderlyrik nur wenige Gedichte, die sinnbildhaft hinsichtlich der Natur oder in bezug auf menschliches Leben zu deuten oder deutbar sind (Als Beispiele seien angeführt: Septembermorgen (Mörike), Es ist nun der Herbst gekommen (Eichendorff), Gefunden (Goethe).[3]

Die konkretisierende Metapher hat die Funktionen

Sprache zu veranschaulichen, sie bildhaft zu prägen, Aussagen sprachlich zu verdichten (ohne „prosa"-hafte beschreibende, erklärende, begründende Formulierungen), in mehrfacher Verwendung als Hauptmerkmal lyrischer Texte deren zentrale Aspekte zu akzentuieren.

Durch metaphorische Sprachverwendung wirken Texte generell lese- und hörmotivierend – vorausgesetzt, daß Übertragungen kontextangemessen „entschlüsselbar" sind.

Wenn anhand von Gedichten die konkretisierende Metapher in dritten oder vierten Schuljahren einsichtig werden soll, eignen sich hierfür Naturgedichte. Das Thema einer Sequenz könnte sein *Jahreszeiten* bzw. *Durch das Jahr.*

Andererseits sind Sprichwörter sehr geeignete Kurztexte, um an ihnen konkretisierende Übertragungen zu erarbeiten. Sprichwörter verbildlichen, transformieren häufig Begriffe und Sachverhalte in Gegenstände menschlichen Schaffens und in Erscheinungen der Natur (einschließlich menschlicher Körperteile und Organe).

Der Krug geht so lange zum Brunnen, bis er bricht –
Lieber einen Spatz in der Hand als eine Taube auf dem Dach.

Sprichwörter repräsentieren eine tendenziöse Sprachformel, denn sie haben die Funktion, situationsbedingte Erfahrungen auszusagen, die indirekt stets auf ein Verhalten hinzielen.

Nebenbei bemerkt: Auch Redensarten sollten unter dem

Aspekt der Metaphorik – z.B. u.a. in Werbetexten – den Schülern als immens häufig verwendete Sprachformel einsichtig werden.

4.3 Personifizierende (vermenschlichende) Metapher

Sie benennt Personen in andere Personen um, anthropomorphisiert Institutionen jeder Art (d.h. Personengruppen werden singularisiert) oder personifiziert menschliche Eigenschaften, Gefühle, Befindlichkeiten; weiterhin anthropomorphisiert sie Gegenständliches, Sachverhalte, Begriffe und numinose Wesen.

In der Kinderlyrik sind lediglich bedeutsam Personifikationen, die Phänomene der Natur vermenschlichen: die Jahreszeiten, die Sonne, Blumen und vor allem Tiere.

Immer schon haben die Lyriker die Jahreszeiten und auch Monate, die Jahreszeiten entsprechen, „besungen". Ein bevorzugtes Ausdrucksmittel dieser naturlyrischen Gedichte war und ist die Personifikation.
Zuerst ein modernes Vorfrühlingsgedicht.

Erste Sonne

Rolf Bongs

In den dürren Zweigen
der nackten Bäume
sitzen Krähen.
Bei ihnen Stare.
Fernab schwarzweiße Elstern.
Sie schelten.
Ab und an fliegt ein Vogel
weg.
Er wird von allen verfolgt.
Sie kehren zurück.
Sie schelten.

Das Jahr steigt langsam.
Von Morgen zu Morgen.
Im Baum sitzt der Frühling.
Er wartet.
Er lacht leise.

(Aus: Gelberg (Hrsg.): Geh und spiel mit dem Riesen! 1. Jahrbuch der Kinderliteratur, 1971, 201, Originalmanuskript)

Die beiden ersten Zeilen der insgesamt freien Rhythmen ohne Stropheneinteilung deuten winterliche, dann durch die Nennung „Stare" vorfrühlingshafte Landschaft an. Weiterhin lakonisch werden Vögel beobachtet. Ihre Farben – schwarz (Krähen), dunkelbraun, schwarz (Stare), schwarzweiß (Elstern) – signalisieren mit dem zweimaligen „Sie schelten" und dem Hin- und Herfliegen der Vögel Trauer, Unzufriedenheit, nutzloses Tun.

Legt der Autor seine „Winter-Empfindungen" in die beobachtete Landschaft, oder werden die Empfindungen durch die Beobachtung in ihm wach?

Die Beobachtung endet, indem sie Assoziationen hervorruft, die versprachlicht werden. Die Vorstellungen rücken vom „bedrückenden" Winter ab – erst sie haben Bezug zu der Überschrift – und gipfeln im textabschließenden Bild / Sprachbild:
Im Baum sitzt der Frühling.
Er wartet.
Er lacht leise.

Der erwartete Frühling wird personifiziert. Noch ist seine Zeit nicht da – „Er wartet" –, aber sie kommt – „Er lacht leise". Die kreative Personifikation ist statuarisch, sie zeigt den Bildempfänger Frühling – als Begriff oder „Erste Sonne" oder? – nicht in Aktion, doch die Metapher weist den Frühling als denkende oder empfindende Person aus.

Die Personifikation enthält, kontrastiv zur gehaltlichen Aussa-

ge der voranstehenden Beobachtung und durch sie provoziert,
den letzten und zudem zentralen Gehaltaspekt des Textes: der
Frühling wird kommen, dann sind die Widerwärtigkeiten der
winterlichen Zeit überwunden.

In Mörikes bekanntem Gedicht „Er ist's" beginnt der bündige
Text mit der Personifizierung des Frühlings.

> Frühling läßt sein blaues Band
> wieder flattern durch die Lüfte;
> süße, wohlbekannte Düfte
> streifen ahnungsvoll das Land.
> Veilchen träumen schon,
> wollen balde kommen.
> – Horch, von fern ein leiser Harfenton.
> Frühling, ja, du bist's!
> Dich hab ich vernommen!

(Aus: Geiger, Hansludwig (Hrsg.): Eduard Mörike-Werke, Berlin / Darmstadt / Wien 1962, 26)

Sprachbilder werden von dem Hörenden oder Lesenden im raschen Fluß der Sprache nicht bildhaft vor dem geistigen Auge
verwirklicht. Sie bewirken keine Seh-, sondern Gefühls- und
Gedankenassoziationen. Trotzdem, im Gegensatz zu der Personifizierung des Gedichts „Erste Sonne" präsentiert sich der
Frühling in den Anfangsversen als Handelnder, was auch immer das flatternde blaue Band (= konkretisierende Metapher)
bedeuten mag. Jedenfalls ist es etwas Angenehmes, Bejahenswertes, was durch den Frühling geschieht. Der Bedeutungsspielraum des metaphorischen Konzentrats sollte erschlossen
werden.

Weiterhin sind die Veilchen personifiziert durch das Verb „träumen" und die weitere Aussagen „wollen (…) kommen".

In den letzten drei Zeilen wird erneut der Frühling anthropomorphisiert, wieder handelnd: als Harfenspieler.

Die beiden kreativen Frühlings-Personifikationen sprechen emotional betont die Freude des Dichters über die ersehnte Jahreszeit aus. Hier ist es wohl eindeutig, daß Empfindungen den Text bestimmen.

Vom ersten bis zum vorletzten Vers entfaltet sich in dem Eichendorff-Gedicht „Es ist nun der Herbst gekommen" die Personifikation.

> Es ist nun der Herbst gekommen
> hat das schöne Sommerkleid
> von den Feldern weggenommen
> und die Blätter ausgestreut.
> Vor dem bösen Winterwinde
> deckt er warm und sachte zu
> mit dem bunten Laub die Gründe,
> die schon müde gehn zur Ruh.

(Gedächtniszitat)

Während in dem Mörike-Gedicht der Frühling gleichsam als „Künstler", homo ludens agiert, so hier der Herbst handfest und zweckvoll.

Die beiden vorstehenden Texte sind Beispiele traditioneller Naturlyrik. Gegen sie bzw. die Sentimentalität und Phrasenhaftigkeit vieler Gedichte richten sich in der modernen Kinderlyrik sprachspielerische Einheiten, die innovativ mit der Bedeutung homonymer Wörter und mit Metaphern spielen.

Hier kommentarlos ein Kontrastbeispiel. Es sei aber erwähnt, daß die Nennung der Naturphänomene – von „Bergrücken" bis „Landzunge" – konkretisierende Metaphern sind, die sprachspielerisch personifiziert werden.

Winter

                              Hans Mauz

Über den Bergrücken
läuft eine Gänsehaut.
Die Bergnase
schnupft den Rotz hoch.
Der Hügelfuß
zieht sich den Stiefel über.
Der Flußarm
schlüpft in den wollenen Ärmel.
Nur die Landzunge
kümmert sich nicht um die Kälte
und leckt das Eis vom gefrorenen See.

(Letzter Text von „Jahreszeiten", in: Christen (Hrsg.): Schnick Schnack
Schabernack, 1978, 24 bzw. 23f., Originalmanuskript)

An dieser Stelle eine Zwischenbemerkung. In Rätseln werden
für die sprachspielerische Umschreibung, Verrätselung häufig
konkretisierende und personifizierende Metaphern verwendet. Ein altes Rätsel als Beispiel für beide Übertragungsarten.

Es sitzen zweiunddreißig Gesellchen
in einem kleinen Ställchen,
sind lustig und munter,
gehn auf und unter,
und ein rotes Möpschen dabei:
so sitzen sie schön in einer Reih.

(Enzensberger, 208)

Punktueller als in den beiden oben zitierten traditionellen Jah-
reszeitengedichten werden Personifikationen in Naturgedichten verwendet, die u. a. Monate zum Thema haben oder Phänomene der Natur. Aber auch diese relational zu einem umfang-
reicheren Kontext sich knapper ausweisenden Metaphern die-

nen der Sinngewichtung oder spaßigen Pointierung. Zur Veranschaulichung Verse aus einigen Texten.

> (…)
> und manche Tanne ahnt, wie balde
> sie fromm und lichterheilig wird;
> und lauscht hinaus. (…)

(Aus „Advent" von Rainer Maria Rilke, Gedächtniszitat)

> (…)
> Ihn (den Regenbogen) malte die Sonne
> mit goldener Hand
> auf eine wandernde
> Regenwand.

(letzte Strophe aus „Der Regenbogen" von Guggenmos, in: Ders.: Was denkt die Maus am Donnerstag?, 1966)

> Wunderbar
> stand er da im Silberhaar. (der verblühte Löwenzahn)
> Aber eine Dame
> (…)
> blies ihm fort die ganze Pracht.
> Und er blieb am Platze
> Zurück mit einer Glatze.

(Aus „Verblühter Löwenzahn" von Guggenmos, in: Lückert, Heinz-Rolf (Hrsg.): Ich sammle Wörter, Köln 1972)

Tiergedichte haben ihren Schwerpunkt in der neueren Kinderlyrik. Ihr spezieller Repräsentant ist Josef Guggenmos, der wiederum die Mäuse zu seiner bevorzugten Spezies erkor. Die Tiere können denken also auch sprechen, lesen und schreiben sowie sich humorvoll oder kritisch an den Menschen wenden. Überwiegend wollen die Gedichte die jungen Leser und Hörer erheitern, seltener haben sie andere Intentionen. Für Lesebü-

cher besteht hin und wieder die Gefahr, daß in Texten vorgestellte Situationen und/oder Sachverhalte nicht mehr zeitent-
sprechend sind, z. B. in den zwei Anfangsstrophen des folgenden Gedichts.

> Die Tintenfliege
>
> Hans Baumann

> In einem offenen Tintenfaß
> ging eine Fliege baden.
> Sie dachte: Nur mal so zum Spaß!
> und wollte keinem schaden.

> Der kleine Hubert hatte grad
> u-Wörter auf, gut hundert.
> Am nächsten Schultag, na, da tat
> der Lehrer sehr verwundert.

> Denn da stand Schüle, ünd, gesünd –
> der Lehrer mußte lachen.
> Er sprach: „Nün, Hübert, sag den Gründ,
> was tüst dü nür für Sachen?"
> (…)

(Aus: Ders.: Kunterbuntes Sprachspielbuch, Freiburg 1979)

Die Personifikation bestimmt die erste Strophe und bildet das
„Erregende Moment" für die Schulsituation.

In den meisten der vorherrschend kurzen Gedichte umfaßt die
personifizierende Metapher mehrere Sätze bzw. eine Strophe
oder auch mehrere Strophen bzw. den gesamten Text. Nun –
unvermeidbar – Verse von Guggenmos.

> Es las ein Bär ein Buch im Bett.
> Es blitzte draußen und krachte.

Der Bär lag, las und lachte.
(...)

(Anfangszeilen von „Es las ein Bär", aus: Ders.: Es las ein Bär ein Buch im Bett. Zungenbrecher von A bis Z, Recklinghausen 1978)

Wieviel wiegt ein Fink?

Ich schrieb einen Brief
nach Amsterdam.
Er hat gewogen
zwanzig Gramm.

Da kam geflogen
zum Fenster herein
ein Fink
Der sagte: „Pink!
Ich möchte auch gewogen sein."
Schwups, saß er auf der Waage.

„Was", rief ich, „du Wicht,
nicht mehr als mein Brief
ist dein ganzes Gewicht?"

„Ach", meinte der Fink,
„mehr brauche ich nicht.
Denn wäre ich schwer,
könnte ich nicht
fliegen so flink.
Pink!"

(Aus: Was denkt die Maus am Donnerstag?, 1967, 46)

Die unterhaltende und belustigende Intention der ersten drei Strophen und die informierende des Schlußparts werden bestimmt durch eine zweimalige Personifikation.

Satzumspannende, auch satzübergreifende Personifizierungen sind für alle Fabeln konstitutiv. Denn in ihnen werden die „Akteure" – meist Tiere – durch Sprechen, oft auch durch ihr übermitteltes Denken vermenschlicht.

Hier sei verwiesen auf die in Kapitel V.4.3 zitierten Versfabeln
„Fink und Frosch" von Wilhelm Busch und „Das Huhn und der
Karpfen" von Heinrich Seidel.

Fabeln wollen primär belehren, stets auch unterhalten. Beide
Intentionen können jedoch zudem komisch akzentuiert sein.
So sind die soeben genannten Texte scherzhaft satirisch betont.

Eine weitere Möglichkeit der Personifikation besteht darin,
daß sich fiktive Tiere in Gedichten mit verschiedenen Intentionen unmittelbar (ohne situative Szenerie) an die jungen Leser
und Hörer wenden. Kommentarlos kontrastive Texte.

Die Schnecke im Winter

Josef Guggenmos

Naht der Winter,
geh ich ins Haus,
mache die Türe zu:
Winter bleib drauß!

Zu ist die Türe.
Komme, wer will:
Ich bin zu sprechen
erst im April.

(Aus: Ders.: Was denkt die Maus am Donnerstag?, 1967, 80)

Die Taube

Rudolf Otto Wiemer

Zum Friedensvogel hat man mich gemacht,
ich sah's auf dem Plakat und hab' gedacht:
Daß mir solch hohe Ehr beschieden,
steht mir zwar reizend zu Gesicht
und macht mich eitel schier –
doch lieber wäre mir,

sie hätten ihren Vogel nicht
und hielten dafür Frieden.

(Aus: Fuhrmann, Joachim (Hrsg.): Poesiekiste, Reinbek 1981)

Die personifizierende Metapher hat die Funktionen

– nur graduell abweichend von denen der konkretisierenden Übertragung –
Sprache zu veranschaulichen, sie bildhaft eindrucksvoll zu prägen,
Aussagen sprachlich zu verdichten (ohne beschreibende, erklärende, begründende Formulierungen),
in einmaliger Verwendung den einzigen oder den bedeutsamsten Gehaltaspekt von Gedichten zu akzentuieren
bzw. durch mehrfache Verwendung zentrale oder sämtliche Gehaltaspekte (in bündigen Texten) als aussagewichtig hervorzuheben.

Häufig sind die personifizierenden Metaphern syntaktisch ausgreifender als die konkretisierenden, indem sie einen Satz oder mehrere Sätze umspannen; außerdem sind sie zumindest in Jahreszeitgedichten bedeutungs- und damit deutungskomplexer.

Natur- und vor allem Tiergedichte bieten sich an, den Schülern die personifizierende Metapher einsichtig zu machen. Textfolgen können konzipiert werden zu den Themen *Jahreszeiten* bzw. *Durch das Jahr* sowie *Kinder und Tiere* bzw. auch *Lustige Tiere.*

5. Innerer Aufbau

Der innere Aufbau lyrischer Texte ist wie ihr äußerer Aufbau verschiedenartig. Einige seiner generellen und speziellen Merkmale sollten bereits in den Literaturunterricht der Primarstufe einbezogen werden.

5.1 Darstellungsweisen und Zeitperspektiven

Den Kategorien der Kinderlyrik entsprechen grundlegende Formen der Darstellung (Gebrauchsverse und Sprachspiele als äußerst komplexe Arten bleiben unberücksichtigt).

– *Die Darstellung in Texten der Erlebnis- bzw. Stimmungslyrik artikuliert sich vorherrschend in beschreibender Rede- und damit Darstellungsweise.* Exemplarisch gelte hierfür das Mörike-Gedicht „Septembermorgen".

> Im Nebel ruhet noch die Welt,
> Noch träumen Wald und Wiesen:
> Bald siehst du, wenn der Schleier fällt,
> Den blauen Himmel unverstellt,
> Herbstkräftig die gedämpfte Welt
> In warmem Golde fließen.

(Aus: Baumann, Gerhard / Grosse, S. (Hrsg.): Eduard Mörike. Werke in drei Bänden, Bd. 2, Stuttgart 1961, 101)

–*Die Zeitperspektive der beschreibenden Darstellung* in dem Text *ist präsentisch* wie in den meisten erlebnisbezogenen Gedichten. –

– *Die Darstellung in Texten der Reflexionslyrik präsentiert sich in den Zentralaussagen stellungnehmend* zu aufgeworfenen Problemen, problematischen Sachverhalten. *Der stellungnehmenden Darstellungsweise ist häufig die fragende Darstellungsweise beigeordnet,* wie es paradigmatisch das (schon in Kapitel V.3 zitierte) Schülergedicht „Warum? Weshalb?" ausweist.

> Warum müssen Bäume sterben?
> Warum? Warum, sagt mir warum?
> Warum müssen Blumen Gasmasken tragen?
> Warum? Warum, sagt mir warum?
> Warum müssen Fische Frischwasser mitschleppen?
> Warum? Warum, sagt mir warum?

Weil Ihr mit Euren Fabriken die Luft verpestet.
Weil Ihr mit Euren Autos Abgase in die Wiesen jagt.
Weil Ihr Eure Abfälle in die Flüsse kippt.

Wollt Ihr das wirklich?
Weshalb tut Ihr nichts?
Tut etwas!

Der Baum, die Blume und der Fisch sagen
Danke!

– *Die Zeitperspektive der stellungnehmenden und fragenden Darstellungsweise* in dem Text *ist präsentisch*, was als typisch für die Reflexionslyrik gelten kann. –
– *Die Darstellungsweise der Geschehnislyrik ist in Erzählgedichten dominant berichtend, in traditionellen Balladen und Versfabeln erstellt zudem die dialogische Darstellung ein weiteres Kennzeichen.*
– *Sowohl die präteritale Zeitperspektive ist aufgrund distanzierter berichtender Darstellungsweise* für Texte der Geschehnislyrik *signifikant als auch die präsentische (= Präsens historicum) aufgrund der lebhaften imaginativen berichtenden Darstellungsweise.* Oft finden sich beide Zeitperspektiven in einem Text. Als Beispiele: die erste Strophe eines Erzählgedichts, eine gekürzte Ballade, die ersten Strophen einer Versfabel.

Die Bremer Stadtmusikanten
Manfred Hausmann

Ein Esel, schwach und hochbetagt,
ein Hund von Atemnot geplagt,
ein Katzentier mit stumpfem Zahn,
und ein dem Topf entwichner Hahn,
die trafen sich von ungefähr
und rieten ihn und rieten her,
was sie wohl unternähmen,

daß sie zu Nahrung kämen.

(…)

(Aus: Ders.: Irrsal der Liebe. Gedichte aus vier Jahrzehnten, Frankfurt 1960, 54 bzw. 54ff.)

Der Handschuh
                        Friedrich von Schiller

Vor seinem Löwengarten,
das Kampfspiel zu erwarten,
saß König Franz,
und um ihn die Großen der Krone,
und rings auf hohem Balkone
die Damen in schönem Kranz.

Und wie er winkt mit dem Finger,
auf tut sich der weite Zwinger,
und hinein mit bedächtigem Schritt
ein Löwe tritt
(…)

Und der König winkt wieder,
da öffnet sich behend
ein zweites Tor,
daraus rennt
mit wildem Sprunge
ein Tiger hervor.
(…)

Da fällt von des Altans Rand
ein Handschuh von schöner Hand
zwischen den Tiger und den Leun
mitten hinein.
Und zu Ritter Delorges spottenderweis
wendet sich Fräulein Kunigund:
„Herr Ritter, ist Eure Lieb' so heiß,
wie Ihr mir's schwört zu jeder Stund,

ei, so hebt mir den Handschuh auf!"
Und der Ritter in schnellem Lauf
steigt hinab in den furchtbarn Zwinger
mit festem Schritte,
und aus der Ungeheuer Mitte
nimmt er den Handschuh mit keckem Finger.

(…)
Da schallt ihm sein Lob aus jedem Munde,
aber mit zärtlichem Liebesblick –
er verheißt ihm sein nahes Glück –
empfängt ihn Fräulein Kunigunde.
Und er wirft ihr den Handschuh ins Gesicht:
„Den Dank, Dame, begehr' ich nicht!", und verläßt
sie zur selben Stunde.

(Aus: Fromm, Hans (Hrsg.): Deutsche Balladen, Darmstadt 1965, 95ff.)

Eins jagt das andere
                        Gottlieb Konrad Pfeffel

Ein Sperling fing auf einem Ast
Einst eine Fliege. Weder Streben
Noch Jammern half; sie ward gefaßt.
Ach, rief sie flehend, laßt mich leben!
Nein! sprach der Mörder. Du bist mein!
Denn ich bin groß, und du bist klein.

Ein Sperber fand ihn bei dem Schmaus.
So leicht ward nie ein Spatz gefangen
Als dieser Spatz. Gib, rief er aus,
Mich frei! Was hab ich denn begangen?
Nein! sprach der Mörder. Du bis mein!
Denn ich bin groß, und du bist klein.

(…)

(Aus: Krüss (Hrsg.): So viele Tage, wie das Jahr hat, 1959, 126, ohne Quellenangabe)

Die Funktionen der für lyrische (und epische) *Texte grundlegenden Darstellungsweisen sind:*

Erlebnishaftes, Empfundenes im weiten Sinne zu beschreiben,
Problematisches im weiten Sinne – oft fragend – zu artikulieren
und zu ihm Stellung zu nehmen,
Geschehenes im weiten Sinne – häufig dialogisch akzentuiert –
zu berichten.

Die vorherrschende präsentische Zeitperspektive in der Erlebnislyrik hat die Funktion:

das vielartig mögliche (positive oder negative) Angesprochensein durch sinnenhaft Wahrgenommenes und durch Empfindungen ihnen angemessen unmittelbar und als bedeutsam auszusagen.

Die überwiegend präsentische Zeitperspektive in der Reflexionslyrik besitzt die Funktion:

das vielartig mögliche Betroffensein durch Wahrgenommenes sowie durch Assoziationen, Gedanken und Gedankenfolgen stellungnehmend unmittelbar und als bedeutsam auszusagen.

Die präteritale Zeitperspektive in der Geschehnislyrik hat die Funktion:

zeitlich zurückliegende (reale oder fiktive) Ereignisse dem analog bzw. zudem auch distanziert zu berichten;

die präsentische Zeitperspektive (= Präsens historicum) hingegen hat die Funktion:

Ereignisse erlebnishaft lebendig zu berichten, um hierdurch ihre Bedeutsamkeit hervorzuheben und ebenso das Interesse der Leser oder Hörer zu steigern.

Die grundlegenden Darstellungsweisen als Rede- und Schreibweisen, auch die temporalen Perspektiven sollten von Schülern dritter und vierter Schuljahre erkannt und benannt werden. Dies gilt gleichfalls für ihre Funktionen. Denn vor allem die berichtende und stellungnehmende Darstellungsweise sind für Textverfassungen der Schüler konstitutiv, wenn auch meist in bescheidenen Ansätzen. Für erzählende Texte trifft dies verstärkt zu, weil sich erzählende Rede- und Schreibweise und dem analog die Darstellungsform Erzählung vorherrschend realisiert durch Aussagen, die in einem unregelmäßigen Wechsel bestimmt sind von den soeben genannten Darstellungsweisen (Berichten, Beurteilen, Bewerten – auch durch Wechselrede –, Beschreiben).

Aus der Zusammenschau von primärer Darstellungsweise sowie Inhalt und Gehalt lyrischer Texte können auch die Termini der entsprechenden Kategorien der Kinderlyrik induktiv abgeleitet werden: Erlebnis-, Geschehnis- und Reflexionslyrik. Statt des letzteren Begriffs ist wohl die traditionelle Bezeichnung Gedankenlyrik in der Primarstufe vorzuziehen.

5.2 Gegensatz, Pointe, Anrede

Außer den grundlegenden Merkmalen der Darstellungsweise und der Zeitperspektive sind für den inneren Aufbau von Gedichten zudem speziell signifikant: Gegensatz, Pointe und Anrede. Schüler sollten auch sie vom dritten Schuljahr an induktiv erkennen und benennen, zumal diese Merkmale für eigene Textproduktionen wichtig sein können.

Der Gegensatz hebt inhaltliche Aussagen und – durch sie getragen, vermittelt – gehaltliche Aussagen voneinander ab und ist ein Gestaltungsprinzip vieler lyrischer Texte.

Als Beispiel das Gedicht „Industriegelände" von Bruno Horst Bull.

Über den Wiesen am Bahndamm
hängt warmer Essenrauch.
Die Männer gehen heim von der Nachtschicht.
Zag blüht ein Rosenstrauch.

Werden die Bienen ihn finden?
Seltsam rührt es dich an,
daß zwischen Stein, Rauch und Essen
noch etwas blühen kann.

(In: Gelberg (Hrsg.): Die Stadt der Kinder, 1969, 156, Originalmanuskript)

Kontrastiert werden „Industriegelände" und Rosenstrauch.
Der Gegensatz bewirkt die melancholische Empfindung, vorgetragen in den letzten Zeilen, die das Sinnzentrum des Gedichts aussagen im „Rückblick" auf die vorgestellte Gegensätz-
lichkeit.

Als weiteres Beispiel kann der Schülertext „Warum? Weshalb?" angeführt werden (s. S. 198f.).

Auf sechs engagiert vorgetragene Fragen folgen kontrastiv drei
fast aggressive Antworten. Erneut werden zwei Fragen gestellt,
dann folgt eine kontrastiv kompromißlose Aufforderung.

Der Gegensatz als ein Gestaltungsmerkmal vieler Gedichte *hat
vor allem die Funktionen*:

Inhaltliches und damit auch Gehaltliches zu polarisieren, wodurch beides intensiver verständlich wird
und wodurch zudem die Intention der Texte schärfere, gewich-
tigere Kontur gewinnt.

Die erstgenannte Funktion können Schüler dritter Schuljahre
erkennen und formulieren.

Viele Gedichte haben wie alle Fabeln, Schwänke und Witze Po-
intenstruktur. In den Schwänken und Witzen ist die Pointe stets
komisierend (= lachenerregend) akzentuiert, in Gedichten
und Fabeln vorherrschend nicht.

Die Pointe als der „Angelpunkt" eines Textes, d.h. als der
mehr oder weniger überraschende, „zugespitzte" Schluß, impliziert seine Intention, die vom Hörer / Leser erkannt wird
aufgrund und in der Zusammenschau der zuvor verstandenen

Gehaltaspekte. Aber: die Intention des Autors, Überlieferers oder Bearbeiters und die ermittelte Intention des bzw. der Rezipienten können divergieren.

Die Pointe hat somit die Funktionen:

einen Text möglichst spannend, effektvoll abzuschließen und durch sie zugleich möglichst überraschend und akzentuiert die Intention eines Textes zu präsentieren.

Beide Funktionen erkennen Schüler dritter Klassen spontan. Die erste Funktion ist außerdem bedeutsam für ihr eigenes Gestalten, ob motiviert durch die Rezeption von Texten oder unabhängig hiervon.

Als ernsthafte Pointe können die beiden letzten Zeilen des Gedichts „Warum? Weshalb?" angeführt werden (vgl. erneut S. 198f.).

Als Beispiel für die komisierende Pointe sei der Schluß der bekannten Versfabel „Das Huhn und der Karpfen" von Heinrich Seidel zitiert.

> Da sprach der Karpfen: Ei!
> (…)
> Wenn ich um jedes Ei
> so kakelte,
> mirakelte, spektakelte –
> was gäb's für ein Geschrei!

(In: Christen (Hrsg.): Schnick Schnack Schabernack, 1978, ohne Quellenangabe)

Es erstaunt, wie zahlreich die Gedichte der Kinderlyrik sind, in denen die jungen Leser und Hörer angesprochen werden. *Die Anrede* kann indirekt erfolgen, indem ununterscheidbar der Autor sich selbst und seine Adressaten anspricht, so in den Versen „Industriegelände" von Bull (s. S. 203f.):

(...)
Seltsam rührt es dich an,
daß (...)
(...)

Weitaus häufiger jedoch erfolgt die unmittelbare Anrede, vor
allem in Gedichten von Krüss und Guggenmos. Ein exemplari-
sches Beispiel ist der (S. 152 zitierte) Text „Das Feuer" von James Krüss.

Suggestiv werden die jungen Leser / Hörer am Anfang von vier
der sechs vierzeiligen Strophen angesprochen:

> Hörst du, wie die Flammen flüstern,
> (...)?
>
> Siehst du, wie die Flammen lecken,
> (...)?
>
> Riechst du, wie (...)
> (...)?
>
> Fühlst du, wie (...)
> (...)?

In der fünften Strophe werden am Beginn jeder Zeile in der
gleichen Reihenfolge die Anreden wiederholt und das vereb-
bende Feuer beschreibend dargestellt:

> Hörst du, wie es leiser knackt?
> Siehst du, wie es matter flackt?
> Riechst du, wie der Rauch verzieht?
> Fühlst du, wie die Wärme flieht?

Als weitere Beispiele seien genannt „Der Regenbogen" von
Guggenmos sowie „Sommer" von Ilse Kleberger (In: Ders.:
Was denkt die Maus am Donnerstag?, 1966; in: Gelberg
(Hrsg.): Die Stadt der Kinder, 1969, 172, Originalmanuskript)

Die wichtigsten Funktionen der Anrede sind:

Leser und Hörer unmittelbar in die Darstellung lyrischer Texte einzubeziehen,

um sie hierdurch verstärkt für ihre Inhalte, Gehalte und Intentionen jeweils zu sensibilisieren, zu interessieren und zu engagieren.

Damit dient die Anrede insgesamt auch der Lese- und Hörmotivation sowie der Lese- und Hörerwartung der Heranwachsenden.

Anmerkungen

[1] Für die Konzeption des IX. Kapitels wurde speziell folgende Literatur herangezogen:

Kayser, Wolfgang: Das sprachliche Kunstwerk. Eine Einführung in die Literaturwissenschaft, Bern / München [5]1959,

Pointek, Heinz (Hrsg.): Neue deutsche Erzählgedichte, Stuttgart 1964,

Pielow, Winfried: Das Gedicht im Unterricht. München 1965, [5]1985,

Steffens, Wilhelm u. a.: Das Gedicht in der Grundschule. Strukturanalysen-Lernziele-Experimente. Zugleich Lehrerhandbuch zum Gedichtband „Klang-Reim-Rhythmus", Frankfurt 1973,

Kliewer, Heinz-Jürgen: Elemente und Formen der Lyrik. Ein Curriculum für die Primarstufe, Hohengehren 1974,

Nieraad, Jürgen: „Bildgesegnet und bildverflucht". Forschungen zur sprachlichen Metaphorik, Darmstadt 1977,

Reger, Harald: Der Witz als Textkategorie und seine didaktische Bedeutung für den Literaturunterricht, in: Muttersprache 6/1975, S. 409–419,

Ders.: Metaphern und Idiome in szenischen Texten, in der Werbe- und Pressesprache (Sammelband), Hamburg 1980,

Ders.: Literatur- und Aufsatzunterricht in der Grundschule. Lernzielorientierte Konzeption und Erprobung, Baltmannsweiler 1984.

[2] Die Bezeichnung Personifikation bzw. personifizierende Metapher hat wissenschaftliche Tradition. Die Nennung dynamisierende Übertragung wurde vor über 30 Jahren in die Metaphernforschung eingeführt. Die Termini konkretisierende / verkörpernde Metapher sowie sensorische und mentalisierende / vergeistigende Übertragung wurden von mir geprägt aufgrund von Untersuchungen zur Metaphorik in Dramen, in der Presse- und Werbesprache (s. vorletzte Angabe in Anm. 1).

Die zuletzt genannten Metaphernkategorien – die sensorische und mentalisierende Übertragung – sind in Texten der Kinderlyrik ohne Bedeutung wie gleichfalls die dynamisierende. Der Vollständigkeit wegen seien sie jedoch knapp mit Beispielangaben vorgewiesen.

Sensorische Metaphern übertragen komplex Sinnesreize als subjektiv wahrnehmbare Merkmale von dinghaften Erscheinungen auf andere Gegenstände sowie Personen, Sachverhalte und Begriffe: heiße Scheibe, kühles Publikum, leichtes Mädchen, süßer Typ, strahlender Sieger, schwarzes Schaf, abklingender Schmerz, stinkfaul.

Die mentalisierende Metapher kann nicht wie andere Übertragungsarten als Sprach-„Bild" bezeichnet werden; sie entsinnlicht, entdinglicht Erzeugnisse menschlicher Tätigkeit und Erscheinungen der Natur (einschließlich des Menschen) zu Begriffen, d.h. sie „vergeistigt" ihre Bezugsobjekte: Deinhard LILA Das Fest, BMW – Freude am Fahren, Du bist eine Null, Pelide, du mein ewiger Gedanke.

³ Exemplarisch: Symbolverständnis im Grundschulalter möglich: Kliewer, H.-J.: s.o. Anm. 1, S. 107–115, noch nicht möglich: Spinner, Kaspar H.: Umgang mit Lyrik in der Sekundarstufe I, Baltmannsweiler 1984, S. 17.

X. Kinderlyrik im Deutschunterricht

1.1 Bedingungsfaktoren des Literaturunterrichts in der Primarstufe einschließlich seiner Methoden

Schülerorientierte und somit produktive Textrezeption in der Primarstufe ist an Voraussetzungen gebunden.

Die Rezeption fiktionaler und expositorischer Texte ist lernzielorientiert auszurichten. Literaturdidaktischen Vorrang haben Lernziele, die sich auf Inhalte und vor allem auf Teilgehalte, Grundgehalte bzw. Intentionen von Texten beziehen (Grundgehalt von Gedichten = Sinnzentrum auf Erlebnis- / Empfindungs-, Reflexions- oder Geschehnisebene; Intention = generalisierter Grundgehalt; in bezug auf Gedichte Grundgehalt und Intention oft identisch). Sekundär sind Lernziele, die sich auf Merkmale von Textarten beziehen und auf die Funktionen sowohl der Merkmale als auch der Textarten (vgl. Kapitel VI). Hinsichtlich der Kinderlyrik haben die formalen Lernziele somit Bezug auf ihre vorgestellten Gattungsarten und deren Unterarten, ebenso auf Merkmale, die für die Kinderlyrik insgesamt konstitutiv sind (vgl. Kapitel V und IX).

Das Textangebot muß die Kommunikationsbereiche und Interessenfelder der Heranwachsenden betreffen und sollte vorherrschend durch thematisch bestimmte Textfolgen strukturiert sein (vgl. Kapitel VII und VIII). Viele wichtige Themen bleiben in der Kinderlyrik (noch) ausgespart, in den Lesebüchern um so mehr. Deshalb ist es u. U. angebracht oder notwendig, Gedichte und andere fiktionale bzw. ebenso expositorische Texte für Sequenzen zusammenzufassen.

Die Rezeption von Texten – vor allem fiktionaler Gestaltungen – erfordert ein Syndrom literaturdidaktisch unabdingbarer Leseweisen / Leserollen (vgl. S. 130f.).

Das Bemühen um die Realisation der genannten Faktoren motiviert die Heranwachsenden für die Rezeption von Literatur im weitgefaßten Sinne und ebenso für Produktionen hinsichtlich rezipierter Texte.

Die zweifache Anregung fördert und motiviert mittelbar außerdem Versuche lyrischen und sprachspielerischen Gestaltens ohne direkten Bezug zur Rezeption von Texten der Kinderlyrik.

Als wichtiger Bedingungsfaktor des Literaturunterrichts muß die methodische Strukturierung der Rezeptionsprozesse eingeschätzt werden. Ihre Möglichkeiten werden nachfolgend speziell in bezug auf fiktionale Texte vorgestellt.

Die „Zugänge" zu Texten sind vorrangig abhängig von deren Inhalten, Gehaltaspekten, Intentionen und Strukturen. Die Methoden sollten gleichfalls aber auch variabel verwendet werden hinsichtlich der Textabfolge in Sequenzen, um die Erschließungen abwechslungsbetont und dadurch motivierend vorzunehmen.

Vortrag oder Vorlesen von Texten mit anschließender spontaner, freier Besprechung eignen sich, was die Kinderlyrik betrifft, besonders für kurze, leichtverständliche und komisch akzentuierte Gedichte. Diese Rezeptionsart entspricht in besonderem Maße dem außerschulischen Lesen der Heranwachsenden und kann generell das Interesse, die Freude an Literatur fördern.

Der sachlogisch und lernpsychologisch vierphasig strukturierte Rezeptionsprozeß ist der im Literaturunterricht vorherrschende (Primär-, Sekundärrezeption, Aneignung, Anwendung, vgl. S. 128ff.).[1]

Durch ihn können Texte jeder Art produktiv erschlossen werden. Umfangreichere und vor allem nicht unmittelbar zu verstehende Texte beanspruchen diese Methode. Sie ist auch als Raster der nachfolgend zu nennenden methodischen „Zugänge" anzusehen. In ihnen werden jedoch u.a. die Phasen verschiedenartig gewichtet, ihre Abfolge wiederholt oder Phasen ausgespart.

Das Sprech-Erlesen von Texten zielt ab auf das ihnen angemessene sinnerfassende Lesen – präziser gesagt – auf das ihnen adäquate klanggestaltende laute Lesen. Besonders bei Gedichten erfordert dies: ein Lesen in inhaltlichen Schritten, die jeweils durch mehr oder weniger kurze Pausen getrennt sind. Eine variable Anzahl von Inhaltsschritten mit gestufter sprecherischer Hervorhebung von bedeutungswichtigen Wörtern markieren jeweils sukzessiv sprechgestaltend die Gehaltaspekte. Auch die Textintention müßte sprechgestaltend Ausdruck gewinnen. Konsequent betrachtet, schließt diese Methode eine intensive gehaltliche Erschließung der Texte mitein. Meistens jedoch wird sie in der fachdidaktischen Literatur als ein den Texten grammatisch und inhaltlich angemessenes Lesen apostrophiert.[2]

Das schrittweise Erlesen – ob jeweils auf einzelne Sätze, Abschnitte bzw. auf einen Vers, mehrere Zeilen, eine Strophe als inhaltliche Einheiten oder Gehaltaspekte bezogen – intendiert, daß sinngestaltendes Lesen und Interpretieren fortlaufend miteinander verbunden sind. Hierdurch wird der individuelle, d.h. zeitlich verschiedene Ablauf der emotionalen und kognitiven Textaufnahme und -erschließung berücksichtigt. Zudem soll die Erwartung, das Mutmaßen hinsichtlich der jeweils noch zu erlesenden Textteile die Rezeptionsmotivation steigern.

Das schrittweise Erlesen eignet sich für kurze Texte und in bezug auf Gedichte für solche, die erhöhten Anspruch an das Verstehen stellen (z.B. Reflexionslyrik). Für längere Texte kann diese Methode wegen Überbeanspruchung der jungen Leser durch eine Vielzahl von Lese- und Interpretationsschüben nicht verwendet werden, wohl aber als Teilmethode während der Erarbeitung.

Das stille Erlesen von Texten jeder Art, besonders aber von fiktionaler Literatur, ist unter unterrichtlichen und außerschulischen Aspekten literaturdidaktisch für Rezeptionsprozesse äußerst wichtig.

Vom 3. Schuljahr an müssen die Heranwachsenden befähigt werden, durch individuelles stilles Lesen Texte selbständig inhaltlich und gehaltlich so aufzunehmen und zu verstehen, daß nach oder im Bezug auf Spontanäußerungen die intensive Sekundärrezeption erfolgen kann (u. U. nach sachlichen Klärungen und Ausräumen von Verstehensschwierigkeiten). Zudem stellt das stille Lesen bzw. Erlesen durchgängig die Leseform für jedes außerschulische Lesen dar.

Weiterhin ist jedes Vorlesen, Vortragen fiktionaler Texte von Lehrpersonen und Mitschülern / innen ein mehr oder weniger ausgeprägtes interpretierendes Lesen. Dies gilt gleichfalls für andere akustische Übermittlungsarten. Hierdurch kann das Verstehen literarischer Texte vorgesteuert oder sogar manipuliert werden. Deshalb ist das stille Lesen, Erlesen gegenüber dem in der Primarstufe dominanten Lehrervortrag – so bedeutsam er ist – zu intensivieren.

Als Teilmethode des Literaturunterrichts zielt das stille Erlesen ab auf individuelles Verstehen und Beurteilen, Werten fiktionaler Texte im Sinne der Primärrezeption (wobei das Erkennen von Textmerkmalen miteingeschlossen sein kann). Wird *das stille Erlesen verbunden mit Arbeitsaufgaben, die schriftlich auszuführen sind im Sinne der Texterschließung* = Sekundärrezeption, dann ist die *Kombination der beiden Teilmethoden* als eine *bedeutsame Methode der Textrezption* zu bezeichnen.

Im Gegensatz zum jeweils individuellen Erlesen der Texte kann die schriftliche Beantwortung von Leitfragen, Denkimpulsen zu Teilgehalten, Grundgehalten oder Intentionen sowie zu Merkmalen von Texten nicht nur in Individual-, sondern (sehr motivierend) auch in Partner- und Kleingruppenarbeit erfolgen. Schon Ende des 3. Schuljahrs sind Mädchen und Jungen fähig für eine so strukturierte Textrezeption. Außerdem haben sie stets die Erfolgserfahrung, daß sie selbständig einen Text erschlossen.

Die Lehrpersonen können, wenn die schriftlichen Aussagen individuell erfolgen, die Verstehensfähigkeit der jungen Leser / innen punktuell objektiviert überprüfen und bei Defiziten gezielt auf diese eingehen. Weiterhin ist es möglich – vor allem jedoch in der Sekundarstufe I – anhand aufbewahrter und verglichener Arbeitsblätter eine Steigerung oder Regression der Verstehensfähigkeit festzustellen.

Hinsichtlich der Kinderlyrik eignet sich in der Primarswtufe diese Rezeptionsmethode – stilles Lesen kombiniert mit schriftlicher Fixierung von Arbeitsaufgaben – für leichtverständliche reflexions- und geschehnisbestimmte Gedichte.

Das Antizipieren von Texten beinhalt ihr mehrfach mögliches Vorgestalten.

Antizipieren im engeren Sinne ist eine Methode der Textrezeption. Sie artikuliert sich – speziell bezogen auf fiktionale Literatur – wie folgt: Übermittlung oder stilles Lesen des ersten Textparts, Interpretation und mündlicher Vorentwurf der nachfolgend zu erwartenden Inhalts- und Gehaltaspekte. Dieser Dreischritt wiederholt sich nach der Übermittlung bzw. dem stillen Lesen jedes weiteren Textteils, wobei der Vergleich der antizipierenden Überlegungen mit dem bislang jeweils erschlossenen Textausschnitt zur differenzierten Erarbeitung des Gesamttextes motiviert. Letzteres gilt ebenso hinsichtlich der noch zu nennenden Antizipationsformen.

Die vorgestellte Antizipationsmöglichkeit eignet sich generell für längere Texte, in bezug auf die Kinderlyrik speziell für geschehnis- und reflexionsbestimmte Gedichte.

Eine Modalität der Antizipation im weiteren Sinne als Rezeptionsmethode besteht darin, einen mehr oder weniger umfangreichen Textpart vorzugeben, zu erschließen oder auch nicht, um dann – in den möglichen unterrichtlichen Sozialformen – den Textschluß oder die noch vorzuentwerfenden Passagen schriftlich zu verfassen. Antizipationen und Originaltext werden diskutierend und beurteilend miteinander verglichen.

Eine Variante dieser Möglichkeit ist, nicht nur einen Teiltext für die Antizipation vorzugeben, sondern auch ein Merkmal bzw. mehrere Elemente – konstitutiv für den Text –, die bei dem antizipierenden Schreiben verwendet werden sollen.

Eine andere Variante wäre, Textmerkmale nicht vorzugeben, aber ihre Verwendung zu fordern, weil sie bei der Rezeption gleichartiger Texte erarbeitet wurden.

Der Vergleich der Schülerproduktionen mit dem Originaltext intensiviert nicht nur dessen Rezeption, sondern sensibilisiert die Heranwachsenden für die Struktur von Texten bzw. Textarten und für die bewußte Berücksichtigung von Merkmalen bei ihren eigenen Produktionen.

Die skizzierte Antizipationsmöglichkeit im weiteren Sinne und ihre Varianten können in begrenztem Maße für Texte aller Gattungsarten der Kinderlyrik benutzt werden mit Ausnahme der meist sehr knapp gefaßten Gebrauchsverse.

Die schwierigste rezeptionsmethodische Form der Antizipation im weiteren Sinne ist, wenn für eine Vorgestaltung nur das mehr oder weniger mündlich aufbereitete Thema eines Textes oder einer Textfolge vorgegeben wird, dessen bzw. deren Rezeption nach den Produktionen der Schüler / innen und im Vergleich mit ihnen erfolgen soll. Als mögliche Themen zu Einzeltexten der Erlebnislyrik sind u. a. zu nennen – stimuliert durch aktuell eigenes Erleben –: Regen, Wind, Schneefall – und als Themen für Sequenzen reflexionsakzentuierter Gedichte: Probleme zwischen Kindern und Eltern, Kinder unter sich (in der Perspektive: Probleme zwischen Heranwachsenden).

Das Gestalten derartiger nur themengebundener lyrischer Texte in freien Versen sensibilisiert die Kinder für die angesprochenen Phänomene und Probleme und läßt sie empfinden, wie schwierig es ist, Sprache verdichtend zu gestalten.

Die Restitution, d.h. die Wiederherstellung geänderter Texte ist eine Teilmethode der Literaturrezeption.

Das Aufdecken der Manipulationen und ihre erfolgreiche oder nicht gelungene Auflösung motivieren Heranwachsende sehr für die Erarbeitung der Originaltexte.[3]

Wenn Restitutionen nicht den Originaltext ermitteln, sind sie ein didaktisch bedeutsamer Anlaß, die „Verfasser / innen" ihre „Texte" begründen und gegenüber dem Primärtext „verteidigen" zu lassen. Hierdurch wiederum kann dieser eingehender und kritischer erschlossen werden als durch einen Rezeptionsprozeß, für den der Primärtext vorliegt.

Möglichkeiten der Manipulation in bezug auf Kinderlyrik sind u.a.: Reime in Zeilen auszulassen, mehrfach Zeilen in strophenlosen Gedichten zu vertauschen, Strophen umzusetzen, Gedichte mit Reimschemata – strophig gestaltet oder nicht – in Prosaanordnung zu fixieren.

Wie aus den Angaben erkennbar wird, ist der äußere Aufbau von Gedichten wiederherzustellen, wodurch strukturelle, aber, damit verbunden, auch inhaltliche und gehaltliche Vorerfahrungen gemacht werden, bevor die Rezeption der Originaltexte erfolgt.

Für Restitutionen kommen mit Ausnahme der Gebrauchsverse Texte der anderen lyrischen Gattungsarten in Frage.

2. Rezeption von Texten der Kinderlyrik als Motivation
   für Textverfassungen im übergeordneten Bezugsrahmen von Möglichkeiten der Produktion aufgrund rezipierter fiktionaler Literatur

2.1 Grundlegendes

Fiktionale Texte bestimmen vorherrschend den Literaturunterricht in der Primarstufe, und wegen ihres sehr komplexen Aussagespektrums überwiegen wiederum Prosakurzformen. Sie
ermöglichen bzw. provozieren teilweise vielfältigere Produktionen als rezipierte lyrische, szenische und expositorische Texte.

Fiktionale Literatur jeder Gattungsart kann sowohl durch ihre
Inhalte als auch vor allem durch ihre Gehaltaspekte und Intentionen sowie durch ihre formalen Merkmale die Heranwachsenden zum Sprechen, Schreiben und zu Spielen anregen.

Speziell erzählende Texte präsentieren, aber ebenso lyrische –
obwohl eingeschränkter – mehr oder weniger komplexe
Sprech- und Schreibsituationen, wenn sie auf Möglichkeiten
zum Sprachhandeln überdacht werden.

Aufgrund des Angebots fiktionaler und expositorischer Literatur ist es schon in der Primarstufe möglich, analog zu den rezipierten Texten die für Heranwachsende und Erwachsene wichtigen Sprech- bzw. Redeweisen und Schreibweisen systema-
tisch schülermotiviert zu ermitteln und einzuüben: informie-
rendes und appellierendes, erzählendes und reflektierendes
Sprechen und Schreiben.

Selbstverständlich können hinsichtlich der einzelnen Texte und
Textsequenzen in Individual-, Partner- oder Gruppenarbeit
auch verschiedenartige Produktionen erfolgen ohne Einpas-
sung in eine aufsatzdidaktische klassenspezifische Konzeption.

Alle vorzuführenden Möglichkeiten der Textverfassung, motiviert durch die Rezeption von Texten, stehen, verschiedenartig

gewichtet, im Bezug zu den angegebenen Globallernzielen für einen – zumindest zeitweise – integrierten Literatur- und Aufsatzunterricht (vgl. Kapitel VI).

Alle Produktionsmöglichkeiten erfüllen, verschiedenartig akzentuiert, die Bedingungsfaktoren schriftlichen Sprachhandelns:

1. intentional bestimmt und 2. adressatenorientiert, hierdurch 3. inhaltlich ausgerichtet und somit 4. auf eine Textart bezogen, die 5. durch textartspezifische Merkmale – unbewußt oder bewußt verwendet – zu realisieren ist.

Textproduktionen, motiviert durch Textrezeption, sind didaktisch auch bedeutsam, weil sie in der Perspektive der inneren Differenzierung plan- und durchführbar sind. D.h.: Abstufung der Anforderungen, was die Interessen der Schüler / innen betrifft und vor allem ihre unterschiedliche Leistungsfähigkeit und -intensität.

Das Repertoire der Texterstellungen, angeregt durch die Rezeption fiktionaler Literatur, kann in zwei Gruppen gesondert werden: in reproduktive Textverfassungen und produktive, d.h. als kreativ akzentuiert zu bezeichnende.[4]

2.2 Reproduktive Textverfassungen motiviert durch Textrezeption

2.2.1 Vortragen rezipierter Texte – ablesend oder auswendig

Sinnangemessenes und intentionsbezogenes klanggestaltendes Lesen bzw. Vortragen ist das erstrebenswerte, jedoch nicht von allen Schülern/innen zu erreichende Ziel. Texte aller Gattungsarten der Kinderlyrik eignen sich in besonderem Maße für das ihnen angemessene klanggestaltende Lesen. Hinsichtlich der Gebrauchsverse sollten die Heranwachsenden außerdem angeregt werden, ihnen bekannte Reime und Lieder in gleicher Weise vorzutragen bzw. zu singen. Gefördert wird die sprecherisch angemessene Gestaltung von Gedichten, wenn sie durch Gebrauchsgegenstände und/oder (Orffsche-)Instrumente rhythmisiert und verklanglicht werden.[5]

Zur bewertenden Überprüfung von Vorträgen und zu ihrem Vergleich empfiehlt sich (ab und zu) die Speicherung auf Kassette. Noch methodisch intensiver und fördernder wäre es, wenn jedes Kind eine Sprechkassette besäße.

2.2.2 Nacherzählung rezipierter Texte

Alle narrativen (= erzählenden) und szenischen Texte motivieren zum Nacherzählen, hinsichtlich der Kinderlyrik kommen hierfür nur begrenzt geschehnisbestimmte Gedichte in Frage.

Die Nacherzählung intendiert die präzise Wiedergabe eines Handlungsablaufs. Sie wird deshalb immer noch in literaturdidaktischen Publikationen legitimiert als Überprüfung der inhaltlichen Aufnahme von Texten vor ihrer Erschließung.

Nach der wie auch jeweils erfolgten Textübermittlung sind die Heranwachsenden motiviert, sich spontan im Sinne der Primärrezeption zu äußern, ebenso Nichtverstandenes vorzubringen. Das Abblocken der literaturdidaktisch eminent wichtigen Spontanäußerungen zugunsten mündlicher Nacherzählung läßt im Anschluß an sie die Bereitschaft, über den Text zu sprechen, schwinden, gleichfalls wird die Bereitschaft für die Sekundärrezeption abgeschwächt.

Mündliche oder schriftliche Nacherzählungen sind nach der Textrezeption , z.B. am folgenden Tag, angebracht.

Die schriftliche Nacherzählung wird in der Aufsatzdidaktik mißkreditiert, weil sie geringe Anforderungen stelle verglichen mit anderen Produktionsformen.

Wie bedeutsam jedoch vor allem schriftliche Nacherzählungen sind, sollen ihre aufsatz- und literaturdidaktischen Funktionen erweisen:

– Nacherzählung von Umweltgeschichten und hierfür geeigneten Erzählgedichten, in denen fiktive Kinder agieren = spezielle Übungsform für Erlebniserzählungen,
– Nacherzählung von Texten der Geschehnislyrik und aller Prosakurzformen (mit Ausnahme der Umweltgeschichten und der soeben genannten Erzählgedichte) = allgemeine Übungsform für Erlebniserzählungen sowie für gebundene und freie Phantasieerzählungen;
– Nacherzählung somit zugleich allgemeine Übungsform für erzählende Sprech- und Schreibanlässe, die kreativ akzentuiertes Denken erfordern (s. nachfolgend 2.4.2 und 2.4.3),
– durch Nacherzählungen können induktiv erkannte Merkmale von Texten eingeübt und verfügbar gemacht werden.

Als literaturdidaktische Funktionen sind zu nennen:

– Intensivierung der Vorstellungs- und Erlebnisfähigkeit,
– erneute und damit verstärkte Vergegenwärtigung des Geschehnisablaufs in Texten sowie zumindest teilweise
– erneute Vergegenwärtigung der Teilgehalte, Grundgehalte bzw. auch Intentionen von Texten, wodurch
– punktuell erneut die Verstehens- und Wertungsfähigkeit angesprochen wird;
– induktiv erkannte Merkmale werden verfügbar für die Rezeption von Texten der gleichen Art und teilweise auch für die Erschließung von Texten anderer Arten (z.B.: Die indirekte Kennzeichnung der Akteure ist konstitutiv für alle epischen Kurzformen und dominant ebenso für Balladen, Versfabeln; die Pointe ist konstitutiv für Schwänke, Prosa-, Versfabeln sowie einschließlich letzterer für viele Texte sämtlicher Gattungsarten der Kinderlyrik).

Weiterhin präsentiert sich heutzutage im Medien-Zeitalter die Nacherzählung als eine nicht zu unterschätzende Form des Konzentrationstrainings.

Längere Texte sollten für schriftliche Nacherzählungen in Si-

tuationen des Handlungsverlaufs unterteilt werden, auch u. U.
im Sinne der inneren Differenzierung. In bezug auf Gedichte
der Geschehnislyrik kann dies wegen ihrer Kürze entfallen.

2.2.3 Kurzniederschriften zu Gehaltaspekten rezipierter Texte

Sie sind möglich hinsichtlich narrativer und szenischer Texte sowie von Gedichten der Reflexions- und Geschehnislyrik. Sie
beziehen sich auf Besprechungsergebnisse der Sekundärrezeption.

Wie die Praxis beweist, können bereits Kinder 2. Schuljahre
Teil- und Grundgehalte von Texten angemessen formulieren,
die ihrem Leseinteresse und Verstehenshorizont entsprechen.
Vom 3. Schuljahr an verbalisieren sie schon häufig Textintentionen und sind auch fähig, diese sowie Teil- und Grundgehalte
schriftlich zu fixieren aufgrund von Fragen und Denkimpulsen.

Die Formulierungsweise der Kurzniederschriften weist ein
Spektrum auf von äußerst emotional bis sehr distanziert und ist
bedingt von dem Grad der Betroffenheit der Mädchen und
Jungen sowie ihrer seelisch-geistigen Haltung.

Die Artikulationsform der Niederschriften erfordert funktinal,
daß den Schreibenden die Aufgabe der Stellungnahme bewußt
ist und somit grammatisch stellungnehmende Satzmuster (weil-
denn-daß) zu verwenden sind (Ob dies unbewußt geschieht
oder gezielt, weil entsprechende Satzgefüge ermittelt und
durchdacht wurden, spielt keine Rolle).

Die Artikulationsform der Niederschriften intendiert inhaltich
eine möglichst differenzierte argumentierende Beantwortung
der Fragen oder Schreibimpulse.

In diesem Zusammenhang ein kurzer, m. E. wichtiger Exkurs.

Kurzniederschriften ermöglichen in einem lernzielorientierten
Literaturunterricht vom 3. Schuljahr an eine Überprüfung des

Verstehens der Gehaltaspekte rezipierter Texte. Die Überprüfung kann auch die Inhaltserfassung von längeren Texten einschließen sowie die induktiv erkannten Merkmale einer Textart.

Ein Beispiel:

Drei, vier Fabeln in Prosa- und Versform sind in einer 4. Klasse
rezipiert zu dem Thema „Unüberlegtes Handeln", bezogen auf
den Kommunikationsbereich „Kinder und ihre Alterspartner"
oder – zutreffender – „Erwachsene unter sich" (Fabeln haben
die gleichen textartkonstitutiven Strukturmerkmale, bei Versfabeln kommen hinzu ein Reimschema und häufig eine strophi-
sche Anordnung).

Um die beiden zentralen Ebenen der Textaufnahme zu überprüfen, werden hinsichtlich des zuletzt rezipierten Sequenztex-
tes auf einem Arbeitsblatt den Mädchen und Jungen je zwei bis
vier Fragen, Impulse zu den Gehaltaspekten vorgelegt (einschließlich u. U. einer Aufforderung, die Intention des Textes =
die Lehre dieser Fabel zu formulieren); gleichfalls erfolgen
Fragen zu den Merkmalen, die (möglichst sukzessiv) an den
Sequenztexten erarbeitet wurden.

Hier nun entsprechende Formulierungen hinsichtlich der Versfabel „Fink und Frosch" von Wilhelm Busch (s. S. 77):

1. Warum klettert der Frosch auf den Baum und quakt?
2. Wie denkst du darüber, daß der Frosch vom Baum springt?
– und in bezug auf die Intention der Fabel = ihre Lehre, die von
der „tierischen" auf die menschliche Ebene bei der Rezeption
des Textes zu übertragen war –:
3. Diese Fabel will uns etwas klar machen / beweisen! – oder
direkter – Schreibe die Lehre dieser Fabel auf!
4. Wodurch erfahren wir, was der Frosch denkt und will?
(durch sein Tun und Sprechen = indirekte Kennzeichnung)
5. Sprechende Tiere gibt es nicht. Wer ist (also) mit ihnen in
den Fabeln gemeint? (die Menschen = durch Vermenschli-
chung der Tiere)

6. Wie nennt man den letzten, wichtigen Teil der Fabel, der die Lehre enthält? (den – mehr oder weniger – überraschenden Schluß = Pointe)

Lernzielkontrolltests dieser Art fallen, nach welchem Maßstab sie auch beurteilt werden, überraschend positiv aus und sind für die Schüler / innen zugleich Erfolgserfahrungen.[6]

Kurzniederschriften, vor allem die testunabhängigen ausführlicher anzufertigenden, haben die aufsatzdidaktischen Funktionen:

– Stellungnahmen, Begründungen hinsichtlich ermittelter Gehaltaspekte rezipierter Texte in selbständigen Formulierungen zu reproduzieren.

Damit erweisen sie sich als Kurzerörterungen, Kurzkommentare und sind eine

– Übungs- und Vorform der Erörterung, des Kommentars und des Besinnungs- / Problemaufsatzes (die als funktional bestimmte Aktionsformen kreativ akzentuiertes Denken provozieren im Gegensatz zu den reproduktiven Kurzniederschriften).

Als literaturdidaktische Funktionen sind herauszustellen:

– erneute Vergegenwärtigung der Textinhalte,
– wiederholte Vergegenwärtigung zumindest angesprochener Teilgehalte, auch der Grundgehalte und Intentionen, wenn sie durch Impulse im Test angezielt sind.

Hierdurch werden
– punktuell jeweils erneut die Verstehens- und Wertungsfähigkeit angesprochen, wodurch zugleich auch
– punktuell jeweils wiederholt der eminent wichtige Bezug der Texte zur Lebenswirklichkeit und zum Erfahrungshorizont der Heranwachsenden intensiviert wird.

2.3 Textproduktion und Kreativität

Die vor über 30 Jahren einsetzende intensive Kreativitätsfor-

schung kann gegenwärtig wegen der Komplexität des Phänomens eine Definition des Begriffs nicht erbringen und wird es
voraussichtlich auch später nicht können.[7]

Als gesichert gelten die Hauptmerkmale der intellektuellen
Kreativität und die Phasen des kreativen Prozesses.

Grundlegende Merkmale sind:

– Universalität, d.h. alle Menschen besitzen kreatives Potenti-
al in verschiedenem Grade;
– Komplexität, dies besagt: die verschiedenen Arten der Kreativität entfalten sich aus dem Wechselbezug zwischen den phy-
siologischen, psychischen und umweltbedingten Variablen eines Menschen;
– Prozeßhaftigkeit, d.h. Kreativität benötigt Zeit, bringt Neuartiges oder Ungewöhnlihces hervor und ist von Nutzen;
– Abhängigkeit von umfangreichen Informationen sowie der
Bereitschaft und Möglichkeit, sie zu verwenden; was besagt:
kreative Reaktionen, Gedanken, Produkte sind Ergebnisse des
Wissens, wobei die Fähigkeit, Neuartiges zu schaffen, angewie-
sen ist auf neue Assoziationen hinsichtlich der verfügbaren Informationen.

Die Hauptkennzeichen implizieren, wenn vom ersten abgesehen wird, die für Kreativität bekannteren Merkmale: Originalität und Phantasie, geistige Flexibilität und Fluktuation der
Assoziationen und Gedanken.[8]

Der kreative Prozeß weist mehrere Phasen auf:

– die Problematisierung: zu lösende Aufgaben, Schwierigkeiten, Informationslücken werden in einem bewertenden Denkvorgang bewußt;
– die Exploration (= Untersuchung, Befragung): durch geistige Flexibilität, Originalität und Verarbeitungsfähigkeit werden
Hypothesen formuliert, Fragen gestellt, Informationen unter-
sucht, und zwar in einem divergenten Denkvorgang;

– die Inkubation: sie ist gekennzeichnet durch den Fortgang
einer unbewußten geistigen Aktivität;
– die heuristische Regression (= (er)findende Rückführung):
Lösungsansätze finden sich spontan ein, von denen bewertend
der am besten erscheinende ausgewählt wird;
– die Elaboration: dieser Lösungsansatz wird ausgearbeitet
und kommunizierbar gemacht;
– die Verbreitung der Neuleistung.[9]

Für kreative Textverfassung allgemein und kreativ akzentuierte
mündliche und schriftliche Textproduktionen von Schülern
speziell ist die Phase der Elaboration in Abhängigkeit von den
vorherigen entscheidend.

Es kann als gesichert gelten, daß (über Vorstufen der Sprach-
entwicklung des Individuums) etwa vom sechsten Lebensjahr
an Denken in der „inneren Sprache" erfolgt. Sie hat eine spezi-
fische Struktur und ist semantisch zentriert. Beim Übergang
von der inneren zur äußeren mündlichen und schriftlichen
Sprache findet eine komplexe dynamische Transformation
statt: die Umformung in eine lautlich artikulierte, syntaktisch
gegliederte und anderen verständliche Sprache. Die Vermittlung des Denkens über die innere zur äußeren Sprache begründet, daß Denken und Sprechen und somit auch Schreiben von
Texten als Prozesse eine Einheit, aber keine Identität bilden.[10]

Durch diese Erkenntnisse über die Beziehung von Denken und
Sprachhandeln sind hinsichtlich kreativen Denkens und kreati-
ver Sprachverwendung in der Phase der Elaboration folgende
Möglichkeiten gegeben:

– kreatives Denken äußert sich in kreativer Sprachverwendung,
– kreatives Denken artikuliert sich in nicht-kreativer Sprachhandhabe,
– nicht-kreatives Denken präsentiert sich in kreativem Sprachgebrauch.

Die Abgrenzung zwischen kreativem und nicht-kreativem Denken sowie dem analogen Sprachhandeln ist problematisch, nicht aber, daß kreatives Denken und kreative Sprachverwendung wie alle kreativen Phänomene komplex sind und vor allem durch die beiden letztgenannten Hauptmerkmale der Kreativität geprägt werden: die Prozeßhaftigkeit und die Abhängigkeit von Informationen, gekoppelt mit der Bereitschaft, diese zu benutzen.

Kreatives Denken in kreativer oder nicht-kreativer Sprachhandhabe präsentiert sich als inhaltlich Neuartiges oder Ungewöhnliches in mündlichen und schriftlichen expositorischen Texten. So sind z.B., bezogen auf Texte von Schülern, begründete Stellungnahmen in einer Kurzniederschrift zu Gehaltaspekten einer in der Klasse noch nicht rezipierten Erzählung als gedanklich kreativ zu bezeichnen. Kreatives Denken in kreativem oder nicht-kreativem Sprachgebrauch dokumentiert sich – über Inhalte vermittelt – als gehaltlich Neuartiges oder Ungewöhnliches in fiktionalen Texten. Gedanklich kreativ ist z.B. die Änderung der Intention einer Erzählung durch die Umgestaltung ihrer Schlußpassage.

Kreatives Sprachhandeln präsentiert sich als sprachlich Neuartiges oder Ungewöhnliches in Texten. Sprachlich kreativ ist in hohem Grade z.B. die Transformation einer Erzählung in einen szenischen Text.

Kreative Denkprozesse verbunden mit kreativem Sprachgebrauch bleiben im Deutschunterricht der Primarstufe Ausnahmeerscheinungen.[11] Die Ansicht, Schüleraufsätze – ohne die Unterscheidung von kreativem Denken und kreativer Sprachhandhabe zu berücksichtigen – als kreativ auszuweisen, weil durch sprachliches Gestalten ein neues gefügtes Sprachprodukt entstehe, ist überzogen.[12]

Um das Phänomen der Kreativität hinsichtlich mündlicher und schriftlicher Textherstellung von Primarstufenschülern nicht über Gebühr euphorisch einzuschätzen, ist es angebracht, Produktionen als kreativ akzentuiert zu bezeichnen, wenn in ihnen eine der drei vorgeführten kreativen Möglichkeiten der Relation von Denken und Sprachverwendung mehr oder weniger ausgeprägt repräsentiert wird. Im Hinblick auf Sprech- und Schreibanlässe aufgrund rezipierter Texte dominieren die, in denen sich kreativ akzentuiertes Denken in nicht-kreativer Sprachverwendung artikuliert.

2.4 Kreativ akzentuierte Textverfassungen motiviert durch Textrezeption

2.4.1 Erlesen und Vortrag von Texten – ablesend oder auswendig

Selbständiges Erlesen von Texten beinhaltet, daß sie individuell oder zudem in Partner- und Gruppenarbeit vertieft inhaltlich und gehaltlich sowie möglichst auch intentional aufgenommen werden als Voraussetzung ihres sinnangemessenen klanggestaltenden Vortrags. Die sprecherisch gestalteten Texte könnten (u. a. als Hausarbeit, auch mit verteilten Rollen) – wie schon für das Vortragen rezipierter Texte angemerkt wurde – aus verschiedenen Gründen auf Kassette(n) gespeichert werden.

Bereits der Vortrag eines Textes, mehr noch Vortragsvergleiche motivieren zur freien oder gelenkten Besprechung. Methodisch ist dieses Erlesen eine Abfolge bzw. Verbindung von stillem Erlesen und Sprech-Erlesen und stellt eine gedanklich sowie sprachlich kreativ akzentuierte Leistung dar.

Für das selbständige Erlesen und nachfolgende Vortragen eignen sich im Hinblick auf Kinderlyrik Texte aller Gattungsarten.

Die literaturdidaktischen Funktionen dieses Sprachhandelns sollen nicht aufgelistet werden, ebenso nicht die der noch darzustellenden Möglichkeiten kreativer Texterstellung. Ihre Funktionen erweisen sich insgesamt als gleichartig mit denen, die in bezug auf die reproduktiven Modalitäten der Textverfassung aufgeführt wurden. Ihr gravierender Unterschied zu letzteren besteht jedoch darin, daß die Funktionen sich auf kreativ akzentuiertes Denken mit koordinierter oft auch kreativ akzentuierter Sprachtätigkeit beziehen. Wenn es erforderlich ist, werden weitere Funktionen genannt.

Differenzierter sei nochmals herausgestellt: Alle kreativ akzentuierten mündlichen, schriftlichen und szenisch gestaltenden Möglichkeiten der Textverfassung erfüllen die Forderungen der vorgestellten inhaltlichen Globallernziele und ebenso der formalen, wenn den Schülern / innen Funktionen und wichtige Merkmale rezipierter Textarten bekannt und z.T. maßgebend sind für eigene Produktionen (vgl. Kapitel VI). Weiterhin treffen für sie sämtliche Bedingungsfaktoren schriftlicher Sprachtätigkeit zu (vgl. X.2.1). Nachdrücklich ist ihr verstärkter Adressatenbezug zu betonen. Die Mädchen und Jungen wünschen mit Recht die Anerkennung ihrer Leistung und haben Interesse an den Produktionen der anderen.

2.4.2 Nacherzählung nicht rezipierter Texte

Generell können sämtliche narrativen und szenischen Texte, auch von technischen Medien akustisch und audiovisuell übermittelte, nacherzählt werden, gleichfalls die Inhalte geschehnisbestimmter Gedichte.

Die komplexe Bedeutung dieser Darbietungen, oft im Erzählkreis, liegt auf der Hand.

Literaturdidaktisch ist anzumerken: Heranwachsende, die Passagen aus gelesenen Büchern oder kurze Texte nacherzählen, können die Zuhörer zur gleichen außerschulischen Lektüre anregen; zudem ist es hierdurch möglich, gemeinsam Kinderbücher für den Unterricht auszuwählen.

2.4.3 Nacherzählung rezipierter Texte mit verlegter Erzähl-
　　　perspektive

in die bzw. eine Hauptgestalt oder eine Nebenfigur. Diese Art
der mündlichen und schriftlichen Nacherzählung eignet sich
für viele Prosatexte, aber nur für wenige Gedichte der Geschehnislyrik. Sie erfordert meistens einen Erzählrahmen (si-
tuativen Anfang und Schluß), den der Primärtext nicht aufweist. Es ändert sich im jetzt schwierigeren Erzählvorgang die
Konstellation der Akteure und die Zeitstruktur. Das gilt besonders, wenn mit dem Perspektivewechsel sich zugleich die Erzählform ändert: von der Er- zur Ich-Form oder umgekehrt.[13]

Lustige Umweltgeschichten, Schwänke und auch Märchen erzählen aufgrund ihrer speziellen Identifikationsangebote Heranwachsende engagiert aus einer anderen Perspektive und dem
analog vor allem schwankhafte geschehnisvolle Gedichte.
Z. B.: „Die Heinzelmännchen zu Köln" (August Kopisch) aus
der Perspektive des Zwergs X, des Schneiders, „Die Bremer
Stadtmusikanten" (Manfred Hausmann, Ausschnitt S. 199)
aus dem Blickwinkel des Esels, „Ladislaus und Komkarlinchen" (Peter Hacks, Ausschnitt S. 75f.) in der Perspektive des
Anti-Helden.

Varianten dieser Nacherzählungsart entstehen, wenn durch die
entworfene Anfangssituation die Abfolge weiterer Situationen, Episoden geändert wird, sofern es mehrere sind, oder indem im Sinne einer Ausgestaltung Begebenheiten eingefügt
werden. Weiterhin ist es naheliegend, der erzählenden Figur
oder der im Erzählvorgang zuhörenden Figur Stellungnahmen
in den Mund zu legen, z. B. bei dem Thema „Der Schneider er-
zählt seinem Sohn / seiner Tochter (von den Heinzelmännchen)". Die Stellungnahmen beziehen sich auf die Erschließung der Kinder-Ballade in der Klasse, oder sind teilweise unabhängig davon.

2.4.4 Kurzniederschriften zu Gehaltaspekten von Texten mit eigenen Stellungnahmen

Was Gedichte betrifft, kommen hierfür nur Texte der Reflexions- und Geschehnislyrik in Frage.

Hinsichtlich rezipierter Texte kann es – wenn auch selten – bei der Niederschrift zu einem Gehaltaspekt möglich sein, daß Kinder im nachhinein begründet Stellung beziehen gegen eine in der Klasse ermittelte Teilgehalterschließung.

Wie im ersten Teil des X. Kapitels bereits dargestellt wurde, sind die Mädchen und Jungen am Ende des 3. Schuljahrs fähig, leicht verstehbare Texte jeder Art selbständig zu erschließen.

Somit bieten sich in bezug auf Kurzniederschriften zu Gehaltaspekten mehrere Möglichkeiten an, die in Einzel-, Partner- oder Kleingruppenarbeit durchführbar sind. Vorausgeht jeweils das individuelle stille Erlesen des vorliegenden Textes.

In frei gewählter unterrichtlicher Sozialform erfolgen Niederschriften zu einem selbst ausgewählten Teilgehalt oder u. U. auch zum Grundgehalt bzw. zur Intention des Textes. Die entsprechenden Fragen, Schreibimpulse sind – dies gilt ebenso für die weiteren Modalitäten – auf einem Arbeitsblatt, der Wandtafel oder über den Tageslichtprojektor fixiert.

Die zweite Möglichkeit: Die Klasse wird analog zur Anzahl der Schreibimpulse in Gruppen aufgeteilt, und jede Gruppe schreibt zu einem ihr zugewiesenen Thema.

Schülerorientierter ist die Variante, wenn die eingeteilten Gruppen sich ein Thema wählen können. Dann werden jedoch oft nicht sämtliche Impulse „bearbeitet".

Eine weitere Möglichkeit besteht darin, daß jedes Kind zu allen Fragen, Aufforderungen bündige Aussagen formuliert. Sehr beliebt ist die Anfertigung dieser Niederschrift-Reihung in Partnerarbeit.

Im Anschluß an die wie auch jeweils organisierte kreative Tätigkeit werden Niederschriften vorgelesen, beurteilend besprochen und verglichen, und zwar analog zur Abfolge der Teilgehalte des Textes sowie u. U. zum Grundgehalt oder zur Intention. Vielleicht sind Ergänzungen, Differenzierungen vorzunehmen, bevor die Rezeption des Textes als abgeschlossen betrachtet werden kann.[14]

2.4.5 Gehalt- und Formvergleich rezipierter Texte aufgrund gleicher Problematik oder des gleichen Motivs

Ein Gehaltvergleich wird zumindest latent stets herausgefordert durch thematisch bestimmte Textsequenzen, deren Einzeltexte abgestuft gleiche oder ähnliche Problematik aufweisen. Die literaturdidaktische Bedeutung des gehaltlichen Vergleichs ist offenkundig (vgl. Kapitel VII, speziell S. 126f.).

Der gehaltliche Vergleich von Texten, eingeschlossen ihren
Grundgehalt bzw. ihre Intention, erfordert über den jeweiligen
Verstehensprozeß hinaus synthetisierende Denkabläufe. Zudem kann sich der Vergleich auf die Form gelesener Texte beziehen, indem z. B. hinsichtlich einer Folge von Volksmärchen
deren induktiv erkannte oder wiedererkannte Merkmale überdacht werden: Anzahl, Wiederholung und Gewichtung in den
Texten.

In gleicher Weise motivieren Gedichtsequenzen zum gehaltlichen und formalen Vergleich. Exemplarisch sei das Thema
„Überall Probleme" (in bezug auf Umweltschutz) genannt,
dem die beiden Texte „Industriegelände" (B.H. Bull) und
„Warum? Weshalb?" (D. Ditsche, Schüler) zugeordnet werden
können (S. 203, 69). Sie weisen eine fast gleiche Problematik
auf, unterscheiden sich aber inhaltlich, gehaltlich, intentional
und formal. Die folgenden Stichworte mögen es belegen: er-
lebniszentriert – gedanklich zentriert, situatives Bild und Empfindung – gereihte Realitätssplitter, gereihte Fragen und Antworten; einstrophig, Kreuzreim, Gegensatz, Anrede, vorherr-

schend beschreibende Darstellungsweise – mehrstrophig, reimlos, Anrede, fragende Darstellungsweise und in Zentralaussagen stellungnehmende (2. Strophe, letzte Zeile 3. Strophe).

Anhand des Vergleichs beider Gedichte kann auch ohne Schwierigkeiten für Schüler / innen 4. Schuljahre der Unterschied zwischen Gedichten der Erlebnis- und Reflexionslyrik (Gedankenlyrik, Gedichte zum Nachdenken oder ähnliche Termini im Unterricht) erkannt werden.

Der formale und somit sprachliche Vergleich von Gedichten sensibilisiert die Heranwachsenden – wenn auch nur verkürzt angemerkt – sowohl in der Perspektive des gehaltlichen Vergleichs für die dargestellten Phänomene, Geschehnisse und Probleme als auch besonders für die Aussagekraft und -fülle verschiedenartig gestalteter Sprache.

Dies gilt ebenso in bezug auf motivgleiche Texte. Zum Thema „Durch das Jahr" (unter dem Aspekt „Frühling") sind z.B. in dem Lesebuch Bausteine Deutsch, 4. Schuljahr, S. 208f. drei Löwenzahn-Gedichte plaziert. Im zweiten Text, „Löwenzahnwiese" (Dr. Owlglass, S. 185, imaginieren konkretisierende Metaphern in kreativer sprachlicher Verdichtung die farbige Fülle und Schönheit eines Naturvorgangs, der symbolische Bedeutungsintensität aufweist.

Das erste Gedicht „Braune Bürschchen" (Georg Herbolzheimer) personifiziert in drei Strophen die silbern gefiederten Samen auf einem Blütenstempel und den Wind. Die Verse sind durch die klischeehaften Personifikationen humorvoll geprägt.

In der gleichen Gestaltungsart wird im dritten Gedicht „Verblühter Löwenzahn" (Guggenmos) das Fortpusten der Samen durch ein Märchen als harmlos grotesker Gag dargestellt (S. 193).

Den gehaltlichen und gestalthaften qualitativen Unterschied

zwischen dem Owlglass-Gedicht und den anderen Texten können Heranwachsende 4. Klassen empfinden und erkennen.[15]

2.4.6 Ausgestaltungen rezipierter Texte

Fiktionale Texte jeder Art können mündlich, schriftlich ausge-
staltet werden. In erzählenden und szenischen Vorlagen motivieren hierzu Passagen, die nur etikettierend Verhaltensweisen
von Gestalten beurteilen oder Begebenheiten knapp skizzieren. Ausgestaltungen stellen sie plausibler bzw. entfalteter dar.
Weiterhin regen im Handlungsgang lediglich erwähnte oder
auch ausgesparte Situationen, Szenen zu ergänzenden Ausgestaltungen an.

Dies trifft ebenso für Texte der Geschehnislyrik zu. In dem Erzählgedicht „Die Bremer Stadtmusikanten" von Manfred
Hausmann (1. Strophe S. 199) sind „ausgelassen" die „Diskussion" der Tiere zum Problem, wie sie die Räuber aus dem Waldhaus vertreiben könnten, und die „Debatte" der Fortgelaufe-
nen, weshalb sie nicht mehr zurückkehren (= nach der 4. Strophe und nach der 2. Zeile der letzten).

Ausgestaltungen von Gedichten der Geschehnislyrik werden
völlig überwiegend – ob mündlich oder schriftlich – berichtend
bzw. erzählend vorgenommen; Ausgestaltungen analog zu Formalia der jeweiligen Texte (metrisches Schema, Reimanord-
nung, Strophen) bleiben Ausnahmen.

Ausgestaltungen als berichtendes oder erzählendes Ergänzen,
Erweitern sowie als Einfügen von Zeilen in Texten sind in bezug auf alle Gattungsarten der Kinderlyrik möglich.

Abzählreime, Poesiealbumverse und Neckreime reizen zu Zei-
leneinfügungen, erstere vor allem zu sprachspielerisch gepräg-
ten (S. 38, 149f., 40f., 44f., 157

Neuere erlebnisbetonte Gedichte stimulieren, wenn sie rei-
mend und strophig konzipiert sind, oft zu berichtenden, erzählenden Ergänzungen. Sind die Gedichte in freien Versen und

zudem in knappen Strophen verfaßt, motivieren sie gleichfalls die Kinder aufgrund ihrer Erfahrungen zum Einpassen weiterer Verse bzw. Kurzstrophen. Als Beispiele seien genannt „Sommer" von Ilse Kleberger und „Oktober" von Elisabeth Borchers (S. 56f.).

Für Gedichte der Reflexionslyrik trifft dies gleichfalls zu. Exemplarisch hierfür: „Katharina, Katharine" von Hans Manz und „Warum? Weshalb?" von D. Ditsche, Schüler (S. 67, 69).

Zu Ausgestaltungen als erzählende Ergänzungen und Erweiterungen provozieren auf dem Hintergrund der Lebensumwelt der Heranwachsenden vor allem neuere Erzählgedichte.

In dem Text „Angsthase – Pfeffernase" von Jo Pestum werden in vier von sechs Strophen vor allem Berufsträger genannt, die – wie jeder Erwachsene und jedes Kind – „mal Angst" haben (S. 75, 1. und 5. Strophe). Engagiert berichten Mädchen und Jungen mündlich, auch schriftlich, wovor diese Menschen jeweils Angst haben könnten. Ebenso werden knappe Erzählungen verfaßt, die situativ die Angst einer Person artikulieren, die aus der Aufreihung im Text ausgewählt wurde.

Hinsichtlich der Sprachspiele reizen speziell Verkehrte-Welt-, Lügengedichte und Nonsenstexte zum Einfügen weiterer Zeilen bzw. Strophen. Hingewiesen sei auf die Gedichte „Verkehrte Welt" (L. Schuster), „Gut gelogen" (Volksgut) und „Tintenfleck und Nasenschreck" (Sigel, S. 104–107).

2.4.7 Umgestaltungen rezipierter Texte

Die jungen Leser / innen werden hierzu motiviert, wenn sie vor allem in bezug auf erzählende Texte Verhaltensweisen von Akteuren mißbilligen, dem Geschehnisgang nicht zustimmen oder den Grundgehalt bzw. die Intention ablehnen. Umgestaltet werden dann engagiert – mündlich oder schriftlich fabulierend – eine Passage, Episode und speziell der Schluß eines Textes. Hin und wieder provoziert schon die Eingangssituation, den Handlungsablauf zu ändern.

Die gleichen Gründe stimulieren zur Umgestaltung von Gedichten.

Besonders Schülerinnen lehnen das Ende der Versfabel „Fink und Frosch" von Wilhelm Busch (S. 77) in der 4. Strophe ab. Sie enthält die Pointe der Exempelgeschichte und damit die aus ihr abstrahierbare Lehre. Sie ist komplexer und „härter" als diejenige, die der Autor in der gesonderten abschließenden Kommentarstrophe formuliert.

Die Umgestaltungen erfolgen mündlich berichtend, auch bündig erzählend, oder die drei letzten Zeilen der 4. Strophe werden in freien Versen gestaltet. In ihnen kommt der Frosch, zwar lädiert, mit dem Leben davon. Dadurch wird die aus der Beispielgeschichte abgehobene Lehre „entschärft", relativiert.

In dem reflexionsbestimmten Gedicht „Katharina, Katharine" von Hans Manz (S. 67) provozieren die drei Schlußzeilen zu Umgestaltungen in der Perspektive: Ablehnung, ein „Musterkind" zu sein und die Eltern situationsbezogen hinzuweisen auf Widersprüche zwischen eigenem Verhalten und Forderungen an ihre Kinder. In freien Versen lassen sich die Ablehnungen leichter gestalten als in Zeilen, die wie die voranstehenden Paarreime aufweisen.

Die freien Verse der 5. und 6. Kurzstrophe des Oktober-Gedichts von Elisabeth Borchers (S. 57) stoßen auf Unverständnis bzw. Widerspruch und werden individuell oder partnerschaftlich geändert. Gleichfalls kann die letzte Strophe zu einer (u. U. auszuweitenden) Umgestaltung provozieren.

Die drei letzten Zeilen des schwierigen Gedichts „Erste Sonne" von Rolf Bongs (S. 188f.) überraschen, werden im Bezug zum Vorangehenden und vor allem zur Überschrift nicht verstanden oder abgelehnt. Die Überschrift bietet inhaltlich den Anreiz einer bündigen abschließenden Aussage.

Die bisherigen Ausführungen erweisen, daß Heranwachsende

für Umgestaltungen intensiv und komplex Erfahrungen und Werteinstellungen einbringen müssen.

Zur Umgestaltung im Sinne einer Variation reizen z.b. hinsichtlich der Gebrauchsverse sprachspielerisch akzentuierte Abzählreime (S. 38 2. Exempel und S. 162). Mit Freude werden die zeilenbestimmenden Konsonanten und Vokale variiert.

Das gleiche gilt für Ideo- und Piktogramme als Sprachspiele auf graphischer Sprachebene. So motivieren u.a. die Bildwörter Grube, Versteck, Bewegung (S. 85) zu graphisch mehrfach möglichen Varianten. Geschaute, überdachte Piktogramme stimulieren, andere Wörter wiederholt in die Textbilder einzusetzen (S. 88, hier buchstäblich nach eigenem Gusto) oder die graphische Plazierung der Wort- und Wörterrepetitionen in ihnen zu ändern (S. 89).

2.4.8 Fortgestaltungen rezipierter Texte

Viele erzählende Texte regen zum mündlichen, schriftlichen Weiterfabulieren an, vor allem Umweltgeschichten und hier wieder speziell die mit offenem Schluß (und deshalb auch Kinderkurzgeschichten genannt). Hierbei verändern die Jungen und Mädchen abgelehnte Verhaltensweisen und -motive häufig in von ihnen positiv bewertete.

Gleichfalls motivieren aus verschiedenen Gründen Texte aller Gattungsarten der Kinderlyrik zu Fortgestaltungen. In dem Erzählgedicht „Die Bremer Stadtmusikanten" (Manfred Hausmann, 1. Strophe S. 199) haben vier Tierkumpane die Räuber aus dem Waldhaus vertrieben. Fast zwangsläufig stellt sich die Frage: Wie geht das weiter mit ihnen, was tun sie? Mündlich, schriftlich erzählend werden Episoden entworfen, in denen sich wie im Gedicht das Solidaritätsbewußtsein der Figuren und ihre Fähigkeit der Zusammenarbeit artikulieren. Sprachbegabten Kindern 4. Schuljahre gelingen auch freie oder dem Text analog gereimte Verse.

Die beiden letzten Zeilen der 5. Strophe des Erzählgedichts „Angsthase – Pfeffernase" (Jo Pestum, s. 1. = 6. Strophe = Refrainstrophen und 5. Strophe S. 75) provozieren, mündlich oder schriftlich eine selbsterlebte Angstepisode zu erzählen. Die kompensatorische Wirkmöglichkeit solcher Angst-Texte ist nicht zu unterschätzen.

Die vier Zeilen „Traurig sein" (Völkert-Marten, S. 23) provozieren ebenso, mündlich, schriftlich oder analog in freien Versen zu erzählen, zu gestalten, warum, worüber man traurig ist.

Gedichte der Erlebnislyrik können gleichfalls Anregungen bieten. Die letzte Strophe des Textes „Frühling" (Christine Nöstlinger, S. 12f.) reizt zur Fortsetzung in freien Versen, ebenso die Schlußstrophe des humorvollen Guggenmos-Gedichts „Der Maikäfer" (S. 59). Warum wohl?

Was Gebrauchsverse betrifft, können Nachahmereime auf Musikinstrumente fortgeführt werden (S. 36), weiterhin Abzählreime, wenn für den zweiten und dritten Abzuzählenden weitere Verse zu „dichten" sind.

Bei den Sprachspielen reizen u. a. Kauderwelsch-Zeilen als Spiele auf graphischer Sprachebene mit „Lustgewinn" zum Fortgestalten (S. 87) und ebenso Verkehrte-Welt- und Lügengedichte als Spiele auf semantischer Sprachebene (S. 104f.).[16]

2.4.9 Vorgestaltungen zu ausschnitthaft rezipierten oder nur ausschnitthaft übermittelten Texten

Vor allem narrative, aber auch szenische und lyrische Texte können als Motivationen für mündliche, schriftliche Vorgestaltungen benutzt werden. Sie erfolgen entweder nach der Rezeption eines vorgegebenen Textteils oder schon nach der Übermittlung einer Passage. Bei letzterem ist der Textausschnitt im Sinne der Primärrezeption zu erschließen, um aufgrund der inhaltlichen und gehaltlichen Vorgabe Vorgestaltungen zu verfassen.

In literaturdidaktischer Perspektive ist bedeutsam, daß die verfaßten Texte mit Interesse und Engagement verglichen, d. h. diskutiert und beurteilt werden. In gleicher Weise motivieren die Schülertexte den Vergleich mit dem gesamten Primärtext, wodurch dieser eine intensivere Rezeption erfährt als durch eine andere Methode der Erarbeitung.[17]

Theoretisch bestehen mehrere Möglichkeiten der Vorgaben für Vorgestaltungen, wenn z. B. ein Text drei- oder mehrteilig bzw. -episodisch konzipiert ist (u. a.: Vorgabe des ersten Teils, des letzten oder mittleren, der ersten und letzten Passage).

Völlig überwiegend werden die Eingangssituationen oder die ersten Zeilen, die Anfangsstrophe(n) übermittelt – besprochen oder nicht –, und die Schüler / innen erzählen nach ihren Vor und Einstellungen den Text mündlich, schriftlich zu Ende bzw. gestalten das Gedicht in freien Versen weiter.

Varianten der Vorgestaltung sind, wenn für schriftliche Produktionen angegebene bekannte Merkmale berücksichtigt werden sollen, oder aber die Verwendung schon bekannter Merkmale ohne Angabe gefordert wird.

Literaturdidaktisch sind diese Varianten beachtenswert, falls Texte der gleichen Art schon gelesen wurden und ihre induktiv ermittelten spezifischen Merkmale bewußt für Vorgestaltungen zu verwenden sind. Die Kenntnis der Merkmale und ihrer Funktionen wird verstärkt. Teilweise sind die zu beachtenden Merkmale gleichfalls aufsatzdidaktisch bedeutsam, weil sie analog für andere Aktionsformen der Textverfassung konstitutiv sind (vgl. auch Kapitel X.1., S. 213ff. Antizipieren).

Viele Gedichte und Sprachspiele für Kinder eignen sich zum Vorgestalten, besonders erlebnis- und reflexionsbestimmte Texte.

So kann z. B. die 2. Strophe des Gedichts „In meinem Haus" von Gina Ruck-Pauquèt nach der Rezeption der ersten Strophe vorentworfen werden, zumal wenn auch die erste Zeile der fol

genden Strophe übermittelt wird (S. 61 f.). Die Mädchen und
Jungen sind nicht an Reime gebunden, sie sollten jedoch das
kurzschrittige Metrum – mehr oder weniger realisierend –
übernehmen.

Die Möglichkeit einer gleichartigen Gestaltung in freien Versen, aber mit der Auflage, einige zweizeilige Strophen zu verfassen, bietet nach der Vorgabe der beiden Anfangszweizeiler
das Gedicht „Oktober" von Elisabeth Borchers an (S. 57).

Analog können neuere reflexionsakzentuierte Gedichte vorgestaltet werden, ihre Thematik wirkt teilweise hochgradig motivierend. Hinsichtlich des Textes „Kindsein ist süß?" von Susanne Kilian (S. 21 f.) genügen, vier Zeilen optisch vorzulegen; der
Paarreim bleibt unberücksichtigt.

In bezug auf das Manz-Gedicht „Katharina, Katharine" (s.
S. 67) bietet es sich an, die erste Strophe und zwei, drei Verse
der folgenden zu übermitteln sowie die vier letzten Zeilen. Auf
„Reime schmieden" mit Festlegen einer Zeilenanzahl ist zu verzichten.

Das traditionelle Gedicht „Der Sperling und die Schulhof-Kinder" von James Krüss (S. 3 f.) kann in der gleichen Weise für eine Antizipation verwendet werden, indem die beiden Anfangsstrophen und die letzte Strophe als Vorlage dienen. Strophen
mit Kreuzreim zu verfassen, wäre eine überzogene Forderung,
Einheiten mit vier freien Versen jedoch nicht.

Variationsmöglichkeiten zu diesem Gedicht sind Vorgabe der
zwei ersten Strophen – oder der ersten und der letzten Strophe.
Wenn letzteres geschieht, sind die beiden Strophen gemeinsam
zu überdenken, um die gehaltliche Perspektive der Vorgestaltung zu ermitteln.

Der bündige Text „Da bin ich gegangen" (Hans-Jürgen Netz),
ob als Erlebnis- oder Erzählgedicht klassifiziert, provoziert
nicht nur Jungen zur Vorgestaltung (S. 62). Vorzugeben sind:
die Überschrift, erste Strophe, die erste Zeile der folgenden

plus als weiteren Gestaltungsimpuls die beiden ersten Wörter
der zweiten Zeile.

Versfabeln legen nahe, den Schluß des Gedichts, der die Pointe
und damit die Lehre enthält, antizipieren zu lassen. Als Beispiel der scherzhaft satirische Text „Das Huhn und der Karpfen" von Heinrich Seidel (S. 78). Die letzte Strophe – u. U. als
Zusatzvorgabe noch deren erste Zeile – kann in freien Versen
vorentworfen werden.

Konkrete Klanggedichte bereiten Kindern Spaß. Schon im 2.
Schuljahr ist es möglich, z.B. den Text „Für die Katz" (Heinrich Hannover) mit der Klasse gemeinsam von der letzten S. 93
zitierten Kurzstrophe an vorzugestalten, und zwar mit Reimverwendung sowie den Schluß im Bezug zur Überschrift. Die
Zeilen werden fortlaufend auf die Tafel oder die Folie des Ta-
geslichtprojektors geschrieben.

Ebenso reizen Kettenreime zum Vorentwurf, z.B. nach Vorlage von vier Zeilen des Krüss-Textes „Eine Frau und zweiundzwanzig Tiere" (S. 96).

Daß auch mit Lust Verkehrte-Welt-, Lügen- und Nonsensgedichte vorgestaltet werden, ist selbstverständlich. Bei dem Text
von Ludwig Schuster (S. 104) kann sowohl die erste als auch die
letzte Strophe zur Vorgabe dienen; bei dem Volksgut-Gedicht
(S. 105) motivieren drei Zeilen zum harmlos grotesken Weiter-
lügen. Freie Verse sind angebracht, um nicht das spontane Gestalten zu hemmen. Dies gilt gleichfalls für Nonsenstexte nach
Vorgabe einer Strophe (S. 106).

2.4.10 Nachgestaltungen rezipierter Texte

Nachgestaltungen zu Texten aller literarischen Gattungen erfordern die Gesamtkonzeption eines Folgetextes. Hierdurch
unterscheiden sie sich von den anderen schon vorgestellten Gestaltungsmöglichkeiten, die jeweils als Teilplanungen von Texten anzusehen sind.

Besondere literatur- und aufsatzdidaktische Bedeutung haben Nachgestaltungen hinsichtlich rezipierter Erzähltexte. Folgende Modalitäten bieten sich an. Zu Einzeltexten oder zu Themen von Textsequenzen denken sich Heranwachsende Parallelgeschichten aus und erzählen sie (vor allem in bezug auf Umweltgeschichten und Schwänke).

Abgelehnte Gehaltaspekte und Intentionen narrativer Texte provozieren zu Gegen- / Anti-Texten (speziell in bezug auf Umweltgeschichten, Fabeln, Märchen).

Äußerst bedeutsam ist schon vom 1. Schuljahr an das Erzählen von Parallelgeschichten, die Erlebnisse und Erfahrungen der Kinder zur Sprache bringen. Sie werden motiviert durch einzelne oder zu thematischen Folgen formierte Umweltgeschichten. Aufsatzdidaktisch sind sie als Erlebniserzählungen ohne oder mit schwankhafter Pointierung zu klassifizieren. Sie ermöglichen ab Mitte 3. Schuljahre eine intensive Integration des Literatur- und Aufsatzunterrichts. Auch der umgekehrte Vorgang ist sehr wichtig: Erlebniserzählungen der Kinder, durch Rahmenthemen bestimmt, zu parallelisieren mit gleich oder ähnlich thematischen Texten bzw. Textfolgen.

Von allen möglichen Produktionen aufgrund rezipierter Texte erfordern Nachgestaltungen das höchste Maß an Kreativität und sind besonders bedeutsam für die Realisierung der genannten inhaltlichen und auch formalen Globallernziele.

Mädchen und Jungen sind bereits im Primarstufenalter fähig, Texte aller Gattungsarten der Kinderlyrik nachzugestalten, wenn speziell auf Reimverwendung verzichtet wird.[18] Methodisch empfehlen sich hierfür sämtliche Sozialformen des Unterrichts. Im Bereich der Gebrauchsverse motivieren gewußte und gelesene Abzählreime (S. 1, 38) zu eigenen Produktionen ohne, aber auch in Reimform. Metrische Schemata realisieren sich fast zwangsläufig durch das imaginierte sprachliche Abzählen in bezug auf drei, vier Kinder. Wenn hierbei „verbote-

ne" reime im Sinne Bornemans und Rühmkorfs (S. 39f.) präsentiert würden – ob erinnert oder selbst formuliert –, wäre
dies ein Glücksfall für Vortrag und Besprechung der Nachgestaltungen.

Die gleiche Art der Produktion ist möglich hinsichtlich besinn-
licher, humorvoller und harmlos grotesker Poesiealbumverse.
Zum zwei-, dreizeiligen Ausdenken neuer humorvoller Namenneckreime reizen bekannte oder gelesene Verse an, vor allem auf die gemünzt, die man foppen, hänseln möchte. Dasselbe gilt für Neckreime auf Berufsträger – also auch auf Lehrpersonen (S. 44f.).

Nachgestaltungen zu Gedichten der Erlebnislyrik sind durchführbar, wenn sie in freien Versen und ohne metrische Einen-
gung erfolgen.

In bezug auf das Oktober-Gedicht von Elisabeth Borchers konzipieren die Mädchen und Jungen inhaltlich andere Kurzstrophen (S. 57), wodurch eine veränderte Stimmung, Empfindung eingefangen, dargeboten wird. Ebenso kann dies mit dem
Text „Erste Sonne" von Rolf Bongs in fortlaufenden, reim-
freien Zeilen geschehen (S. 188f.).

Humorvolle kurze Tiergedichte provozieren zu analogen ein-
oder zweistrophigen Gestaltungen, so z.B. die Guggenmos-
Zeilen „Der Maikäfer" und „Schnecke im Winter" (S. 59, 196).
Vor allem Lieblingstiere der Heranwachsenden werden sprechend und handelnd personifiziert.

Für Gedichte, die vorherrschend problemfrei Kindsein in den
Blick fassen, seien die Texte „In meinem Haus" von Gina
Ruck-Pauquèt und „Da bin ich gegangen" von Hans-Jürgen
Netz genannt (S. 61). In ihnen und anderen neueren Gedichten
wirkt vor allem die Ich-Form anregend für inhaltlich, gehaltlich
und intentional ähnliche Nachgestaltungen.

Die gleichartige Motivation haben ebenso neuere „Gedichte
zum Nachdenken", die vor allem kritisch die Beziehung El-

tern-Kinder thematisieren. Texte wie „Katharina, Katharine"
(Manz) und „Kindsein ist süß?" (Kilian) provozieren Nachgestaltungen (S. 67, 21f.). Die Fluktuation der Assoziationen darf
nicht durch Reimbindung und Zeilenlängen gehemmt werden.

In bezug auf die Geschehnislyrik kommen nur bündige Erzählgedichte in Betracht wie der soeben genannte Text „Da bin ich
gegangen" (S. 62).

Mit Interesse und voller Konzentration konzipieren Heranwachsende nachgestaltend Typo-, Ideo- und Piktogramme
(S. 70–76). Für die beiden erstgenannten genügt die Vorlage
einiger Beispiele. Wichtig jedoch ist bei der Einführung dieser
wie auch anderer Sprachspiele, daß betrachtend und überden-
kend ihre Eigenart jeweils erkannt und altersangemessen formuliert wird. Außerdem ist zu ermitteln, daß sie komisch wirken (wie die meisten Sprachspiele auf allen Sprachebenen).
Die genannten Sprachspiele auf graphischer Sprachebene wirken komisch, weil sie nicht dem normalen Schreibgebrauch
entsprechen.

Sollen Piktogramme nachgestaltet werden, empfehlen sich
u.U. Impulse, z.B.: Könnt ihr etwas in einer Tüte / in einem
Plastikbeutel / einem Buch / in einem Regal verstecken?, Findet ihr eine Nadel in einem Heuhaufen?, Stelle dein Lieblings-
spielzeug als Textbild / Figurengedicht dar!

Zur Nachgestaltung von Sprachspielen auf phonetischer und
semantischer Sprachebene regen vor allem Zungenbrecher
und Vokalgedichte an (S. 94, 162) sowie Verkehrte-Welt-, Lü-
gen- und Nonsenstexte (S. 104–107). Hinsichtlich der drei letzteren sollten formale Anforderungen unterbleiben.

2.4.11 Umformungen rezipierter Texte

Vor allem erzählende Texte lassen sich mündlich, schriftlich in
Texte anderer Genres umformen und ebenso in zumindest zwei
Arten expositorischer Texte: aus Fabeln und Schwänken wer-

den Umweltgeschichten; Sagen und Texte der genannten Kategorien können zu Zeitungsmeldungen oder in Zeitungsberichten transformiert werden. Andererseits lassen sich Texte dieser publizistischen Formen erzählend umsetzen.

Hin und wieder motivieren erzählende Texte zur Transformation in Gegen- / Anti-Texte und Parodien.

Gleichfalls ist es möglich, Vorlagen einer Literaturgattung in Texte einer anderen Gattung umzuformen, z.B. Umweltgeschichten in Rollenspiele, Märchen in Stegreifspiele oder – mit viel, aber lohnenswertem Zeitaufwand – in szenische Spiele, deren Texte erarbeitet werden.

Unter den genannten Aspekten eröffnen sich in bezug auf die Kinderlyrik einige Möglichkeiten.

Gedichte der Geschehnislyrik zu Meldungen / Nachrichten zu komprimieren, macht Heranwachsenden Spaß, so „Die Heinzelmännchen zu Köln" (August Kopisch), „Der Handschuh" (Schiller, S. 200f. Auszug), „Die Bremer Stadtmusikanten" (Manfred Hausmann, S. 199 1. Strophe), „Fink und Frosch" (Wilhelm Busch, S. 70).

Balladen, Erzählgedichte und Versfabeln werden durch Nacherzählungen zu Sagen, (Schwank-)Märchen, Schwänken und Prosafabeln transformiert.

Ebenso bietet es sich an, Tiergedichte in bündige realistische oder phantastische Tiergeschichten umzusetzen, so z.B. „Wieviel wiegt ein Fink?" und „Nächtliches Vergnügen" (Guggenmos, S. 195, 58f.).

Gedichte, die problemfrei oder kritisch anklagend Kindsein thematisieren, formen Mädchen und Jungen engagiert in knappe realistische oder phantastische Umweltgeschichten um. Als Vorlagen: „Der Sperling und die Schulhof-Kinder", „Die knipsverrückte Dorothee" (Krüss, S. 3, 18), „Bist du ein richtiges Mädchen?" (Ilse van Heyst, S. 177 1. Strophe); „Katharina,

Katharine" (Manz, S. 67), „Grashüpfers Überstundenlied"
(Hofbauer, S. 43), „Kindsein ist süß?" (Kilian, S. 21f.). Andererseits: Umwelt- und Tiergeschichten in erlebnis- oder reflexionsbestimmte Gedichte umzuschreiben oder Sagen zu Balladen oder Prosa- zu Versfabeln, ist für Primarstufenkinder zu
schwierig und literaturdidaktisch unbedeutend.

Abschließend einige Anmerkungen zu den vorstehenden Teil-
kapiteln 2.2 und 2.4.

Erzählende Texte der Arten, die für Grundschulkinder geeignet sind, können überwiegend in verschiedenen Formen szenisch gespielt werden (Wenn aber z.B. Sagen und Fabeln hierdurch komisch wirken entgegen ihren Gehaltaspekten und Intentionen, sollte dies unterbleiben).

Gleichfalls ist es möglich, fast alle kreativ akzentuierten mündlichen und schriftlichen Textverfassungen zu spielen, die durch
die Rezeption erzählender Texte motivierbar sind: Nacherzählungen mit verlegter Erzählperspektive, Aus-, Um-, Fort-, Vor-
und Nachgestaltungen sowie Umformungen erzählender Texte
in Texte anderer Erzählgenres.

Das Spektrum der szenischen Spielmöglichkeiten von Gedichten ist eingegrenzt auf wenige Gedichte der Geschehnislyrik.

Auch die soeben angeführten kreativen Umformungsmöglich-
keiten sind – motiviert durch die Rezeption von Gedichten –
ebenfalls fast ausschließlich szenisch (äußerst bündig) zu spielen hinsichtlich geschehnisbestimmter Texte. Hinzu käme sporadisch das Spielen von Umweltgeschichten (im Sinne sozialer
Rollenspiele) als Umformungen zu Gedichten, die problemfrei
oder kritisch Kindsein thematisieren.[19]

Bildnerische Gestaltungen in den verschiedensten Techniken
werden in bezug auf alle Texte der Kinderliteratur von den
Mädchen und Jungen mit Freude und Interesse angefertigt.

Viele erzählende Texte, auch szenische und hinsichtlich der
Kinderlyrik wiederum vorherrschend Gedichte der Gescheh-

nislyrik motivieren zu einer Abfolge von Darstellungen, so daß u. U. in Form von Projekten der gesamte Handlungsablauf dargestellt wird – und das gemeinsame „Werk" Funktionen in und außerhalb des Klassenraums übernehmen kann.

Im Sinne der persönlichen und gemeinsamen Erfolgserfahrung der Heranwachsenden, weniger als Dokumentation der Arbeitsintensität und -extensität ist es notwendig, Bilder zu rezipierten Texten, zu Produktionen aufgrund erschlossener Vorlagen sowie teilweise diese Textverfassungen selbst nicht nur eine Zeitlang im Klassenraum (oder Flur) zum wiederholenden Betrachten und Lesen auszuhängen, sondern auch die Bilder und Textverfassungen in Ordnern für verschiedene Anlässe aufzubewahren (Am Ende des Schuljahres erhalten die Mädchen und Jungen ihre „Produktionen" zurück).

Letzteres gilt in besonderem Maße für auf Kassetten gespeicherte Aufführungen szenischer Texte und erarbeiteter Textspiele, ebenso für Stegreifspiele und Stegreife, initiiert durch erzählende Texte und geschehnisbestimmte Gedichte sowie letztlich für die Vorträge rhythmisierter und verklanglichter Gedichte.

Die Anmerkungen betreffen – wenngleich eingeschränkter – die lyrischen Gestaltungsmöglichkeiten, die im folgenden Teilkapitel aufgewiesen werden.

3. Möglichkeiten des Gestaltens ohne direkten Bezug zur Rezeption von Texten der Kinderlyrik

Freies lyrisches Gestalten ist eine komplexe individuelle Tätigkeit: empfindend, gedanklich, sprachlich. Impulse hierfür erhält der einzelne aus seiner Innen- und Umwelt.

Gestaltungsversuche von Gedichten, Strophen oder Zeilen sowie von Sprachspielen im Rahmen des Unterrichts sind vor allem in der Primarstufe völlig vorherrschend gebunden an thematische, sprachliche und formale Vorgaben. Alle Arbeitsformen können für die Versuche eingesetzt werden.

3.1 Überschriften und Themen von Gedichten – vor längerer Zeit rezipiert – als Anregung für Gestaltungen

Viele erlebnis- und reflexionsbetonte Gedichte, ebenso geschehnisbestimmte sowie Verkehrte-Welt- und Lügentexte eignen sich, vor einigen Wochen gelesen, als Impulse für Gestaltungen. D.h.: ohne nochmalige Übermittlung der Gedichte werden im Sinne von (zeitlich verschobenen) Aus-, Fort- und teilweise auch Nachgestaltungen kurze oder längere Strophen bzw. Passagen mit anderen Inhalten und gleichfalls vielleicht mit anderen Gehaltperspektiven gestaltet. Reimverwendung und Strophenkonzeption wie in den Primärtexten sollte nicht gefordert werden. Um jedoch hinsichtlich der metrischen Schemata der Originaltexte die Zeilenlängen zu begrenzen, sind u.U. Hinweise angebracht, z.B.: In jeder Zeile, wenn es möglich ist, nur drei sinntragende Wörter verwenden. Als motivierende Gedichte seien angeführt:

Oktober (Elisabeth Borchers, S. 57),
Nächtliches Vergnügen (Guggenmos, S. 58f.),
Da bin ich gegangen (Hans-Jürgen Netz, S. 62),
Trotzdem (H.A. Halbey, S. 68),
Angsthase – Pfeffernase (Jo Psetum, S. 75),
Die Vögel warten im Winter vor dem Fenster (Brecht, S. 79),
Verkehrte-Welt (Ludwig Schuster),
Gut gelogen (Volksgut, S. 104f.).

Zu dem bekannten Gedicht „In dieser Minute" von Eva Rechlin konzipierten Kinder eines 4. Schuljahrs in einer halben Stunde individuell oder partnerschaftlich u.a. folgende Zeilen, und zwar durchgängig im Paarreimschema des Originaltextes:

In dieser Minute kommt vom Nordpol her
ein riesengroßer Eisbär.
Der sitzt im Zoo
und wartet auf einen Eskimo.
Ein Tourist in der Wüste sitzt
und unter einer Palme schwitzt.
Da kommt ein Löwe angerannt,
und der Tourist wie ein Blitz verschwand.

Es ist ein schöner Tag,
ich lieg' vergnügt im Bad.
Die Sonne scheint so heiß,
ich sehne mich nach Eis.
Doch da merke ich, oh Schreck!
Mein ganzes Geld ist weg.
Ich suche es sehr,
doch ich finde es nicht mehr.
Mit meiner Badelust ist es aus,
und ich gehe langsam und traurig nach Haus.[20]

Es ist interessant, daß nicht alle Mädchen und Jungen die vor-
steuernde Einleitungsformel „In dieser Minute ..." für ihre
Gestaltungen benutzten. Im zweiten Beispiel kommt das „lyrische Ich" eines Kindes zu Wort. Ein Erlebnis wird gestaltet.
Die zentralen Zeilen – analog zum Thema des vorgegebenen
Gedichts – sagen den Umschwung aus von der „vergnügten"
zur „traurigen" Gestimmtheit.

3.2 Themen – vorgegeben oder gemeinsam ermittelt – sowie Einleitungszeilen und Anreizformeln als Motivation für Gestaltungen

Die vorstrukturierende Tendenz, wie im erinnerten Gedicht
„In dieser Minute" z.B. den (Paar-)Reim zu verwenden, ent-
fällt, wenn den Heranwachsenden ohne Rückgriff auf schon rezipierte Gedichte Themen für eigene Gestaltungen angeboten

bzw. gemeinsam mit ihnen ermittelt werden. Die Anregungen, die Eindrücke, Erfahrungen und Wissen mobilisieren, initiieren durchgängig freie Verse. Zum Thema „Ferienerlebnisse" als Beispiele:

Petri Heil

Ich sitze im Boot und angle schläfrig vor mich hin.
Plötzlich spüre ich einen Ruck an der Rute.
Im flimmernden Wasser zappelt der Fisch.
Ich ziehe ihn heraus – ein Minihecht! (Hans Werner)

Am Meer

Ich stehe auf einem Felsvorsprung der Costa Dorada.
Rings um mich höre ich Wellen an die Klippen schlagen.
Hinter mir ein Hügel terrassenartiger Plantagen.
Vor mir am Horizont geht gerade die Sonne auf. (Ursel)[21]

Das Alter der „Verfasser" (aus einer Hauptschule) ist nicht angegeben (wahrscheinlich 11- bis 13jährig). Der Vergleich mit „Naturgedichten" von Jungen aus einem 3. oder 4. Schuljahr zu den Themen „Herbst" und „Nebel" läßt vermuten, daß Kinder im Primarstufenalter noch nicht sensibilisiert sind, spontan ohne jegliche Vorgaben Eindrücke oder sogar Empfindungen, durch Naturphänomene vermittelt, in eine verdichtete Sprachform zu fassen.

Im Herbst fallen fast alle Blätter
von den Bäumen.
Aber manche Blätter bleiben
auch an dem Baum hängen.
In ein paar Tagen fallen
bis auf ein Blatt alle herunter.
Das eine Blatt bleibt noch

viele Wochen an dem Baum hängen.
Aber in 7 Wochen fiel das Blatt
auch herunter.
Es war ganz bunt.

Otto (9 Jahre)

Im Nebel ist man unsichtbar.
Die Autos sind es auch,
bloß sie machen Licht an
und wir nicht.

Peter (8 Jahre)[22]

Für den folgenden Text wurden zum gegebenen Thema „Mond" Vorarbeiten geleistet: Stichwörtersammlung zum Thema durch Tischgruppen, Vorlesen und Vergleich der Ergebnisse, Fixierung von gleichen Stichwörtern als Tafelanschrift. Darauf entstand in gemeinsamer Gestaltung das Gedicht:

Mond
weit weg,
Sichel oder klein und rund
leuchtet
beleuchtet nachts
Bäume und Häuser gelb und hell.
Astronaut
landet auf dem Mond.
Mond
nicht mehr klein und rund (so! ohne Punkt oder
Komma)
Sonne
leuchtet
beleuchtet Krater und Maare.[23]

Die – wohl mit Hilfe – gestalteten Zeilen unterscheiden sich signifikant von den beiden voranstehenden „Gedichten".

Emotional und reflektierend akzentuierte Texte „gelingen"
aufgrund vorgegebener oder gemeinsam ermittelter Themen
eindringlicher als „Naturgedichte", und zwar als ob Erfahrungen, Empfindungen und Überlegungen ihnen angemessen die
Zeilen formierten.

> Meine Mutter tut immer spülen
> und immer die Betten machen
> und immer Schrank putzen
> und darin die Teller Gabeln und Tassen.
> Meine Mutter hat keine Zeit.

Elke (9 Jahre)

> Ich habe immer Ärger zu Hause.
> Nie kann ich um 19 Uhr 10 das Sandmännchen se-
> hen.
> Mutti und Pappi zanken sich übers Geld.
> Pappi sagt:
> Wo hast du das Geld gelassen?
> Manchmal sagt Mutti:
> Du hast keine Ohren.
> Meine zwei Hunde machen auch immer Ärger.

Willi (9 Jahre)[24]

Der erste Text ist eindringlich anaphorisch geprägt (Wiederholung desselben Wortes bzw. derselben Wörter an Zeilenanfän-
gen) und endet mit einer Fazit ziehenden pointenhaften Zeile.
Der andere Text gestaltet äußerst bündig den Teufelskreis von
„Ärger zu Hause".

Die reflexionsbestimmten Gedichte „Trotzdem" (H. A. Halbey) und „Katharina, Katharine" (H. Manz) bezeugen sich als
harmlos gegenüber den Kinder-Zeilen (S. 67f.). Vergleichbar
sind ein Kurztext von Wolfdietrich Schnurre und „Mein Vater"
von Christine Nöstlinger (S. 66).

Die beiden vorstehenden Kindergedichte erweisen exemplarisch, daß Probleme mit Eltern von Primarstufenschülern bündig gestaltet werden können. Das gleiche gilt gewiß für Probleme zwischen Geschwistern und vor allem zwischen Kindern als Alterspartnern.

Vorgegebene oder gemeinsam überlegte realitätsbezogene Einleitungszeilen motivieren hinsichtlich der soeben angezielten zentralen Kommunikationsbereiche der Heranwachsenden deren Gestaltungsversuche vielleicht noch mehr. Diese Versuche sind im Hinblick auf die „Verfasser" zudem als kompensatorisch und somit als sehr bedeutsam einzuschätzen.

„Ich habe immer Ärger zu Hause" ist eine stimulierende Anfangszeile. Weiterhin sind zu nennen:

> Was ich (alles) nicht darf
> Warum ist das so?
> Das will ich nicht!
> Das finde ich gemein!

Andererseits müßten ebenso „positive" wirklichkeitsentsprechende Einleitungszeilen vorgegeben, ermittelt werden, z.B.:

> Das finde ich gut!
> Wir machen vieles zusammen / gemeinsam
> Am Samstag / Sonntag geht es los!

Vorgegebene oder ermittelte Anreizformeln für lyrisches Gestalten sprechen vorherrschend die Phantasie der Heranwachsenden an und stimulieren, irreale Vorstellungen und Situationen darzustellen auf der Folie von Bedürfnissen, Empfindungen und Erfahrungen. Auch diese Gestaltungsversuche können regenerativ und kompensatorisch wirken.

Hier einige Anreizformeln und entsprechende Textbeispiele:

Ich war einmal …
Ich träumte, ich wäre … / Im Traum war ich …
Ich wollte, ich wäre … / Ach wäre ich doch …

Mütze und Pfütze

Ich war einmal ne Mütze
die lag in einer Pfütze.
Da holte mich nen Junge raus (so!)
und brachte mich zu sich nach Haus
und setzte mich auf.
Jetzt war ich zu Haus.

9jähriger Junge

Mein Traum

Ich träumte ich wär ein Blumenstrauß (so! ohne Komma)
und könnte nie verwelken.
Die Leute würden um mich stehn
und sagen: „Herrgott, ist das schön.“
Und wollten auch ein Sträußchen sein
im Traum im Traum im Traum (so! ohne Punkt)

9jähriger Junge

Das Gespenst

Ich wollte, ich wär ein Gespenst.
Kann immer um Punkt zwölf
Machen, was ich will.
Ich sage euch, Gespenst sein
Ist so herrlich. Bin ganz weiß.
Und muß ein bißchen später
Ins Bett als um 12 Uhr.

9jähriges Mädchen

Der Hase

Ich wollte ich wär ein Hase, (so! ohne Komma)
Könnte immer was erleben
Und brauchte mir nie
Die Zähne zu putzen (so! ohne Punkt)
9jähriges Mädchen[25]

Die genannten Anreizformeln haben gegenüber den angeführten vorgegebenen oder gemeinsam überlegten Themen die Vorzüge, daß sie einen Zustand anzielen – des Wünschens bzw. des Wunschträumens – und Freiraum lassen, selbständig sich Themen und entsprechende Situationen auszudenken, ein Thema und eine Situation auszuwählen, um beides dann imaginativ zu gestalten. –

Im Hinblick auf Themen als Anregungen für lyrisches Gestalten noch ein Nachtrag.

Kalendarische „Ereignisse" bieten reale Anlässe vor allem für Möglichkeiten, in gemeinsamer lustvoller Bemühung Texte in freien oder reimgebundenen Versen zu verfassen.

Geburtstage rücken näher, eine neue Ausgabe der Schülerzeitung steht an und Feiern sind geplant: zum Martins-, Nikolaustag, zum Weihnachtsfest, zu den Karnevals- / Fastnachttagen.

Könnten auch besondere aktuelle Geschehnisse Anlaß sein, die Betroffenheit von Kindern sprachgestaltend zu artikulieren (Unfälle von Kindern, Umweltzerstörungen …)?

3.3. Textbezogene und formale Vorgaben als Anregung für Gestaltungen

3.3.1 Ergänzen ausgesparter Endreimwörter

Dieses Einfügen in Gedichte ist die einfachste, aber sehr motivierende Form lyrischen Mitgestaltens. Als Gestalten im enge-

ren Sinne kann es nicht bezeichnet werden, weil jeweils der gesamte Text vorliegt bis auf die ausgelassenen Wörter.

Schon Kinder des ersten Schuljahrs suchen und finden mit
Freude das zweite Reimwort in Paarreimzeilen, vor allem wenn
es komisierende sprachspielerische Texte sind, wie z. B.:

Fastnacht der Tiere

„Fastnacht feiern auch wir!"
brüllt der ...
„Wir wollen lustig sein!"
grunzt das ...
„Wir wollen trinken!"
zwitschern die ...
„Wir wollen tanzen!"
rufen die ...
„Wie ziehen wir uns an?"
fragt der ...
„Als Frau und Mann!"
kräht der ...
„Ich gehe als Schläfer!"
brummt der ...
„Und ich als Musikant!"
dröhnt der ...
„Ich gehe als Frau!"
krächzt der ...
„Wann beginnt der Ball?"
flötet die ...
„Um die neunte Stund'!"
bellt der ...
„Wann gehn wir nach Haus?"
pfeift die ...
„Morgens um Viere!"
rufen alle ...

Volksgut[26]

Schwieriger ist es, fast alle oder sämtliche Reimwörter (u.U. mit ihnen noch voranstehenden Wörtern) für Gedichte zu ermitteln. Zur „Bewältigung" der hochmotivierenden Ergänzungsgestaltung gibt es zwei Möglichkeiten. Entweder werden die Reimwörter (und noch dazugehörige Wörter) in verwürfelter Abfolge vorgegeben, oder die Mädchen und Jungen erhalten die Anweisung, in die Zeilen ein Wort oder mehrere Wörter einzufügen und hierbei – wenn es möglich ist – zu reimen.[27]

Im folgenden Text sind die Auslassungen in Klammern ergänzt.

Ein kleiner Hund
Christian Morgenstern

Ein kleiner Hund mit Namen (Fips)
erhielt vom Onkel (einen Schlips)
aus gelb' und (roter Seide).
Die Tante aber hat, o denkt,
ihm noch ein Glöcklein (drangehängt)
zur Aug'- und Ohrenweide.
Hei, war der kleine Hund da (stolz).
Das merkt sogar der Kaufmann (Scholz)
im Hause (gegenüber).
Den grüßte (Fips) sonst (mit dem Schwanz);
jetzt ging er voller Hoffart ganz
an seiner Tür (vorüber).
* Hoffart bedeutet „Stolz"

Das scherzhaft satirische Gedicht ist nicht wie der Originaltext in vier dreizeilige Strophen unterteilt, was den Kindern wahrscheinlich ihre Gestaltungsaufgabe erleichterte.

Wenn keine Reimwörter in geänderter Abfolge vorgegeben sind und Reimen nicht gefordert wird, verfassen die Heranwachsenden die entsprechenden Gedichte verschiedenartig. Dies wiederum reizt zum Vergleich der Gestaltungen. Daß durch Reimergänzungen die Freude am Reim gefördert und zudem die Einsicht in wichtige Funktionen des Endreims verstärkt wird, wenn diese an Texten schon induktiv erkannt wurden, liegt auf der Hand.

Für Reimergänzungen und für die Aussparung aller Reimwörter mit jedoch gesonderter verwürfelter Vorgabe eignen sich aufgrund inhaltlicher Motivation vor allem Verkehrte-Welt- und Lügengedichte (S. 104f.), aber auch Texte der Erlebnis-, Reflexions- und Geschehnislyrik sowie Kettemreime (u. a. S. 3f., 62f., 67, 78, 96).

3.3.2 Gedichtvariationen gestalten aus verwürfelt vorgegebenen Versteilen

Diese komplexe Gestaltungsmöglichkeit regt die Heranwachsenden in besonderem Maße an, vor allem wenn daraus „lustige", komische Gedichte entstehen.

Die Kinder erhalten ein Textblatt, auf dem – markiert zum Zerschneiden – einzelne Wörter und Wortgruppen stehen sowie u. U. zwei Sätze, die als Anfangs- und Schlußzeile verwendet werden können.

Zu beachten ist:

– Aus den Papierstreifen soll ein fortlaufender Text entstehen,
– alle Streifen sind zu verwenden,
– grammatisch falsche Sätze sind nicht erlaubt.

Zu einem Textblatt-Beispiel (s. folg. Seite) zwei verschiedenartige Gestaltungen.[28]

> Verrückt geht's zu beim Karneval
> das ist ne tolle Schau
> mit dem Dompteur tanzt der Cowboy
> mit dem Jongleur der Clown
> mit dem Admiral die Hexe
> mit der Meerjungfrau der Geist

Verrückt geht s zu beim Karneval					
der Clown			Schneewittchen		
ROTkäppchen			dem Harlekin		
dem Dompteur				der Geist	
der Meerjungfrau				der Zwerg	
dem Jongleur			der Bärenhaut		
der Räuberbraut		die Hexe		dem Jäger	
die Fee		tanzt	mit		Chaplin
der Cowboy			mit	dem Pinguin	
der Tod			mit	dem Admiral	
tanzt	mit		mit	dem Neger	
und	mit	mit		tanzt	mit
das ist ne tolle Schau				mit	mit

Rotkäppchen mit Schneewittchen
mit dem Jäger mit dem Neger tanzt die Fee
mit dem Harlekin und mit dem Pinguin der Zwerg
mit Chaplin mit der Räuberbraut mit der Bärenhaut
tanzt der Tod.

Verrückt geht's zu beim Karneval
die Fee tanzt mit dem Admiral
und Chaplin mit der Meerjungfrau
das ist ne tolle Schau
der Clown tanzt mit
der Zwerg tanzt mit
Schneewittchen mit dem Harlekin
dem Pinguin
die Hexe mit der Räuberbraut
der Bärenhaut
der Cowboy mit dem Jäger
der Geist mit dem Dompteur
Rotkäppchen mit dem Neger
der Tod mit dem Jongleur

Wenn Kinder vollständige, aber verschiedene Gedichte aus derselben Sprachvorlage gestalten, sind sie bei dem Vergleichen ihrer Variationen auch z.B. motiviert, den unterschiedlichen Rhythmus ebenso Rhythmuswechsel und die Reimverwendung in ihnen zu untersuchen. Die schon an Gedichten erkannte Funktionalität dieser konstitutiven Lyrikmerkmale kommt erneut und damit vertiefend zur Sprache.

Anregende Themen für zu gestaltende Textvariationen aus verwürfeltem sprachlichen Material sind rar. Als Beispiele:

Hochzeitsfest im Märchenschloß
(Zur) Geisterstund im Spielzeugladen
Tatort Schilda. Ins Rathaus muß Licht
Auf dem Kinderkarussell

3.3.3 Anreizwörter als Vorgaben zum Gestalten

Mädchen und Jungen verfassen engagiert Reizwortgeschichten, analog ebenso lyrische Texte aus Anreizwörtern. Eine divergente Zusammenstellung allerdings irritiert, bereitet Schwierigkeiten und führt zu nichtssagenden, ungestalteten Konstrukten.

Exemplarisch folgende Wortreihen: Bär Baum Traum Wolke Mond Blüte Saum.[29]

Als geeignet erweisen sich Anreizwörter, die eine Situation anzielen (im Sinne einer sogenannten syntaktischen Wortreihe).

Möwen	Tauben		Schwäne	Schwalben
	im Sommer		an Seen	
	kommen vor		und	auch

Die Wörter sind der Konstellation „Möwen und Tauben auch" von Helmut Heißenbüttel entnommen und können in beliebiger Kombination und Wiederholung verwendet werden.[30]

Nur wenn Schüler / innen in 4. Schuljahren Konstellationen schon kennengelernt und überdacht haben (als Sprachspiele auf graphischer Ebene, S. 70), gelingen dieser Vorgabe angemessene Gestaltungen.

Für Primarstufen-Kinder motivierender wirken Anreizwörter, die unmittelbar kognitiv und emotional ihre Wünsche, Interessen und Erfahrungen ansprechen und durch ihre immanente Aktionalität zum Gestalten herausfordern.

Als Vorgabe (Wörter gleichfalls beliebig kombinier- und wiederholbar):

Autos	Busse	Laster	Wohnwagen	auf Straßen
nach Süden	fahren	und	auch	

3.3.4 Anreizbeispiele und -zeilen als Vorgaben für sprachspielerisches Gestalten auf graphischer Sprachebene

Die verschiedenartigen Sprachspiele auf graphischer, phonetischer und semantischer Sprachebene motivieren Heranwachsende sehr zum selbständigen Gestalten. Die nachfolgend fixierten Möglichkeiten sind keineswegs im Sinne von Vor-, Fort-
und Nachgestaltungen aufzufassen. Jeweils vorgegebene
sprachspielerische Anreizzeilen stammen aus nicht rezipierten
Texten, zudem werden die Gestaltungen nicht mit Texten kon-
frontiert, denen die Anreizzeilen entnommen wurden. Wenn in
bezug auf Typo-, Ideo- und Piktogramme Anreizbeispiele vorgegeben werden, fungieren sie ausschließlich als Impulse für
Gestaltungen, die noch nicht gesehen, betrachtet und überdacht wurden und nur mit klasseninternen Gestaltungen zum
Vergleich anstehen.

Sprachspiele auf graphischer Ebene bieten besonders vielfache
Möglichkeiten für kreative Tätigkeit.

Typogramme = Buchstabenbilder können, wenn sie bereits
Unterrichtsgegenstand waren, gestaltet werden aufgrund eines
Impulses, Buchstabenbilder – möglichst komische und noch
nicht gesehene – sich auszudenken, zu zeichnen und zu kolorie-
ren (S. 82f.).

Sind Typogramme unbekannt, genügt als Vorgabe und Anreiz
ein Beispiel sowie die bündige Erarbeitung der Eigenart dieser
Sprachspielart.

Buchstabenbilder motivieren fast zwangsläufig, das gesamte
Alphabet (in großer Ausführung und farbig differenziert) zu
gestalten – über einen längeren Zeitraum verteilt oder als kurz-
zeitiges Projekt.

Abecedarius-Gedichte finden stets das Interesse der Heranwachsenden. Sie wirken komisch aufgrund der Anfangswörter
in den Zweizeilern, die in keinem inhaltlichen Zusammenhang

stehen und deren Anfangsbuchstaben sukzessiv das Alphabet präsentieren.

Als Anreizzeilen z.b. der erste Paarreim aus „Das große Menschheits-Abc" von James Krüss (S. 84):

> Adam war der erste Mann.
> Also fang ich mit ihm an.

Weitere Buchstabenwörter und dazugehörige Paarreimzeilen sind zu überlegen und zu formulieren.

Für sogenannte *ABC-Reime* wird das Alphabet in Gruppen – z.B. von drei Buchstaben – zerlegt, die jeweils als vorgegebene komprimierte erste Paarreimzeile fungieren. Zu ihnen wird dann fortlaufend eine Reimzeile verfaßt.

> ABC   am Waldrand steht ein Reh.
> DEF   das Pferd gehört dem Chef.
> GHI   der Hahn kräht kikeriki.
> JKL   den Affen juckt das Fell.
> MNO   den Rainer stach ein Floh.
> PQR   dort steht ein schwarzer Bär.
> STU   die Kuh legt sich zur Ruh.
> VWX   mein Hund heißt Asterix.
> YZ   wir fahrn nach Rabenstedt.[31]

Interessant ist, daß die ausgedachten Zeilen – mit einer Ausnahme – sich auf Tiere beziehen. Analog wäre es möglich, ABC-Reime unter einem speziellen Aspekt zu gestalten, wodurch die Motivation intensiviert werden kann.

Ideogramme = Wortbilder / Bildwörter regen wohl am stärksten zum kreativen Gestalten an. Als Anreiz bieten sich die gleichen Möglichkeiten wie hinsichtlich der Typogramme.

Im Sinne der altersgemäßen Differenzierung ist vorzuschla-

gen, daß Kinder 1. und 2. Schuljahre vorwiegend Ideogramme
mit der Verbildlichung eines Buchstabens der Wörter gestalten
(s. S. 85: Haus, Kopf, Musik) und Schüler / innen 3., 4. Klassen Ideogramme mit abstrakteren Variationsmöglichkeiten (s.
ebd.: Automobil, Grube, Versteck, Bewegung, WEICH –
HART).

Beim Betrachten, Vergleichen, Besprechen speziell der ab-
strakter konzipierten Bildwörter sollte auf Varianten einzelner
Ideogramme hingewiesen und ermittelt werden, warum die
„Sprachspieler" sie so gestaltet haben. Wenn keine Varianten
vorliegen, wären geeignete Vorgabe-Wörter ein Impuls, kreative Sprachtätigkeit zu differenzieren (S. 85: Grube, Bewegung
sind wie das folgende Beispielwort mehrfach gestaltbar).

```
S       E       S P       S A T       S P A       L T E³²
   P    T          A L       P L E
      A L          T E
```

Piktogramme = Textbilder / Figurengedichte stellen höhere
Anforderungen an das Gestalten als Typo- und Ideogramme.

Auch wenn für Versuche in der Primarstufe nur ein Wort oder
zwei bzw. mehrere Wörter verwendet werden sollten (und noch
kein Satz oder Sätze), bedeutet dies: ein Wort muß ausgedacht
werden, dessen vielfache Schreibung den Umriß des bezeichneten Gegenstandes repräsentiert. U.U. wird noch ein zweites,
drittes Wort ermittelt, das in der vielfachen Schreibung des ersten Wortes „versteckt" wird. Oder mehrere Wörter, jeweils öfter geschrieben, sind zu einer Figur zusammenzustellen.

Anreize für Gestaltungen können verbal erfolgen, wenn die
Sprachspielart bekannt ist, z.B.: Das Apfel-Textbild kennt ihr.
Andere Früchte könnt ihr auch so darstellen. Aber ohne
Wurm! Oder: Erinnert euch an die „Frikadelle"! Euer Pausen-
brot sieht bestimmt anders aus! (S. 88).

Haben die Schüler / innen noch keine Piktogramme kennengelernt, sind zumindest zwei für eigenes Gestalten vorzugeben.
Eins nach dem „Apfel"-Schema – ohne oder mit „Wurm" – und
ein Drei-Wort-Piktogramm wie das nachstehend abgebildete.
Hier wird der Gegenstand „Eimer" durch zwei Wörter figuriert
– und es ist etwas in ihm, was man nicht sehen kann: „Sand".

Nachdem Merkmale der Wort-Figurengedichte erkannt sind,
können Impulse für ähnlichartige Textbilder erfolgen: In man-
chen Dingen / Sachen ist etwas, was wir nicht sofort sehen oder
suchen. Das können wir durch Textbilder darstellen (Loch /
Riß am Ball; Haar in der Suppe; Wild / Hase, Fuchs … im
Wald; Bettzeug, Handtücher, Hosen … im Kleiderschrank).

Wie die Typogramme so sind gleichfalls die Ideo- und Piktogramme möglichst groß und farbig zu gestalten.

3.3.5 Anreizzeilen und -strophen von Texten bzw. Laute und
      Lautverbindungen als Vorgaben für sprachspielerisches
      Gestalten auf phonetischer Sprachebene

Vorwiegend Varianten der konkreten Klanggedichte / Laut-

spiele motivieren zur kreativen sprachspielerischen Tätigkeit.
Sind *Vokalgedichte* – als Spiel mit einem Selbstlaut – unbe-
kannt, reizt schon am Ende des 1. Schuljahrs die Vorgabe einer
Zeile zum lustvoll engagierten Weitergestalten.

Der erste Vers des bekannten Jandl-Textes „ottos mops" (s.
S. 162)

> ottos mops trotzt

wird überdacht: ein o-Laut in jedem Wort, also dreimal = a-
normal = komisch, dazu zwei „Akteure" – und schon folgen
weitere otto-mops-Zeilen mit jeweils zwei bis vier o-Wörtern.
Varianten mit a-, e-, i-Wörtern können nach demselben Muster,
d.h. mit zwei Agierenden konzipiert werden. Hier Beispiele
ohne fortlaufendes „Geschehen":

> Adams Aal malt.
> Marthas Schaf schnarcht.
> Karls Hahn tanzt.
>
> Helenes Ente bettelt.
> Peters Pferd meckert.
> Gretels Schnecke rennt.
>
> Siegfrieds Stier stiehlt.
> Kitty Kitz kickt.
> Willis Fisch schimpft.[33]

Kennen Kinder im 3., 4. Schuljahr keine Vokalgedichte, ist zu
empfehlen, z.B. die erste Strophe des Jandl-Textes vorzugeben.

> ottos mops trotzt
> otto: fort mops fort
> ottos mops hopst fort
> otto: soso

Ermittelt wird über das soeben Genannte noch die direkte Re-
de. Die Strophe ist dann der Anreiz für eine strukturell analoge
Fortsetzung, die mehr als nur vier Zeilen umfassen – und mit einer Pointe schließen sollte.

Das aufgezeigte Strukturschema kann für weitere Gestaltungen mit anderen Vokalen, ebenso mit den Diphthongen au und
ei angewandt werden.

Sind den Mädchen und Jungen 3., 4. Klassen Vokalgedichte sowie der Terminus bekannt, wird – sich erinnernd – erneut auf
die Merkmale eingegangen. Für die der Struktur angemessenen Gestaltungen, die thematisch den schon gelesenen Gedichten gleichen, bietet sich als besonders motivierende Möglichkeit an, die Auswahl eines Selbstlauts freizustellen statt ihn
gemeinsam festzulegen oder zu bestimmen.

Im Hinblick auf *Konsonantgedichte* oder -strophen (S. 94) gilt
das gleiche, was zu den Vokaltexten ausgesagt wurde. Sie sind
schwieriger zu gestalten, weil es mühevoll ist, das entsprechende Wortmaterial „aufzuspüren".

Ein Unterrichtsmodell, speziell für 1., 2. Schuljahre, soll in diesem Zusammenhang wegen seiner beispielhaften Motivations-
intensität und Komplexität stichwortartig vorgeführt werden.[34]
Das Modell beinhaltet ein Sprachspiel mit der Konsonantenverbindung „zw".

Einer auf die Tafel gezeichneten liegenden menschlichen Figur
ordnet die Lehrperson an der betreffenden Körperstelle einen
„zwicke-Vers" zu: zwicke zwein / in das Bein. Es wird erkannt:
zweimalige Verwendung von „zw" in der ersten Zeile und
Reimwörter in beiden Versen. Analog werden wieder Paarreime – durch die Zeichnung an der Tafel angeregt – „erfunden"
und neben die entsprechenden Körperstellen geschrieben,
z.B.: zwicke zwauch / in den Bauch. Weiterhin möglich:

Ermittlung von Menschen oder Tieren, die man „zwicken"
kann (oder möchte).

Nach individueller Auswahl, Zeichnung und Ausmalung werden „zwicke-Verse" an die jeweiligen Stellen der Figuren geschrieben.

Das Sprachspiel mit der Konsonantenverbindung weitet sich zu einem Mal-, Schreib- und Lesespiel aus – und ist auf anderes übertragbar. Z.B.: Spiel mit Vornamen; mit dem, was man gerne „tut" (Verben); mit Spielzeugen; mit Dingen, die man zum Essen und Trinken benutzt.

Eine weitere sehr motivierende Möglichkeit für selbständiges Gestalten bietet der *Kettenreim*

Als Vorgabe genügen vier Verse, um sein Merkmal zu erkennen: das letzte Wort der zweiten Paarreimzeile wird das erste Wort der folgenden Paarreimverse. Dementsprechend gestalten Schüler / innen 3. und 4. Schuljahre lustbetont komisch wirkende Zeilen.

Als Beispiel der Anfang des Krüss-Gedichts „Eine Frau und zweiundzwanzig Tiere":

> Es war mal eine Frau,
> Die hatte einen Pfau,
> Der Pfau war ihr zu bunt,
> Da nahm sie einen Hund.

Zur „Kostprobe" einige Schüler-Zeilen:

> Der Pfau war ihr zu groß,
> da baute sie ein Floß.

> Das Floß kam nicht vom Fleck,
> da sprang der Pfau von Deck.

> An Deck fand sie in Eil
> ein langes, dickes Seil.

> Das Seil wirft in der Tat
> die Frau ums Pfauenrad.

> Am Rad zieht sie ihn rauf,
> da winkt ihr zu Frau Knauf.
>
> Frau Knauf ruft: „Hören Sie,
> so quält man doch kein Vieh!"[35]

3.3.6 Überschriften, Anfangs- und Schlußzeilen von Texten sowie verwürfelte Sprichtwörter als Vorgaben für sprachspielerisches Gestalten auf semantischer und stilistischer Sprachebene

Zumindest *Verkehrte-Welt- und Lügengedichte* regen Kinder der Primarstufe zu phantasievollem Gestalten an (S. 104f.). Sind Texte dieser Art schon rezipiert, setzt die Anschrift „Verkehrte Welt" oder „(Gut)Gelogen" als stummer Impuls ein Gespräch in Gang und reizt fast zwangsläufig zu eigenem Gestalten. Eine Variante für Lügengedichte wäre, die Schlußzeilen als Anstoß zu geben:

> Und wenn das nicht die Wahrheit ist,
> so ist es doch gelogen.

Reimverwendung sollte als Assoziationshemmnis für das Gestalten von Texten beider Typen unberücksichtigt bleiben.

Kennen Schüler / innen 3., 4. Klassen diese sprachspielerischen Gedichte nicht, sind Vorgaben und, durch sie provoziert, die Ermittlung ihrer Eigenart notwendig.

Zum Gestalten Verkehrter-Welt-Gedichte genügt die Angabe der Überschrift und der ersten Zeilen, z.B.:

> Verkehrte Welt
>
> Die Glocken sind im Keller,
> Kartoffeln auf dem Turm

Die Überschrift könnte entfallen, ihre Angabe hätte im Ge-

spräch über die Textart jedoch den Vorzug, ohne längeres Bemühen den Terminus der Textart zu präsentieren.

In bezug auf Lügengedichte sind gleichfalls einleitende Verse
vorzugeben plus Titel oder Textschluß, weil durch einen von ihnen die Textart signalisiert wird.

Erstes Beispiel:

> Gut gelogen
>
> Die Kuh, die saß im Schwalbennest
> mit sieben jungen Ziegen

Zweites Beispiel: Ohne Überschrift die soeben genannten Zeilen und den Schluß als Vorgaben:

> Und wenn das nicht die Wahrheit ist,
> (…)

Sprachspiele auf stilistischer Ebene regen Heranwachsende 3.,
4. Schuljahre unter einem Aspekt zum Gestalten an, indem
*Sprichwörter in zwei Teile gesondert und jeweils zwei nicht zu-
sammen passende Teile* zu Nonsens-Sätzen *verbunden* werden
(S. 111). Hierdurch vollzieht sich sprachspielerisch eine Relati-
vierung oder Ablehnung von Sprichwörtern, die – das ist ihre
Funktion – situationsbedingte Erfahrungen aussagen und jeweils wiederum situtationsbezogen indirekt stets auf ein Verhalten hinzielen. Als verwürfelte Beispiele:

Wer andern eine Grube gräbt, soll nicht mit Steinen werfen.
Wer im Glashaus sitzt, fällt selbst hinein.

Morgenstund ist aller Laster Anfang.
Müßiggang hat Gold im Mund.[36]

Bevor ein solches „Spiel" nach Vorgabe von zwei verwürfelten Sprichwörtern „getrieben " wird, ist es erforderlich, daß die Mädchen und Jungen einige Merkmale und die Funktion der Sprichwörter erkannt haben (Aussage in Satzform, meistens durch Metaphern / Sprachbilder und häufig durch Reim besonders einprägsam gestaltet; Funktion s. vorige Seite..

4. Vorgestellter Katalog und Unterrichtswirklichkeit

Die Ausführungen der vorstehenden Passagen erweisen, daß rezipierte Texte der Kinderlyrik eine Vielzahl mündlicher und schriftlicher Produktionen ermöglichen. Vor allem regen sie zu bündigen Darstellungen an, die kreativ akzentuiertes Denken und teilweise auch kreative Sprachverwendung erfordern.

Das komplexe Repertoire ist für die Heranwachsenden attraktiv. Es bietet ihrer gefühlsmäßigen, geistigen und sprachlichen Disposition und Mobilität zahlreiche durch Impulse motivierbare Produktionsanlässe über jeweils spontan ergriffene hinaus. Die Berücksichtigung des vorgestellten Katalogs differenziert und intensiviert auch hinsichtlich lyrischer Texte – wenngleich begrenzter als in bezug auf erzählende – den punktuell und durchgängig intergrierbaren Literatur- und Aufsatzunterricht.

Diese Aussagen gelten ebenso für die vielfachen Möglichkeiten des lyrischen Gestaltens ohne direkten Bezug zur Rezeption von Texten der Kinderlyrik.

Sowohl die Produktionen aufgrund rezipierter Gedichte und Sprachspiele als auch die Gestaltungsversuche ohne oder nur mittelbaren Bezug zu erschlossenen Texten intensivieren die für die Personalisation und Sozialisation der Heranwachsenden unabdingbaren Fähigkeiten, die in den inhaltlichen Globallernzielen aufgezeigt wurden.

Zudem fördert das Gesamtrepertoire möglicher Produktionen

und Gestaltungsversuche hinsichtlich aller Gattungsarten der
Kinderlyrik verstärkt die Freude und das Interesse an Literatur
generell und intensiviert speziell die gedankliche und sprachliche Kreativität der Mädchen und Jungen sowie die Sensibilität
für gestaltete Sprache.

Weil die für die Teilfelder des Deutschunterrichts verfügbare
Zeit äußerst gering bemessen ist, kann von den möglichen Produktionen in Relation zu rezipierten Gedichten und Sprachspielen jeweils nur wenig oder nichts realisiert werden. Der
Zeitmangel schränkt ebenso den Spielraum für Gestaltungsversuche sehr ein.

Die Auswahl von Produktionsmöglichkeiten wird vorherrschend bestimmt von den Motivationen, die rezipierte Texte
der Kinderlyrik den Schülern / innen aufweisen, und erst sekundär durch Anregungen der Lehrpersonen. Versuche lyrischen und sprachspielerischen Gestaltens ohne direkten Bezug
zu rezipierten Texten sind vorrangig abhängig von Vorgaben
der Lehrenden, jedoch bei gemeinsam zu ermittelnden Themen für Gestaltungen sind die Entscheidungen der Kinder
maßgebend.

Weiterhin wird die Auswahl von Möglichkeiten der Gestaltungsversuche und der Produktionen aufgrund rezipierter Texte mitbestimmt durch die unterschiedliche Denkfähigkeit und
sprachliche Kompetenz der Heranwachsenden sowie ihrer Interessen. Unter Berücksichtigung dieser Aspekte ist speziell
der differenzierte Einsatz von Textverfassungen aufgrund rezipierter Texte abhängig von den Intentionen, die Lehrende hinsichtlich der Schüler / innen sowie der rezipierten und produzierten Texte zu verwirklichen suchen im Bezugsfeld eines
möglichst integrierten Literatur- und Aufsatzunterrichts.

Anmerkungen

[1] Zu den Phasen sei nochmals verwiesen auf: Kreft, J.: Grundprobleme
    der Literaturdidaktik, Heidelberg 1977 (^{2}1982), S. 379–386.

[2] So z.B.: Haase, K.C.: Versdichtung im Unterricht, in: Wolfrum, E.
    (Hrsg.): Taschenbuch des Deutschunterrichts, 2. Bd., Literaturdidak-
    tik, Baltmannsweiler ^{3}1980, S. 624–627 und
    Greil, J. / Kreuz, A.: Umgang mit Texten in Grund- und Hauptschule,
    Donauwörth 1976, S. 111–125.
    Auf diese Publikation ist auch für die folgenden Methoden der Textre-
    zeption hinzuweisen, vgl. S. 126–143.
    Für die differenzierte Darstellung der Problematik Sprechgestaltung
    und Erschließen von Texten sei angeführt: Berthold, S. (Hrsg.): Ge-
    dichte sprechen und interpretieren. Konzepte und Beispiele für den
    Deutschunterricht ab 5. Schuljahr, Bonn-Bad Godesberg 1985.

[3] Vgl. hierzu exemplarisch: Haas, G.: Textkombination als Form der In-
    terpretation. Überlegungen zur Gedichtbehandlung in der Schule (I),
    in: Westermanns Pädagogische Beiträge 9/1971, S. 471–481 und
    Menzel, W.: Werkstatt Lyrik – Lyrik Werkstatt. Hinweise für Lehrer
    zum Arbeitsheft für das 4.–6. Schuljahr und Schülerarbeitsheft, in: Pra-
    xis Deutsch Sonderheft 1981, Arbeitsbuch Lyrik, S. 39.

[4] Die Strukturierung des in 2.2 und 2.4 vorgestellten Repertoires orien-
    tiert sich, bezogen auf erzählende Texte, an: Reger, H.: Literatur- und
    Aufsatzunterricht in der Grundschule. Lernzielorientierte Konzeption
    und Erprobung, Baltmannsweiler 1984, S. 38–45, 48–58 bzw. bis 64.
    Erwähnt sei außerdem der „(…) Katalog von Formen produktions-
    orientierten Umgangs mit literarischen Texten" von: Waldmann, G.:
    Grundzüge von Theorie und Praxis eines produktionsorientierten Lite-
    raturunterrichts, in: Hopster, N. (Hrsg.): Handbuch „Deutsch" für
    Schule und Hochschule. Sekundarstufe I, Paderborn 1984, S. 117–124,
    Zitat 117.

[5] Hierzu ist hinzuweisen auf: Kretzschmar, G.: Impulse der Neuen Musik
    für die Musikerziehung. Rhythmisierung und Verklanglichen von Tex-
    ten, in: Blätter für Lehrerfortbildung 2/1976, S. 57–68 und
    Kohls, E.: Spiele mit Gedichten. Hinweise für Lehrer zum Arbeitsheft
    (1./2. Schuljahr) und Schülerarbeitsheft, in: Praxis Deutsch Sonderheft
    1981, Arbeitsbuch Lyrik, S. 11, 3. Sp., 12, 1. Sp. und 16f.

[6] Vgl. hierzu Lernzielkontrolltests und ihre Auswertung in bezug auf Pro-
    sakurzformen: Reger. H.: Literatur- und Aufsatzunterricht in der
    Grundschule. Lernzielorientierte Konzeption und Erprobung, A.a.O.

(S. Anm. 4), S. 87–91 (Prosafabel), 127–131 (Schwank), 159–163 (Umweltgeschichte).

Lernzieltests dieser Art objektiveren zugunsten der Schüler / innen deren Leistungen in bezug auf Verstehen von Texten und Erkennen von textspezifischen Merkmalen. Es empfiehlt sich deshalb, mehrfach in einem Schuljahr Tests durchzuführen. Sie sind keineswegs zeitaufwendig (max. 20–25 Minuten).

Für die Aussagen zum Gehaltspektrum eines Textes genügen ein, zwei Sätze bzw. Stellungnahmen, für die Aussagen zum Inhalt und den Merkmalen meist Satzfragmente oder auch nur einzelne Wörter. Selbstverständlich muß das erklärt werden. Zudem kann, in 4. Schuljahren bestimmt, die Inhaltsüberprüfung entfallen.

[7]   Das Teilkapitel X.2.3 wird übernommen aus: Reger, H.: Ebd., A.a.O. (s. Anm. 6), S. 45–48.

[8]   Zu den Hauptmerkmalen vgl. Williams, F.E.: Intellektuelle Kreativität und der Lehrer, in: Mühle, G. / Schell, Ch.: Kreativität und Schule, München ^{3}1973, S. 165–168.

[9]   Zu den Phasen vgl.: Klaßen, Th. F.: Kreativität – ein problematisches Thema der Vorschuldidaktik, in: Pielow, W. / Sanner, R. (Hrsg.): Kreativität und Deutschunterricht, Stuttgart 1973 (^{2}1978), S. 167f.,

Williams, F.E.: Intellektuelle Kreativität und der Lehrer, in: Mühle, G. / Schell, Ch. (Hrsg.): Kreativität und Schule, A.a.O. (s. Anm. 8), S. 168f. und

Guilford, J.P.: Grundlegende Fragen bei kreativitätsorientiertem Lehren, in: Mühle, G. / Schell, Ch. (Hrsg.): Ebd., A.a.O., S. 148f.

[10]   Das Vorstehende bezieht sich auf: Wygotski, L.S.: Denken und Sprechen (1934) (deutsch), Frankfurt 1969, ^{5}1974, vor allem S. 301, 315, 338, 343, 349ff.

[11]   Exemplarisch wird auf drei Publikationen verwiesen, in denen Beiträge hierfür zu finden sind: Pielow, W. / Sanner, R. (Hrsg.): Kreativität und Deutschunterricht, A.a.O., (s. Anm. 9), Gössmann, W.: Sätze statt Aufsätze. Schriftliches Arbeiten auf der Primarstufe, Düsseldorf 1976 und

Praxis Deutsch 41/1980, textrezeption und textgebrauch.

[12]   So: Ostermann, F.: Kreative Prozesse im „Aufsatzunterricht", Paderborn 1973, z.B. S. 86–91, 97f., 101.

Eine differenziertere Auffassung sprachlicher Kreativität und auch die Berücksichtigung kreativen Denkens liegen u.a. vor in: Winterling, F.: Kreative Übung oder Gestaltungsversuch, in: Diskussion Deutsch 5/1971, S. 243–264,

Zander, S.: Aufsatzunterricht in der Grundschule, Bochum 1972 (5. Aufl. o.J.), z.B. S. 46ff., 188–199,

Pielow, W.: Zum Verhältnis von Aufsatz und Kreativität, in: Pielow, W. / Sanner, R. (Hrsg.): Kreativität und Deutschunterricht, A.a.O. (s. Anm 9), S. 55–87,

Sanner, R.: „Spiel" und „Spielregel" im kreativen Prozeß, in: Ebd., A.a.O., S. 26–40,

Ders.: Aufsatzunterricht, München 1975, S. 38f.,

Gössmann, W.: Sätze statt Aufsätze, Düsseldorf 1976, z.B. S.33f., 48–52 und

Beck, O. / Payrhuber, F.-J. / Steffens, W.: Praxis des Aufsatzunterrichts in der Grundschule. Vom Lesen und Hören zum Schreiben von Texten. Freiburg 1981.

13 Vgl. hierzu auch: Spinner, K.H.: Umgang mit Lyrik in der Sekundarstufe I, Baltmannsweiler 1984, S. 42 und zu weiteren kreativ akzentuierten Möglichkeiten der Textverfassung im Umgang mit Gedichten S. 35–41.

14 In bezug auf Niederschriften zu Gehaltaspekten mit eigenen Stellungnahmen sie hingewiesen auf: Franz, K.: Kindergedichte – zum Nachdenken. Hinweise für Lehrer zum Arbeitsheft (3./4. Schuljahr) und Schülerarbeitsheft, Praxis Deutsch Sonderheft 1981, Arbeitsbuch Lyrik, S. 25–38.

15 In diesem Zusammenhang ist ein interesssanter Beitrag anzuführen: Frommholz, R.: „Was im Winter Freude macht". Vergleichende Textarbeit mit modernen Kindergedichten. Unterrichtsmodell 2. Schuljahr, in: Praxis Deutsch 46/1981, lyrik der gegenwart, S. 16–19.

16 Vgl. hierzu auch: Autenrieht, N.: Umgang mit einem Unsinnstext unter den Gesichtspunkten eines integrierenden Deutschunterrichts (2. Jahrgangsstufe), in: Pädagogische Welt 10/1977, S. 626–631.

17 Für Vorgestaltungen sei auch hingewiesen auf: Gatti, H.: Schüler machen Gedichte (Sekundarstufe I), Freiburg / Basel / Wien 1979, S. 24–36.

18 Zu Nachgestaltungen sind folgende Publikationen anzuführen: Gatti, H.: Ebd., A.a.O. (s. Anm. 17), S. 60f., 76–79, 100–103,

Motté, M. / Sieven, K.: Menschen heute unterwegs. Hans A. Halbey „Urlaubsfahrt" (u.a.). Unterrichtsmodell 4.-6. Schuljahr, in; Praxis Deutsch 46/1981, lyrik der gegenwart, S. 19–21 und speziell in bezug auf Sprachspiele:

Schmieder, D. / Rückert, G.: Spielen und Lernen mit Ideogrammen. Unterrichtsmodell 3. Schuljahr, in: Praxis Deutsch 5/1974, Spiele mit Sprache, S. 40f.,

Dies. / Ders.: Kreativer Umgang mit konkreter Poesie, Freiburg 1977 (Erfahrungsberichte bes. hinsichtlich Primarstufe, Anm. des Verf.), Jegensdorf, L.: Analogiebildungen zu konkreter Poesie. Unterrichtsmodell 6. Schuljahr, in: Praxis Deutsch 5/1974, Spiele mit Sprache, S. 45–47.

Für Sprachspiele in literaturwissenschaftlicher und -didaktischer Perspektive sei angeführt:

Helmers, H.: Lyrischer Humor. Strukturanalyse und Didaktik der komischen Versliteratur, Stuttgart 1971,

Rückert, G.: Experimentelle Lyrik – Konkrete Poesie, in: Köpf, G. (Hrsg.): Neun Kapitel Lyrik, Paderborn 1984, S. 179–201.

[19] Zu szenischen Spielen, motiviert durch rezipierte Erzähltexte, vgl.: Reger, H.: Literatur- und Aufsatzunterricht in der Grundschule, A.a.O. (s. Anm. 4), S. 58–64 sowie zur Literatur von Formen des szenischen Spiels: S. 67ff. (= dort Anm. 16–18).

[20] Entnommen aus: Baehr, H.: Gedichte fordern uns heraus. Eine Unterrichtsreihe im 4. Schuljahr, in: Grundschule 7/1977, S. 318–321, hier speziell S. 319, 321.

[21] Entnommen aus: Gatti, H.: Schüler machen Gedichte (Sekundarstufe I), A.a.O. (s. Anm. 17), S. 133.

[22] Entnommen aus: Blaich, U.: Schreiben mit Kindern, in: Drews, J. (Hrsg.): Zum Kinderbuch. Betrachtungen, Kritisches, Praktisches, Frankfurt 1975, S. 171–178, hier S. 175.

[23] Entnommen aus: Baehr, H.: Gedichte fordern uns heraus, A.a.O. (s. Anm. 20), S. 321.

[24] Entnommen aus: Blaich, U.: Schreiben mit Kindern, in: Ebd., A.a.O. (s. Anm. 22), S. 176ff.

[25] Die Texte und Anreizformeln entnommen aus: Steinbrinker, G.: Eigenes Gestalten von lyrischen Vorformen in der Grundschule, in: Pielow, W. / Sanner, R. (Hrsg.): Kreativität und Deutschunterricht, Stuttgart 1973 (^{2}1978), S. 138–140.
In diesem Zusammenhang ist zu verweisen auf: Banaschewski, A.: Kinder lernen Gedichte schreiben, in: Unterricht heute 11/1970, S. 485–493. Die Autorin berichtet über die Arbeit des amerikanischen Schriftstellers Kenneth Koch, der 1969 in einer Grundschule von Ost-Manhattan mit Anreizformeln (I wish ..., I had a dream ..., I used to ... / But now ...) große Erfolge hatte.

[26] Entnommen aus: Kohls, E.: Spiele mit Gedichten. Hinweise für Lehrer zum Arbeitsheft (1./2. Schuljahr) und Schülerarbeitsheft, in: Praxis Deutsch Sonderheft 1981, Arbeitsbuch Lyrik, S. 19, s. eb. S. 12 (insgs. S. 11–23).

27 Vgl. zu den angegebenen Möglichkeiten: Menzel, W.: Werkstatt Lyrik –
Lyrik Werkstatt. Hinweise für Lehrer zum Arbeitsheft für das 4.-6.
Schuljahr und Schülerarbeitsheft, in: Praxis Deutsch Sonderheft 1981,
Arbeitsbuch Lyrik, S. 41, Text entnommen: Ebd., A.a.O., S.48 (Bei-
trag insges. S. 39–59).

28 Textbogen, Anforderungen für das Gestalten sowie zwei ausgewählte
Realisierungen von insges. sechs vorgestellten wurden entnommen
aus: Menzel, W.: Ebd., A.a.O. (s. Anm. 27), S. 59 und 44.
Hinsichtlich der Gestaltung aufgrund eines vorgegebenen Textbogens
sei weiterhin angegeben:
Ders.: Wir basteln ein Gedicht (Unterrichtsmodell 2. Schuljahr), in:
Praxis Deutsch 11/1975, Lyrische Texte, S. 18f. und zudem ein Beitrag,
der auch andere Gestaltungsmöglichkeiten aufzeigt: Ders.: Spiele mit
Sprache. Arbeitsheft für Schüler Primarstufe, in: Praxis Deutsch Son-
derheft 1977, Kreativität, S. 33–47.

29 Vgl.: Blaich, U.: Schreiben mit Kindern, in: Drews, J. (Hrsg.): Zum
Kinderbuch. Betrachtungen, Kritisches, Praktisches, Frankfurt 1975,
S. 171.

30 Entnommen aus: Menzel, W.: Werkstatt Lyrik – Lyrik Werkstatt. Hinweise für Lehrer zum Arbeitsbuch für 4.-6. Schuljahr und Schülerarbeitsheft, in: Praxis Deutsch Sonderheft 1981, Arbeitsbuch Lyrik,
S. 47, dort eb. die nachfolgende Wortreihe, vgl. zudem S. 40.

31 Entnommen aus: Gatti, H.: Schüler machen Gedichte (Sekundarstufe
I), Freiburg / Basel / Wien 1979, S. 117, Beispiele einer 5. Klasse.

32 Entnommen aus: Schmieder, D. / Rückert, G.: Spielen und Lernen mit
Ideogrammen. Unterrichtsmodell 3. Schuljahr, in: Praxis Deutsch 5/
1974, Spiele mit Sprache, S. 40.
Zudem sei in bezug auf Ideo-, Piktogramme und Konstellationen zurückverwiesen auf Anm. 18, 4., 5., 7. Angabe.

33 Entnommen aus: Gatti, H.: Schüler machen Gedichte, A.a.O. (s.
Anm. 31), S. 26, vgl. auch S. 27–30 und zudem
Menzel W.: Ebd., A.a.O. (s. Anm. 30), S. 41, 50f.

34 Vgl.: Steffens, W.: „zwicke zwein". Ein Sprech-, Lese-, Mal- und
Schreibspiel (Unterrichtsmodell 1./2. Schuljahr), in: Praxis Deutsch 46/
1981, lyrik der gegenwart, S. 14f.

35 Entnommen aus: Gatti, H.: Ebd., A.a.O. (s. Anm. 33), S. 30, Gestaltungen einer 5. Klasse, vgl. eb.:
Helmers, H.: Lyrischer Humor. Strukturanalyse und Didaktik der komischen Versliteratur, Stuttgart 1971, S. 186f.

36 Eb. aus: Gatti. H.: Ebd., A.a.O. (s. Anm. 31), S. 127, Gestaltungen einer 7. Klasse.

Literatur und Arbeitsmaterialien

Literaturwissenschaftliche
und andere wissenschaftliche Publikationen

Auböck, Inge: Das moderne Kindergedicht, in: Bamberger, Richard (Hrsg.): Trends in der modernen Kinderliteratur, Wien, o.J., S. 50–75.

Bausinger, Hermann: Formen der „Volkspoesie", Berlin ²1980.

Borneman, Ernest: Unsere Kinder im Spiegel ihrer Lieder, Reime, Verse und Rätsel. Studien zur Befreiung des Kindes Bd. 1, Frankfurt / Berlin / Wien 1980 (= Ullstein Materialien) (Erstausgabe Olten 1973).

Ders.: Die Umwelt des Kindes im Spiegel seiner „verbotenen" Lieder, Reime, Verse und Rätsel. Studien zur Befreiung des Kindes Bd. 2, Ebd. 1980 (= Ullstein Materialien) (Erstausgabe Olten 1974).

Ders.: Die Welt der Erwachsenen in den „verbotenen" Reimen deutschsprachiger Stadtkinder. Studien zur Befreiung des Kindes Bd. 3, Ebd. 1981 (= Ullstein Materialien) (Erstausgabe Olten 1976).

Döhl, Reinhard: Konkrete Literatur, in: Durzak, Manfred (Hrsg.): Deutsche Gegenwartsliteratur, Stuttgart 1981, S. 270–298.

Freitag, Christian: Kinderreim, in: Doderer, Klaus (Hrsg.): Lexikon der Kinder- und Jugendliteratur, 2. Bd., Weinheim 1977, S. 201f.

Gerstner-Hirzel, Emely: Das Kinderlied, in: Brednich /Röhrich /Suppan (Hrsg.): Handbuch des Volksliedes, 1. Bd., München 1973, S. 923–967.

Gomringer, Eugen (Hrsg.): konkrete poesie, Stuttgart 1972.

Helmers, Hermann: Sprache und Humor des Kindes, Stuttgart ²1971.

Kayser, Wolfgang: Das sprachliche Kunstwerk. Eine Einführung in die Literaturwissenschaft, Bern / München ⁵1959.

Kessler, Dieter: Untersuchungen zu konkreten Dichtung, Meisenheim 1976.

Knörrich, Otto: Die Deutsche Lyrik seit 1945, Stuttgart 1978.

Kopfermann, Thomas: Konkrete Poesie, Frankfurt 1981.

Liede, Alfred: Dichtung als Spiel, 2 Bde., Berlin 1963.

Nieraad, Jürgen: „Bildgesegnet und bildverflucht". Forschungen zur sprachlichen Metaphorik, Darmstadt 1977.

Pointek, Heinz (Hrsg.): Neue deutsche Erzählgedichte, Stuttgart 1964.

Plessner, Helmuth: Lachen und Weinen. Eine Untersuchung nach den Grenzen menschlichen Verhaltens, Bern ³1961.

Preisendanz, Wolfgang / Warning, R. (Hrsg.): Das Komische, München 1976.

Reger, Harald: Metaphern und Idiome in szenischen Texten, in der Werbe- und Pressesprache (Sammelband), Hamburg 1980.

Rückert, Gerhard: Experimentelle Lyrik – Konkrete Poesie, in: Köpf, Gerhard (Hrsg.): Neun Kapitel Lyrik, Paderborn 1984, S. 179–201.

Rühmkorf, Peter: Über das Volksvermögen. Exkurse in den literarischen Untergrund, Reinbek 1967.

Schmidt, Siegfried J.: Literaturwissenschaft als Forschungsprogramm. Hypothesen zu einer wissenschaftstheoretischen Fundierung einer kritischen Literaturwissenschaft, in: Linguistik und Didaktik 4/1970, S. 269–282.

Ders. (Hrsg.): konkrete dichtung. texte und theorien, München 1972.

Staiger, Emil: Grundbegriffe der Poetik, Zürich [8]1968.

Wygotski, Lew S.: Denken und Sprechen (1934) (deutsch), Frankfurt 1969 ([5]1974).

Didaktische Basisliteratur

Baurmann, Jürgen u.a.: Textrezeption und Schule. Grundlagen – Befunde – Unterrichtsmodelle, Stuttgart 1980.

Beck, Oswald / Payrhuber, F.-J. / Steffens, W.: Praxis des Aufsatzunterrichts in der Grundschule. Vom Lesen und Hören zum Schreiben von Texten, Freiburg 1981.

Berthold, Siegwart (Hrsg.): Gedichte sprechen und interpretieren. Konzepte und Beispiele für den Deutschunterricht ab 5. Schuljahr, Bonn-Bad Godesberg 1985.

Boueke, Dieter: Lernziele für den Deutschunterricht, in: Zabel, Hermann (Hrsg.): Studienbuch: Einführung in die Didaktik der deutschen Sprache und Literatur, Paderborn 1981, S. 29–44.

Fingerhut, Karlheinz: Affirmative und kritische Lehrsysteme im Literaturunterricht. Beiträge zu einer Theorie lernziel- und lernbereichsorientierter Textsequenzen, Frankfurt 1974.

Ders.: Kann „Handlungsorientierung" ein Paradigma der Literaturdidaktik sein? in: Diskussion Deutsch 98/1987, S. 581–600.

Frank, Rainer: Literaturdidaktische Positionen (Forschungsbericht), in: Wirkendes Wort 1/1981, S. 39–51.

Gatti, Hans: Schüler machen Gedichte (Sekundarstufe I), Freiburg / Basel / Wien 1979.

Gössmann, Wilhelm: Sätze statt Aufsätze. Schriftliches Arbeiten auf der Primarstufe, Düsseldorf 1976.

Greil, Josef / Kreuz, A.: Umgang mit Texten in Grund- und Hauptschule, Donauwörth 1976.

Guilford, Joy P.: Grundlgende Fragen bei kreativitätsorientiertem Lehren, in: Mühle, Gunther/Schell, Ch. (Hrsg.): Kreativität und Schule, München ³1973, S. 139–164.

Hein Jürgen: Ziele des Bereichs „Umgang mit Texten", in: Zabel, Hermann (Hrsg.): Studienbuch: Einführung in die Didaktik der deutschen Sprache und Literatur, Paderborn 1981, S. 305–317.

Helmers, Hermann (Hrsg.): Moderne Dichtung im Unterricht, Braunschweig ²1972.

Ders.: Lyrischer Humor. Strukturanalyse und Didaktik der komischen Versliteratur, Stuttgart 1971.

Hoppe, Otfried: Operation und kompetenz. Das problem der lernzielbeschreibung im fach deutsch, in: Linguistik und Didaktik 10/1972, S. 85–97.

Hopster, Norbert: Didaktische Konzeptionen des Literaturunterrichts, in: Boueke, Dieter (Hrsg.): Deutschunterricht in der Diskussion, Bd. 2, Paderborn ²1979, S. 142–165.

Hussong, Martin: Kritik und Didaktik des literarischen Verstehens, Kronberg 1976.

Karst, Theodor: Realistische Kindergeschichten als thematische Textfolgen im Unterricht der Primarstufe, in: Karst, Theodor (Hrsg.): Kinder- und Jugendliteratur im Unterricht, Bd. 1: Primarstufe, Bad Heilbrunn 1978, S. 51–65.

Klaßen, Theodor F.: Kreativität – ein problematisches Thema der Vorschuldidaktik, in: Pielow, Winfried / Sanner, R. (Hrsg.): Kreativität und Deutschunterricht, Stuttgart 1973 (²1978), S. 162–178.

Kreft, Jürgen: Grundprobleme der Literaturdidaktik, Heidelberg 1977 (²1982).

Kügler, Hans: Literatur und Kommunikation. Ein Beitrag zur didaktischen Theorie und methodischen Praxis, Stuttgart ²1975.

Ders.: Die funktionalisierte Literatur – Der funktionierende Leser, in: Baumgärntner, Alfred C. / Dahrendorf, M. (Hrsg.): Zurück zum Literaturunterricht?, Braunschweig 1977, S. 103–120.

Ders.: Grundschullesebuch und Textumgangsformen (mit Unterrichtsmodellen), in: Baurmann, Jürgen / Hoppe, O. (Hrsg.): Handbuch für Deutschlehrer, Stuttgart 1984, S. 201–221.

Ders.: Erkundung der Praxis. Literaturdidaktische Trends der 80er Jahre zwischen Handlungsorientierung und Empirie, in: Praxis Deutsch 90/ 1988, S. 4–9 (Teil I), 91/1988, S. 9–11 (Teil II).

Metz, Walther: Curriculumtheorie und Literaturunterricht, in: Schaefer, Eduard (Hrsg.): Lerngegenstand: Literatur, Göttingen 1977, S. 20–26.

Müller, Erhard P.: Interaktion im Literaturunterricht, Kronberg 1976.

Nündel, Erich / Schlotthaus W.: Angenommen: Agamemmon. Wie Lehrer mit Texten umgehen, München / Wien / Baltimore 1978.

Ostermann, Friedrich: Kreative Prozesse im „Aufsatzunterricht", Paderborn 1973.

Pielow, Winfried: Das Gedicht im Unterricht. Wirkungen, Chancen, Zugänge, München 1965 (^{5}1985).

Ders.: Zum Verhältnis von Aufsatz und Kreativität, in: Pielow, W. / Sanner, R. (Hrsg.): Kreativität und Deutschunterricht, Stuttgart 1973 (^{2}1978), S. 55–87.

Praxis Deutsch 41/1980, textrezeption und textgebrauch.

Reger, Harald: Prosakurzformen im Literaturunterricht der Primarstufe, Ratingen / Kastellaun / Düsseldorf 1973 (Nachdruck 1978).

Ders.: Der Witz als Textkategorie und seine didaktische Bedeutung für den Literaturunterricht, in: Muttersprache 6/1975, S. 409–419.

Ders.: Literatur- und Aufsatzunterricht in der Grundschule. Lernzielorientierte Konzeption und Erprobung, Baltmannsweiler 1984.

Sanner, Rolf: „Spiel" und „Spielregel" im kreativen Prozeß, in: Pielow, Winfried / Sanner, R. (Hrsg.): Kreativität und Deutschunterricht, Stuttgart 1973 (^{2}1978), S. 26–40.

Ders.: Aufsatzunterricht, München 1975.

Spinner, Kaspar H.: Umgang mit Lyrik in der Sekundarstufe I, Baltmannsweiler 1984.

Ders.: Interpretieren im Deutschunterricht (Basisartikel), in: Praxis Deutsch 81/1987, Interpretieren, S. 17–23.

Waldmann, Günter: Grundzüge von Theorie und Praxis eines produktionsorientierten Literaturunterrichts, in: Hopster, Norbert (Hrsg.): Handbuch „Deutsch" für Schule und Hochschule. Sekundarstufe I, Paderborn 1984, S. 92–141.

Ders.: Produktiver Umgang mit Lyrik. Eine systematische Einführung in die Lyrik, ihre produktive Erfahrung und ihr Schreiben (Sekundarstufe I und II, Hochschule, Selbststudium), Baltmannsweiler 1988.

Willenberg, Heiner (Hrsg.): Zur Psychologie des Literaturunterrichts. Schülerfähigkeiten – Unterrichtsmethoden – Beispiele, Frankfurt 1987.

Williams, Frank E.: Intellektuelle Kreativität und der Lehrer, in: Mühle,
    Gunther / Schell, Ch. (Hrsg.): Kreativität und Schule, München ³1973,
    S. 165–174.

Winterling, Fritz: Kreative Übung oder Gestaltungsversuch, in: Diskussion
    Deutsch 5/1971, S. 243–264.

Zander, Sönke: Aufsatzunterricht in der Grundschule, Bochum 1972 (5.
    Aufl. o.J.).

Grundlegende didaktische Literatur zur Kinderlyrik

Franz, Kurt: Kinderlyrik. Struktur, Rezeption, Didaktik, München 1979.

Ders.: Kinderlyrik, in: Köpf, Gerhard (Hrsg.): Neun Kapitel Lyrik, Pader-
    born 1984, S. 127–146.

Haase, Klaus C.: Versdichtung im Unterricht, in: Wolfrum, Erich (Hrsg.):
    Taschenbuch des Deutschunterrichts, 2. Bd., Literaturdidaktik, Balt-
    mannsweiler ³1980, S. 618–647.

Kliewer, Heinz-Jürgen: Elemente und Formen der Lyrik. Ein Curriculum
    für die Primarstufe, Hohengehren 1974.

Langheinrich, Claus: Konkrete Poesie – Visuelle Texte. Beispiele für die
    Grund- und Hauptschule, München 1979.

Motté, Magda: Moderne Kinderlyrik. Begriff – Geschichte – literarische
    Kommunikation – Bestandsaufnahme, Frankfurt / Bern 1983.

Ritz-Fröhlich, Gertrud: Kreativer Umgang mit lyrischen Texten, in: Gröm-
    minger, Arnold / Ritz-Fröhlich, G.: Umgang mit Texten in Freizeit, Kin-
    dergarten und Schule, Freiburg 1974, S. 45–72.

Steffens, Wilhelm u.a.: Das Gedicht in der Grundschule. Strukturanalysen
    – Lernziele – Experimente. Zugleich Lehrerhandbuch zum Gedichtband
    „Klang – Reim – Rhythmus", Frankfurt 1973.

Spezielle didaktische Literatur zur Kinderlyrik

Autenrieht, Norbert: Umgang mit einem Unsinnstext unter den Gesichts-
    punkten eines integrierenden Deutschunterrichts (2. Jahrgangsstufe),
    in: Pädagogische Welt 10/1977, S. 626–631.

Baehr, Hildburg: Gedichte fordern uns heraus. Eine Unterrichtsreihe im 4.
    Schuljahr, in: Grundschule 7/1977, S. 318–321.

Banaschewski, Anne: Kinder lernen Gedichte schreiben. Bericht über ei-
    nen amerikanischen Versuch, in: Unterricht heute 11/1970, S. 485–493.

Blaisch, Ute: Schreiben mit Kindern, in: Drews, Jörg (Hrsg.): Zum Kinder-
    buch. Betrachtungen, Kritisches, Praktisches, Frankfurt 1975, S. 171–
    178.

Franz, Kurt: Kindergedichte – zum Nachdenken. Hinweise für Lehrer zum Arbeitsheft (3./4. Schuljahr) und Schülerarbeitsheft, in: Praxis Deutsch Sonderheft 1981, Arbeitsbuch Lyrik, S. 25–38.

Frommholz, Rüdiger: „Was im Winter Freude macht". Vergleichende Textarbeit mit modernen Kindergedichten. Unterrichtsmodell 2. Schuljahr, in: Praxis Deutsch 46/1981, lyrik der gegenwart, S. 16–19.

Funk, Doris: Visuelle Poesie für Kinder?, in: Lypp, Maria (Hrsg.): Literatur für Kinder, Göttingen 1977, S. 46–93.

Garbe, Burkhard: Experimentelle Texte im Sprachunterricht, Düsseldorf 1976.

Haas, Gerhard: Textkombination als Form der Interpretation. Überlegungen zur Gedichtbehandlung in der Schule (I) (8. Schuljahr), in: Westermanns Pädagogische Beiträge 9/1971, S. 473–481.

Hagener, Caesar: Paul Celans „Sprachgitter" im fünften Schuljahr, in: Westermanns Pädagogische Beiträge 4/1962, S. 157–159.

Jegensdorf, Lothar: Analogiebildungen zu konkreter Poesie. Unterrichtsmodell 6. Schuljahr, in: Praxis Deutsch 5/1974, Spiele mit Sprache, S. 45–47.

Kohls, Ekkehard: Spiele mit Gedichten. Hinweise für Lehrer zum Arbeitsheft (1./2. Schuljahr) und Schülerarbeitsheft, in: Praxis Deutsch Sonderheft 1981, Arbeitsbuch Lyrik, S. 11–24.

Kretzschmar, Gerd: Impulse der Neuen Musik für die Musikerziehung. Rhythmisierung und Verklanglichen von Texten, in: Blätter für Lehrerfortbildung 2/1976, S. 56–68.

Menzel, Wolfgang: Wir basteln ein Gedicht (Unterrichtsmodell 2. Schuljahr), in: Praxis Deutsch 11/1975, Lyrische Texte, S. 18f.

Ders.: Spiele mit Sprache. Arbeitsheft für Schüler Primarstufe, in: Praxis Deutsch Sonderheft 1977, Kreativität, S. 33–47.

Ders.: Werkstatt Lyrik – Lyrik Werkstatt. Hinweise für Lehrer zum Arbeitsheft für das 4.-6. Schuljahr und Schülerarbeitsheft, in: Praxis Deutsch Sonderheft 1981, Arbeitsbuch Lyrik, S. 39–59.

Motté, Magda / Sieven, K.: Menschen heute unterwegs. Hans A. Halbey „Urlaubsfahrt" (u.a.). Unterrichtsmodell 4.-6. Schuljahr, in: Praxis Deutsch 46/1981, lyrik der gegenwart, S. 19–21.

Pätzmann, Klaus: Lyrik und Rezeption. Kurz-Analyse von Schüler-Rezeptionstexten eines 4. Schuljahres, in: Diskussion Deutsch 51/1980, S. 89–97.

Prüller, Anneliese: Unterrichtsversuch mit dem „Sprachgitter" (5. u. 4. Schuljahr), in: Westermanns Pädagogische Beiträge 4/1962, S. 154–157.

Psaar, Werner: Spiel und Umwelt in der Kinderliteratur der Gegenwart. Ein Beitrag zur Literaturdidaktik in der Grundschule, Paderborn 1973, S. 81–95.

Rückert, Gerhard / Schmieder, D.: Konkrete Poesie und Kommunikation. Ein Unterrichtsversuch in einem 4. Schuljahr, in: Schober, Otto (Hrsg.): Sprachbetrachtung und Kommunikationsanalyse, Königstein 1980, S. 81–91.

Schmieder, Doris / Rückert, G.: Spielen und Lernen mit Ideogrammen. Unterrichtsmodell 3. Schuljahr, in: Praxis Deutsch 5/1974, Spiele mit Sprache, S. 40f.

Dies. / Ders.: Kreativer Umgang mit konkreter Poesie. Spielen und Lernen mit konkreten Texten, Freiburg 1977 (Erfahrungsberichte bes. hins. Primarstufe).

Schulte, Hans H.: „Kinderlieder" bei B. Brecht, in: Wirkendes Wort 3/1977, S. 149–159.

Schütz, Dorothea: Kinder sprechen über ein Gedicht. „Unaufhaltsam" Hilde Domin, in: Grundschule 7/1977, S. 322f.

Spinner, Kaspar H.: Lyrik der Gegenwart (Basisartikel), in: Praxis Deutsch 46/1981, lyrik der gegenwart, S. 7–14.

Steffens, Wilhelm: „zwicke zwein". Ein Sprech-, Lese-, Mal- und Schreibspiel. Unterrichtsmodell 1./2. Schuljahr, in: Praxis Deutsch 46/1981, lyrik der gegenwart, S. 14f.

Steinbrinker, Günther: Eigenes Gestalten von lyrischen Vorformen in der Grundschule, in: Pielow, Winfried /Sanner, R. (Hrsg.): Kreativität und Deutschunterricht, Stuttgart 1973 (²1978), S. 121–141.

Venus, Dankmar: Celan im vierten Schuljahr? Zu einem Unterrichtsgespräch über Paul Celans „Sprachgitter", in: Westermanns Pädagogische Beiträge 10/1961, S. 446–450.

Wagner, Reinhold: Neue Wege der Gedichtbehandlung in der Grundschule. Aufgezeigt am Beispiel „Die knipsverrückte Dorothee" von James Krüss, in: Blätter für Lehrerfortbildung 2/1975, S. 54–59.

Weller, Rainer (Hrsg.): Sprachspiele (Sekundarstufe I), Stuttgart 1977 (= Arbeitstexte für den Unterricht 9533).

Kinderlyrik – Einzelwerke, Anthologien, in Sammelbänden zur Kinderliteratur (Auswahl)

Arnim, Achim von / Brentano, Clemens (Hrsg.): Des Knaben Wunderhorn. Alte deutsche Lieder. 3. Teil. Kinderlieder. Anhang zum Wunderhorn, München 1963 (= dtv KW 3).

Bachmann, Fritz (Hrsg.): Klang – Reim – Rhythmus. Gedichte für die Grundschule, Frankfurt 1972, ³1978.

Baumann, Hans: Kunterbuntes Sprachspielbuch, Freiburg 1979.

Bull, Bruno H. (Hrsg.): Glück und Segen. 570 Gedichte für alle Feste des Jahres und des Lebens, Gütersloh o.J. (1964).

Christen, Viktor (Hrsg.): Schnick Schnack Schabernack, Oldenburg / Hamburg 1978.

Domenego, Hans (Hrsg.): Das Sprachbastelbuch, Wien / München 1975 (²1976).

Eckardt, Juliane (Hrsg.): Kindergedichte, Stuttgart 1980 (= Arbeitstexte für den Unterricht 9557).

Enzensberger, Hans M.: Allerleirauh. Viele schöne Kinderreime, Frankfurt 1966.

Fuhrmann, Joachim (Hrsg.): Gedichte für Anfänger, Reinbek 1980 (= rororo rotfuchs 239).

Ders. (Hrsg.): Poesiekiste, Reinbek 1981.

Gebert, Helga: Das große Rätselbuch, Weinheim / Basel 1979.

Gelberg, Hans-Joachim (Hrsg.): Die Stadt der Kinder, Recklinghausen 1969 (²1974) (= dtv 7013).

Ders. (Hrsg.): Geh und spiel mit dem Riesen! 1. Jahrbuch der Kinderliteratur, Weinheim / Basel 1971.

Ders. (Hrsg.): Am Montag fängt die Woche an. 2. Jahrbuch (…), A.a.O. 1973.

Ders. (Hrsg.): Menschengeschichten. 3. Jahrbuch (…), A.a.O. 1975.

Ders. (Hrsg.): Der fliegende Robert. 4. Jahrbuch (…), A.a.O. 1977.

Ders. (Hrsg.): Das achte Weltwunder. 5. Jahrbuch (…), A.a.O. 1979.

Ders. (Hrsg.): Wie man Berge versetzt. 6. Jahrbuch (…), A.a.O. 1981.

Ders. (Hrsg.): Augen aufmachen. 7. Jahrbuch (…), A.a.O. 1984.

Ders. (Hrsg.): Die Erde ist mein Haus. 8. Jahrbuch (…), A.a.O. 1988.

George, Edith / Hänsel R. (Hrsg.): Ans Fenster kommt und seht …, Berlin/Ost o.J. (1963).

Guggenmos, Josef: Was denkt die Maus am Donnerstag? Recklinghausen 1966.

Ders.: Es las ein Bär ein Buch im Bett. Zungenbrecher von A bis Z, Recklinghausen 1978.

Ders.: Wer braucht tausend Schuhe? Tiergeschichten und Gedichte, Oldenburg 1980.

Härtling, Peter: Spielgeist – Spiegelgeist, Stuttgart 1962.

Hoffmannm, Klaus (Hrsg.): Das Musik-Spielmobil, Dortmund 1981.

Kleinschmidt, Mascha / Kolbe, Margarethe (Hrsg.): Gefunden. Gedichte für die Grundschule. Frankfurt / Berlin / München 1985.

Kreusch-Jacob, Dorothée (Hrsg.): Ravensburger Liederspielbuch für Kinder, Ravensburg 1978.

Krüss, James (Hrsg.): So viele Tage, wie das Jahr hat, Gütersloh 1959.

Ders.: Der wohltemperierte Leierkasten, Gütersloh 1961 (1969).

Ders.: Der fliegende Teppich, Hamburg 1976.

Kühne, Michael / Bartsch, J.: Schnigelschnagel-guck-gagel. Kindergedichte zum Spielen und Ausprobieren für 4-8jährige, Gütersloh 1977.

Kuhnke, Klaus (Hrsg.): Baggerführer Willibald. Kinderlieder, Hamburg 1973 (= rororo rotfuchs 20).

Lenz, Theamaria (Hrsg.): Kinder dichten, Wiesbaden 1958.

Dies (Hrsg.): Zauber der Kindheit, Hamburg / München 1960.

Maar, Paul: Onkel Florians fliegender Flohmarkt, Hamburg 1977.

Manz, Hans: Worte kann man drehen, Weinheim 1974 (^{3}1977).

Ders.: Kopfstehen macht stark, Weinheim 1978.

Pestum, Jo (Hrsg.): Auf der ganzen Welt gibt's Kinder, Würzburg 1976.

Preißler, Helmut: Das Windrad. Kindergedichte aus zwei Jahrzehnten, Berlin/Ost o.J. (1967).

Scheuffelen, Thomas (Hrsg.): Der Traumschrank, Darmstadt / Neuwied 1976.

Sommer-Bodenburg, Angela: Ich lieb dich trotzdem immer, Köln 1982.

Volavkova, Hana von (Hrsg.): Hier fliegen keine Schmetterlinge. Kinderzeichnungen und Gedichte aus Theresienstadt 1942–1944 (deutsch), Wuppertal-Barmen 1962.

Wohlgemuth, Hildegard (Hrsg.): Frieden mehr als ein Wort, Reinbek 1981.

Zöpfl, Helmut (Hrsg.): Die schönsten Kindergedichte, Pfaffenhofen 1979.

Lesebuchreihen

Bausteine Deutsch, 2.-4. Schuljahr, Frankfurt 1984 und 1985.

Bunte Lesefolgen, 2.-4. Schuljahr, Berlin 1983.
   Aus den sechs Bänden wurden unter exemplarischem Aspekt viele Texte entnommen; ihre Angaben beziehen sich auf die Quellennachweise der Lesebücher (einschließlich – wenn vermerkt – der Seitenzitierungen).